Hans Weicker

Kiautschou

Das deutsche Schutzgebiert in Ostasien

Hans Weicker

Kiautschou

Das deutsche Schutzgebiert in Ostasien

ISBN/EAN: 9783955640552

Auflage: 1

Erscheinungsjahr: 2013

Erscheinungsort: Bremen, Deutschland

EHV
HISTORY

Kiautschou

Das deutsche Schutzgebiet in Ostasien

Von

Hans Weicker

Marinepfarrer

Mit über 145 Illustrationen

Federzeichnungen von Frau Marie Gey-Heinze

BERLIN

Verlagsbuchhandlung Alfred Schall

Königl. Preußischer und Herzogl. Bayerischer Hofbuchhändler

1908

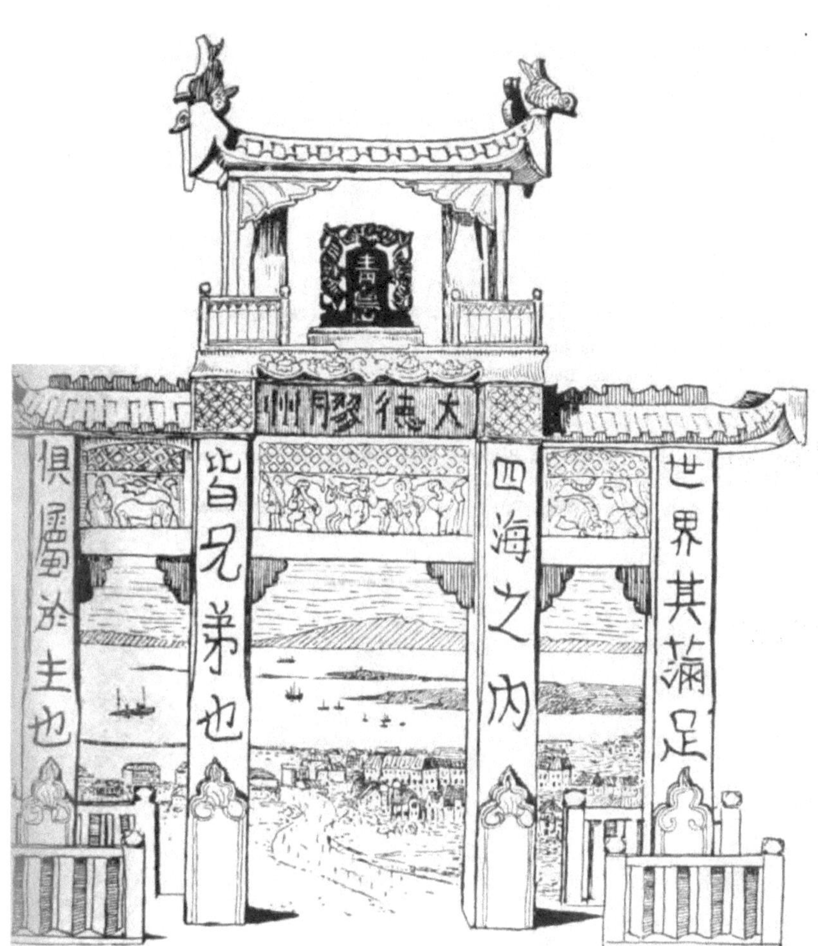

青島
大德膠州
世界其滿足
四海之内
皆兄弟也
俱屬於主也

Die Inschriften auf umstehendem Ehrenbogen (Pailou) heißen:

oben: Tsingtau,

darunter: Deutsch Kiautschou,

auf den äußeren Pfeilern: „Die Welt und ihre Fülle gehört dem Herrn“ (Psalm 24),

auf den inneren Pfeilern: „Alle zwischen den vier Meeren sind Brüder“ (Spruch des Konfuzius).

Die Landschaft zeigt Tsingtau und ein Stück der Kiautschou-Bucht.

Vorwort

Einer Anregung des Herrn Geheimen Admiralitätsrats und Hafenbaudirektors Georg Franzius in Kiel verdankt dies Buch seine Entstehung. Vor zehn Jahren hat der Geheimrat Franzius seine Reise nach Kiautschou und das, was er dort von Land und Leuten gesehen und gehört, in seinem Buche „Kiautschou" beschrieben. Es war an der Zeit, dem Werke von damals ein neues folgen zu lassen.

Am 14. November 1897 wurde an der Kiautschoubucht die deutsche Flagge geheißt. Am 6. März 1898 wurde der Vertrag dazu von China und Deutschland unterzeichnet. Die Jahre seitdem bilden gerade das zweite Jahrzehnt der Regierung Sr. Majestät des Kaisers.

Auch leitet gerade zehn Jahre lang Se. Exzellenz Admiral von Tirpitz das Reichs-Marine-Amt, dem das Schutzgebiet Kiautschou untersteht.

In den Jahren 1904/06 als Pfarrer des Kreuzergeschwaders in Ostasien bin ich oft in Tsingtau also in Kiautschou gewesen. Das meiste des in diesem Buche Geschilderten ist Selbstgeschautes.

Die Federzeichnungen und die Einbanddecke sind das Werk der Frau Marie Gey-Heinze in Ötzsch-Gautzsch bei Leipzig. Das meiste ist nach chinesischen Originalen des Grassimuseums in Leipzig gezeichnet. Die Bilder sind nach Photographien angefertigt, die mir zum großen Teil von Bekannten freundlichst zur Verfügung gestellt wurden.

In der Schreibung der chinesischen Namen bin ich den amtlichen Denkschriften gefolgt. Bei häufiger vorkommenden Namen ist bei der Wiederholung die Worteinteilung weggelassen.

Zu besonderem Danke bin ich dem Reichs-Marine-Amt für seine Unterstützung verpflichtet. Auch allen denen sonst, die mir geholfen, Einzelheiten festzustellen, vor allen Dingen den Freunden draußen, die mich in die Welt des Ostens eingeführt haben, auch an dieser Stelle herzlichen Dank.

Daß ich versucht habe, die Betrachtung gelegentlich in einen größeren Zusammenhang hineinzustellen, und daß ich auch persönliche Erwägungen nicht unterdrückt habe, wird der eine überflüssig finden, der andere mir danken.

Kiel-Gaarden, im November 1907.

Der Verfasser

Inhalt

iáutschou — aber viel vertrauter klingt dem Ohre dessen, der draußen war, der Name „Tsíngtau" — Tsing tau — „grüne Insel" heißt dein Name —, und wenn du auch gerade nicht eine Insel bist, eine grüne Oase bist du doch mit deinen grün bewaldeten Bergen an der sonst so öden, kahlen Küste Chinas und eine hoffnungsvolle deutsche Insel im gelben Völkermeer des Ostens, da Deutschlands Aar einen Horst gefunden, ihm fast so vertraut schon wie die Heimat selbst.

Tsingtau, ich grüße dich über Land und Meer in dankbarer Erinnerung an schöne Wochen, die im Verlaufe zweier reicher Jahre ich dein und Chinas Gast gewesen bin — und grüße alle, die je mit mir zu Fuß oder zu Roß, vom Kriegsschiff oder vom Sampan aus am Anblick Tsingtaus und seiner grünen Hügel sich erfreut haben.

Tsingtau, du zukunftsfrohe Stadt des Kiautschou-Gebietes, — möchte es vielen Landsleuten der alten Heimat vergönnt sein, mit eigenen Augen zu sehen, wie deutschem Fleiß und Schweiß hier sein Preis geworden ist.

Dir aber, lieber Leser, der du noch nicht selbst hinaus kannst, will ich jetzt etwas von China, von Tsingtau und dem Kiautschou-Gebiet erzählen, so gut und so schlecht ich's vermag.

Komm mit — der nächste Augenblick schon finde uns im Geiste an Chinas Küste!

In China

m uns die lehmgelben Wassermassen des Jangtse. So nennen wir schon, kürzer als im Geographiebuch, Chinas größten Strom, wie alte „Ostasiaten", stolz, daß wir schon wissen, daß „kiang" weiter nichts als „Strom" heißt. Nur durchs Glas erkennen wir noch die niedrigen grauen Häuser von Wusung, der Hafenstadt der Jangtsemündung. Wusung wird nicht immer das kleine, schmutzige Nest bleiben, das es ist. Es wird seinen Anteil und seinen Zoll fordern von den Millionen von Dollars, die jetzt auf Chinas wichtigster Handelsstraße, dem Jangtse, an Wusungs Deichen und seinem Landungssteg vorüberschwimmen. Vorerst freilich wacht noch eifersüchtig über ihrer alten Vormachtstellung als Handelsmittelpunkt für die ganze mittlere und nördliche Küste Chinas: Schanghai. Nicht mal am Jangtse selbst liegt es, sondern an einem Nebenflusse, am Wampu. Aber da der Wampu, wie auch der Jangtse und alle anderen chinesischen Ströme, sich eine Barre in seiner Mündung gebaut hat, können die großen Ozeandampfer nicht bis Schanghai hinauffahren, sondern Passagiere und Waren müssen draußen bei Wusung auf kleine Dampfer umgeladen werden. Einige von uns hatten die paar Stunden, die wir auf Wusung-Reede lagen, benutzt, um mit der Eisenbahn in 40 Minuten von Wusung nach Schanghai zu fahren. Zu Schiff dauert die Fahrt 3 Stunden. Vom „bund" erzählten sie, der Straße auf dem Uferkai, und seinem bunten Leben, von chinesischen Teehäusern und sing-song-girls, vom stattlichen, neuen deutschen Klub, dem schönsten Bauwerk Schanghais. Wir hören nur mit halbem Ohre zu. Unsere Gedanken sind schon ganz mit dem Ziel unserer Reise beschäftigt, mit Kiáutschou, oder, wie wir es immer mehr nennen hören, mit Tsíngtau.

Aber noch heißt es 36 Stunden sich gedulden. So liegen wir denn in unserem bequemen rohrgeflochtenen „long-chair“, den wir bereits in Singapor von chinesischen Händlern mit listigem Herunterhandeln des Preises für 5 Dollar, den Dollar zu 2 Mark, erstanden, und wir haben Muße genug, uns, ehe wir nach Tsingtau kommen, im allgemeinen etwas über China zu orientieren.

Eifrig pflügt unser kleiner Dampfer, der „Admiral v. Tirpitz“, das gelbe Meer. Klein erscheint er uns trotz seiner 2000 Tonnen, weil wir eben von dem riesigen Schiff kommen, das von Genua bis Wusung 5 Wochen lang unsere Wohnung war. Das „gelbe Meer“, — Hwang hai heißts chinesisch. Es trägt, wie der Augenschein lehrt, seinen Namen noch immer zu Recht. Trotzdem der Hwang ho, der „gelbe Fluß“, nicht mehr dort mündet, seit es diesem „Schmerzenskind Chinas“ 1853 einfiel, seine Mündung um 500 Kilometer nordwärts zu verlegen und seine Fluten nunmehr in den Golf von Tschili zu tragen. Wenn eines schönen Tages nach einer großen Überschwemmung die Elbe nicht mehr bei Hamburg sondern bei Memel mündete!

Vielleicht fahren schon in ein paar Jahren die großen Ostasien-Dampfer des Norddeutschen Lloyd, und wenn nicht alle, so doch jeder zweite oder dritte, ganz bis Tsingtau durch. Wir müssen jedenfalls jetzt noch, wie alle Reisenden, die von Schanghai aus weiter nach Norden wollen, einen der Küstendampfer benutzen. Auf sehr vielen dieser Küstendampfer nicht nur in China, sondern auch in Indien weht die deutsche Flagge. Der „Admiral v. Tirpitz“ führt außerdem im Vortopp eine weiß und blaue Flagge mit einem Mittelschild und darauf die weltbekannten Buchstaben H. A. P. A. G. Die Besitzerin ist die „Hamburg-Amerikanische Paketfahrt-Aktien-Gesellschaft“, glücklicherweise meist die Hamburg-Amerika-Linie oder kurzweg „die Hapag“ genannt. Der scheinbar zu enge Name Hamburg-Amerika-Linie gilt jetzt erst recht, denn sie erreicht jetzt Amerika nicht nur von der atlantischen, sondern auch von der anderen Seite des Globus her.

Was wir von unserem Dampfer aus vom Lande sehen, ist dasselbe Bild, das uns schon seit Hongkong begleitet hat: eine ununterbrochene Kette mäßig hoher, in mannigfachen Linien in den Himmel gezeichneter Hügel, die nur im Mündungsgebiet des Jangtse durch eine Marschniederung, ähnlich der unserer Nordseeküsten, unterbrochen wird.

Hinter diesen Uferwällen dehnt sich nun das ungeheure Land: **China.** Wie vielen bislang nichts als ein geographischer Begriff! Wir täten gut, möglichst bald ein Bild davon zu gewinnen, welche Realität hinter diesem Begriff steht!

Vor allem sind es ja wirtschaftliche Fragen, Sorgen und Hoffnungen, mit denen wir jetzt unserer deutschen Niederlassung im Osten uns nähern. In seiner „Neudeutschen Wirtschaftspolitik" sagt Friedrich Naumann: „Was ist das primum movens, was ist die Hauptursache

Die große chinesische Mauer

der neuzeitlichen Wirtschaft? Wir antworten: die Vermehrung der Masse der Menschen, der Zuwachs volkswirtschaftlicher Kräfte." Das gilt wie von der Volkswirtschaft, so auch von der Weltwirtschaft. China tritt immer mehr mit in die neuzeitliche Weltwirtschaft, in Welthandel und Weltverkehr, hinein, und zwar mit einer Masse, die nicht weniger als 320, vielleicht aber an 400 Millionen Menschen beträgt. Da die Gesamtbevölkerung der Erde auf 1600 Millionen Menschen geschätzt wird, machen die Chinesen somit ein Fünftel bis ein Viertel aller Menschen aus! Rechnen wir die dem Namen nach mit dem Kaiserreich China verbundenen Gebiete von Tibet, der Mongolei und Mandschurei mit, so ist China

22 mal so groß wie Deutschland. Beschränken wir uns mit dem Begriff China, was für die rationelle Beurteilung des Landes das bessere ist, auf die Gebietsteile westlich bis an die Grenze von Tibet und China, nördlich bis an die große Mauer, so hat unser Vaterland noch immer 10 mal im Reiche der Mitte Platz, und es kommen 5 oder 6 Chinesen auf einen Deutschen. Wahrlich ein „Zuwachs volkswirtschaftlicher Kräfte" in der Weltwirtschaft, mit dem immer ernster zu rechnen wir allen Grund haben.

Dies China hat angefangen, seine sprichwörtliche Abgeschlossenheit aufzugeben. Schon fährt man mit der Eisenbahn durch die Stadtmauer von Peking, schon haben die Chinesen begonnen, eine Bahn zu bauen, die von Peking und Tientsin aus nördlich führt, und bald werden nicht mehr nur Esel- und Pony- und Kamelkarawanen durch das enge Tor der „großen Mauer" am Nankoupaß ziehen, sondern Eisenbahnzüge werden an dieser Stelle durch eine breite Bresche in der „großen Mauer" in die Ebene der Mongolei hinunterbrausen. Damit spricht auch China zur neuzeitlichen Kultur: „Nimm mich mit!"

Nur unterm englischen Union Jack wohnen ebensoviel Menschen, wie hier unterm Drachenbanner. Aber mit welchem Unterschied! Dort, im englischen Kolonialreich, auf alle fünf Erdteile verteilt Vertreter fast aller Stämme der Erde. Die nach Völkerschaften ausgemalte Landkarte des englischen Reiches ist das buntscheckigste, was es gibt. Und nur, weil ein großer Teil dieser Völker bislang noch inferior ist, und weil ein anderer den Zeitpunkt für seine Selbständigkeit noch nicht für gekommen erachtet, — also sehr wesentlich negative Momente sind es, die den Bestand des englischen Riesenreiches bis jetzt noch gesichert haben. Ein einigendes inneres Band dürfte kaum aufzuweisen sein. China dagegen wird mit Recht auf den Landkarten als ein zusammenhängendes, gelbes Stück gemalt. Nicht die Sprache eint dieses Volk: der Nordchinese versteht beim besten Willen kein Wort des Südchinesen. Die in China gesprochenen „Dialekte" — das Wort ist zu schwach — sind ebenso verschieden voneinander wie deutsch und holländisch, ja, wie französisch und englisch. — Auch nicht etwa die gleichen Lebensbedingungen. Ein Blick auf unsere Karte zeigt uns, daß China rund zwischen dem 40. und 20. Grad nördlicher Breite liegt, also mit seinem Norden demselben gemäßigten Himmelsstrich wie das Mittelmeer und Newyork angehört, in seinem Süden der Sonne der mittleren Sahara und Westindiens sich erfreut. Somit steckt der Nordchinese während der Wintermonate in dicken Winterkleidern, als wenn er sich seine

Jacke mit den langen Ärmeln und seine weiten an den Knöcheln zugebundenen Hosen aus einer Wattdecke hergestellt hätte, während sein südlicher Landsmann keinen Winter kennt und jahrein, jahraus bei der Arbeit nur seinen dünnen, indigoblauen Leinenkittel und ebensolche Hosen als einzige Kleidungsstücke trägt. Auch nicht die Verehrung derselben Gottheiten gibt diesen Millionen einen Zusammenhalt. Tausende von Lokalgottheiten bilden ebensoviele Mittelpunkte für die religiöse Verehrung, ohne daß die eine Gegend sich um die religiösen Angelegenheiten der anderen viel kümmerte.

Kaiserin-Witwe von China

Was China geeint hat seit mehr als 2000 Jahren und es eint bis auf den heutigen Tag, ist seine Sitte. Die höchste Gewalt ist der Wille des Kaisers[1]). Der Kaiser — in den Köpfen der Menge halb Mensch, halb Schicksal. Von ihm her, wie das Licht von der Sonne her, die Gewalt einer außerordentlich mächtigen Beamtenschaft. Wie des Himmels Fügung nahm bisher das Volk die sehr oft schauerlich parteiischen und gewissenlosen Entscheidungen und Maßnahmen dieser seiner Herren hin, durch kein anderes Recht als das einer gelegentlichen lokalen Revolte gegen grausame Willkür und offenbare Ausbeutung geschützt. In der Familie ist der Vater der frei schaltende Herrscher, Frau und Kinder sind ihm in unbedingtem Gehorsam untertan. Der Vater ist der alleinige Inhaber des ganzen Familienbesitzes. Er bestimmt, wen sein Sohn heiraten soll. Wenn er will, wenn z. B. seine Armut es ihm schwer macht, seine Kinder aufzuziehen, verkauft er sein dreijähriges Töchterchen für ein paar Dollar oder wohl gar für einen Hahn und ein

[1]) Auch gegenwärtig werden alle Gesetze im Namen des Kaisers erlassen, trotzdem der eigentliche Regent Chinas jetzt die Kaiserin-Witwe ist.

Stück Schweinefleisch an einen, der sie für sein Haus als eine billige zukünftige Schwiegertochter oder für schlimmere Sklaverei aufzieht. Diese väterliche Gewalt und der Gehorsam der Kinder, das ist die breite Grundlage, auf der sich alles andere wie eine Pyramide aufbaut. Und der Sitte, die sich in diesem Gerüst gebildet hat, beugen sich gleichmäßig all die Millionen des chinesischen Volkes.

Wir haben hier das Werk eines der Größten, die der Geschichte die Wege vorgezeichnet haben, vor uns. Es ist das Werk dessen, den China als seinen Volksheros und seinen Lykurg verehrt, des Konfuzius. Konfuzius — er ist 520 vor Christi Geburt gestorben — hat diesem, auf die väterliche Autorität gegründeten System dadurch einen moralischen Kern gegeben, daß er verlangt: der, der befiehlt, soll so erzogen und gebildet sein, daß er nur befiehlt, was für alle gut und heilsam ist; dann wird ihm auch gern gehorcht werden. So ist bis zum heutigen Tage „gut erzogen zu sein" das höchste Lob, „schlecht erzogen zu sein" der ärgste Vorwurf für einen Chinesen. Wir bekommen, je länger wir gerade auch die gewöhnlichen Chinesen beobachten, den Eindruck, als ob dort das sichere Gefühl für den Anstand im Verkehr in den untersten Schichten weiter verbreitet sei, als bei uns. Wie tief beim Chinesen dies Gefühl für Erziehung und Anstand sitzt, dafür ein Beispiel:

Ein christlicher Missionar wird bei einem Götzenfest von der aufgeregten Menge erst mit Worten angegriffen, dann sogar mit Steinen geworfen. „Aber Leute", sagte er da, „ihr habt ja gar keinen Anstand!" und sogleich wurde es um ihn stiller, und wer noch einen Stein in der Hand hielt, ließ ihn sachte hinter dem Rücken fallen.

Wie bei allen Völkern, so ist natürlich auch beim Chinesen diese Erziehung bis zu einem gewissen Grade etwas nur Äußerliches, gleichsam etwas wie die Furnierung der Möbel oder wie eine Substanz, durch die die Oberfläche von Geräten wetterhart imprägniert wird. Im Untergrund findet sich überall noch die alte unkultivierte wilde Art. Wer auch von uns europäisch gebildeten Menschen ist nicht schon erschrocken, wenn er gelegentlich wahrnahm, wie wenig tief bei ihm die eine oder andere Kultureigenschaft eigentlich ging, wie er oft gar nicht sehr weit davon entfernt war, feige zu lügen, zügellos zu genießen, oder brutal gewalttätig zu werden? „Grattez le Russe, et vous trouverez le Tatare", „man braucht am Russen nur ein wenig zu kratzen, so kommt der Tatare wieder zum Vorschein" — es ist ungerecht, dies Urteil auf den Russen zu beschränken. Es kann leider auf die meisten Menschen angewendet werden:

So tritt beim Chinesen neben der allgemeinen Gesittung immer wieder ein Hang zur Grausamkeit hervor, oder besser: es fehlt ihm allermeist jedes Mitgefühl für Schmerz und Leid anderer, sei's Mensch, sei's Tier. So fragte im chinesisch-japanischen Kriege ein europäischer Offizier einen chinesischen General, was er für die zahlreichen Verwundeten zu tun gedächte. Er erhielt die Antwort: „Warum soll ich für die etwas tun? China hat Menschen genug." Daß der Frager nicht nur an das Praktische, sondern auch an das Humanitäre gedacht hatte, kam dem General gar nicht in den Sinn. Die Tierquälerei freilich ist in China lange nicht so arg, wie etwa in Süditalien oder Spanien. Aber nicht, weil sie ihm leid tun, sorgt der Chinese allermeist gut für seinen Esel und sein Pony, sondern weil er auf diese Weise mehr von ihnen hat. Wir treffen wohl überhaupt am nächsten ans Ziel, wenn wir sagen: der Chinese ist durchaus Nützlichkeitsmensch. Was bringt die Sache für einen materiellen Nutzen? und vor allem: was nützt sie mir? Das ist A und O seines Denkens und Handelns.

Alter Chinese in wattiertem Winterrock

Hier sei zugleich bemerkt, daß dieses und noch anderes, was in diesem Buch über die Eigenart und den Charakter des chinesischen Volkes berichtet und behauptet wird, vielleicht manchem Widerspruch begegnen wird. Es ist für den Reisenden interessant und lehrreich, wenn er nach China kommt und sich dort von alten „Kennern" über Land und Leute aufklären läßt, wie sehr die Urteile über den Charakter der Chinesen auseinandergehen. „Er hat kein Gewissen" — sagt der eine. „Natürlich hat er eins, so gut, wie jeder Mensch", sagt der andere. Der eine: „Der Chinese lügt, wo er geht und steht; er lügt aus Passion." Der andere: „Es ist nur seine Abneigung gegen gerade Wege, die den

Anschein des Verlogenen gibt." — Es wird dabei vor allem eins klar: Die Psyche rasseverschiedener Völker ist grundverschieden. Wie es schon schwer ist, sich in die Seele eines anderen zu versetzen, schon bei Angehörigen des eigenen Volkes, so ist es beinahe unmöglich, sich ganz in einen Menschen anderer Rasse hineinzudenken. Wenn von der christlichen Mission in Kiautschou erzählt wird, werden wir auf diese wichtige Tatsache noch besonders unser Augenmerk zu richten haben.

Kaiserlicher Sommerpalast bei Peking

Der Chinese hat ein ausgeprägtes Selbstbewußtsein. Er weiß, daß er und seine Art anders ist, als die der Europäer, auch als die der Japaner. Und er ist stolz darauf. Man hat vielfach über diese Selbstüberhebung gespottet, die bis zum heutigen Tage wenig herabgedämpft ist, weder durch den Sieg der Japaner im chinesisch-japanischen Kriege 1893—94, noch durch den nachdrücklichen Beweis europäischer Überlegenheit in sämtlichen kriegerischen Zusammenstößen des letzten Jahrhunderts vom englisch-chinesischen sog. Opiumkrieg 1842 an bis zu der gewalttätigen Entwirrung der Wirren 1900. Dieser Spott ist billig, er ist aber nicht ganz gerecht. Es darf behauptet werden, daß kein anderes Volk der Erde so viel Grund hat, auf seine Geschichte stolz zu sein, als das chinesische. Hackmann, der ehemalige langjährige Pfarrer der deutschen Gemeinde in Schanghai, sagt hierüber: „Sowohl die Eigenständigkeit, wie die Kontinuität, wie die Spannkraft der chinesischen Kultur ist großartig. Dies Volk schritt in den Grundzügen seines heutigen Wesens bereits einher, als im Euphrat- und Tigrislande jene Herrscher ihre Hand am Ruder hatten, deren Namen und Taten wir heute aus Trümmerhügeln wieder ausgraben. Dies Volk wechselte mit den Römern Gesandtschaften, und was sind uns die Römer heute? Ein Buchvolk. Aber dies Volk lebt und bewahrt den zusammenhängenden Fluß seiner Geschichte. Dies Volk hat mit der Energie seiner eigentümlichen Kultur ein Gebiet bezwungen und befruchtet, neben dem der riesigste Kulturbereich, den wir sonst kennen, klein wird: es hat außer dem engeren China die Mongolei, Tibet, Korea, Japan, Annam, Siam, ja Birma, Ceylon und die hinterindischen Inseln umspannt und den meisten Teilen dieses unübersehbaren Bezirkes einen Charakter aufgeprägt, der bis zu dem heutigen Tage standhält. Wer vor solch einem geschichtlichen Phänomen nicht nachdenklich und gefesselt stehen bleibt, der hat kein Auge für Geschichte. Ist es verwunderlich, daß der Chinese, der im Laufe seiner langen Geschichte noch kein ihm wirklich dauernd überlegenes Volk kennen gelernt hat, nur sehr allmählich von der Überzeugung abzubringen ist, sein Volk sei das Führervolk der Erde, sein Reich das „Reich der Mitte“?

nd wie falsch, sich China etwa als einen alten, durch und durch morschen Baum vorzustellen, den der erste beste ernstliche Sturm rettungslos über den Haufen würfe. Gewiß, die Japaner 1894 und noch mehr die vereinigten Mächte 1900 haben einen leichten Sieg über das chinesische Heer davongetragen. Aber weisen nicht Kenner Ostasiens mit Recht darauf hin, daß ein anderes Volk durch solche verlorenen Kriege bis in die Grundfesten seines Bestandes erschüttert worden wäre? Das chinesische Volk im ganzen ist durch sie kaum berührt worden, und in den der Küste ferneren Provinzen des Reiches erzählt man sich von diesen Kriegen wie von Rencontres, die irgend einer der Vizekönige mit einer ausländischen Macht gehabt habe. Gar an eine „Aufteilung Chinas“, von der noch vor zwei Jahrzehnten so viel geredet und geschrieben wurde, denkt heute im Ernst kein Mensch mehr. Man kann sagen, daß der Chinese ein tiefergehendes nationales Selbstgefühl hat, als der Japaner. Darum dort und hier der Übergang zu modernen Kulturformen so verschieden. Mit beinahe nervöser Hast, mit einem durch den hochgespanntesten Ehrgeiz getragenen Eifer, möglichst bald alles ebenso zu haben, wie die modernen Kulturländer, ging Japan an seine Reformen. Viel, viel langsamer, unter zähem Festhalten an seiner Eigenart — man denke nur, wie selten, im Gegensatz zum Japaner, der Chinese sich europäisch kleidet — entschließt

Aus der verbotenen Stadt

sich China zu modernen Reformen. Ob aber nicht in dieser vorsichtigen Langsamkeit eine größere Gewähr für ein gesundes Hineinwachsen in seine neue Zeit und damit eine größere Gewähr für dauernden Bestand des Neuen liegt, als in der so vielfach übereilten Schnelligkeit, japanische Art einfach in europäische Formen umzugießen? Aber so viel ist heute gewiß: China ist aus seinem Dornröschenschlaf hinter der großen Mauer seiner Abgeschlossenheit erwacht. Und es ist entschlossen, nicht wieder einzuschlafen. Allerdings waren es Mehrladergewehre und Kriegsschiffskanonen, die es aufweckten. Daß einer, der auf solche unsanfte Art hat geweckt werden müssen, denen, die ihm diesen eigenartigen Liebesdienst erwiesen, nicht noch besonders „danke schön" sagt und ihn zuerst mal nicht mit allzu freundlichen Augen ansieht, ist menschlich verständlich. Verständlich auch, daß China nicht ohne Mißtrauen sah, wie die Fremden im Lande immer mehr als die Herren auftraten, und nicht übel Lust zu haben schienen, ihre Rolle als friedliche Kaufleute mit der Rolle ländergieriger Eroberer zu vertauschen. Hatten sich doch die Engländer 1842 die Insel Hongkong unfern dem reichen Kanton als Siegespreis des oben schon genannten Krieges genommen. Mit unsicheren Rechtsansprüchen auf ihr Eigentum, aber durch jahrhundertelangen unangefochtenen Besitz gesichert, saßen die Portugiesen in Macao. Über Kwang tschou wan einem Gebiet südwestlich von Kanton, wehte Frankreichs Trikolore.

Nicht, als ob nicht auch vorher schon Kaufleute aus aller Welt mit diesem alten Kaufmannsvolk in Handelsbeziehungen gestanden hätten. Schon bei den alten Römern und ihren Frauen waren die Seidenstoffe der „Serer" eine begehrte Ware, und chinesischer Tee, chinesisches Porzellan, chinesische Lackwaren, chinesische Seide und Seidenstickereien waren zu allen Zeiten auch in Europa bekannt und beliebt. In den ältesten Zeiten vermittelten die Araber, die mit ihren Dhaus an den Küsten Indiens entlang auch nach Ostasien kamen, den Handel Chinas mit Europa. Im 13. Jahrhundert gelangte der portugiesische Priester und Reisende Marko Polo als erster Europäer, von dem wir wissen, nach China und lebte jahrzehntelang als gern gesehener Gast am Hofe des gewaltigen Kublai Khan zu Peking, dem Herrscher des Mongolenreiches, das vom Eismeer bis an den indischen Ozean sich dehnte. Später im 13. und 14. Jahrhundert ankerten die weltumsegelnden Portugiesen unter den Mauern Kantons in Südchina. Im 16. Jahrhundert nahmen die rührigen und energischen Holländer mit dem größten Teil des Kolonialbesitzes den Portugiesen auch ihren chinesischen Handel ab. Vom 17. Jahrhundert an schob dann die englisch-ostindische Kompagnie ihren Handel immer weiter nach Osten vor, nicht ohne sich durch treffliche Stationen, wie Colombo und namentlich Singapor, ihre west-östliche Etappenstraße zu sichern. Ihre rücksichtslosen Händler-Kapitäne verdrängten wie an der Küste Indiens, so auch im fernen Osten überall die holländischen Kaufleute und veranlaßten diese dadurch, sich in der malaischen Inselflur, dem heutigen Niederländisch-Indien, für die an den festländischen Küsten erlittenen Verluste schadlos zu halten. Aber aller dieser Handel blieb ganz und gar auf die Küste, ja eigentlich nur auf Kanton beschränkt und blieb bei dem dauernden großen Mißtrauen der Chinesen gegen die „fremden roten Teufel" immer etwas sehr unsicheres. Den wichtigsten Schritt vorwärts zur Aufschließung Chinas brachte erst das Jahr 1842. Mag man über den von England gegen

China geführten Krieg 1839—42 denken, wie man will: der chinesische Vizekönig der Kantonprovinz hatte die Einfuhr von indischem Opium als volksschädlich verboten und hatte ein paar englische mit Opium beladene Schiffe weggenommen, worauf England, um seine dadurch beleidigte Flagge zu rächen und gleichzeitig, um chinesischen Seeräubereien Einhalt zu tun, die nicht ohne Gehässigkeit als „Opiumkrieg" gebrandmarkten Feindseligkeiten eröffnete. Das war 1839. Der Friede von Nanking, der alten am Jangtse gelegenen Südhauptstadt Chinas, machte nach drei Jahren diesem Krieg ein Ende und öffnete dem europäischen Handel in China eine Anzahl Tore.

Aber die Engländer hüteten sich trotz ihrer Kanonen wohl, die Chinesen durch allzu schroffes Vorgehen zum äußersten zu reizen. Weit entfernt, ihnen sofort volle Handelsfreiheit für fremde Kaufleute aufzwingen zu wollen, setzten die Engländer im selben Friedensvertrag, der ihnen selber Hongkong eintrug, fest, daß erst nur einmal die Hafenstädte Amoy, Ningpo, Schanghai, Tschifu ausländischen Kaufleuten ihre Tore öffnen mußten, und zwar treu dem englischen Freihandelsgrundsatz, allen Kaufleuten ohne Unterschied der Nationalität. Zu diesen sog. „Vertragshäfen" kamen dann, aber immer auf Grund besonderer politischer Verhandlungen mit der chinesischen Regierung, im Laufe der Jahre noch eine große Anzahl solcher Vertragshäfen und -städte in fast allen Provinzen des weiten Reiches, namentlich am Jangtse. Heute sind es über 40 solcher dem Fremdhandel geöffneten Städte. Anderswo, als wie in diesen bestimmten Städten Handel zu treiben, ist bis zum heutigen Tage ein gewagtes Privatunternehmen, dem kein konsularischer Schutz zur Seite steht. In diesen Städten schließen sich die Ausländer zu einem eigenen „settlement" zusammen. Dieses hat seine eigene Verwaltung und seine eigene Gerichtsbarkeit. Nur in Tsinanfu, der Hauptstadt Schantungs, einem erst kürzlich dem Handel geöffneten Platz, hat die chinesische Behörde die Gerichtsbarkeit auch über die im Ausländer-settlement wohnenden Chinesen, — ein Zeichen von Chinas auch dem Ausland gegenüber mehr geltend gemachtem Selbstgefühl und ein Zeichen, daß das Vertrauen der Ausländer zu den chinesischen Behörden gewachsen ist. Besonders befestigt sind diese ausländischen Niederlassungen nicht. Nur das sog. Gesandtschaftsviertel in Peking ist mit einer regelrechten Verteidigungsmauer umgeben.

Mit der Erschließung Chinas war allen handeltreibenden Völkern der Erde ein ungeheurer Markt eröffnet. Jetzt begann der sich im Laufe der letzten Jahrzehnte immer mehr steigernde Wettbewerb um das Geschäft auf diesem Markt, und die europäischen Staaten fanden erst in den Amerikanern und neuerdings besonders in den Japanern höchst energische Nebenbuhler. Den größten Vorsprung hatte England. Es war, da Holländer und Portugiesen als selbständige Händler vollkommen ausgeschieden waren, von allen am ersten auf dem Platze gewesen. So hatte es schon ein ganz Teil Arbeit geleistet, als die anderen kamen, war bekannt in China und hatte sogar schon für den Verkehr mit den Chinesen eine eigene Sprache schaffen helfen, das sog. Pidschen-Englisch.

Da wir auch in unserem deutschen China dieser seltsamen Sprache begegnen werden, und da wir noch Zeit genug haben, ehe unser „Admiral v. Tirpitz" dort an der Mole festmacht, seien hier ein paar Worte über das Chinesische im allgemeinen und das Pidschen im besonderen erlaubt.

Die chinesische Sprache ist unter den „großen" Sprachen der Erde für uns eine der schwersten. Da es eine mongolische Sprache ist, fehlen natürlich für uns alle Brücken, wie ähnliche Wörter, Lehnswörter, gleiche Wortwurzeln, gleiche Wortbildungen, die sonst verwandte Sprachen verbinden und zur leichten Erlernbarkeit viel beitragen. Das Chinesische besteht aus lauter einsilbigen Worten. Es kennt weder Artikel, noch Kasusendungen, noch angehängte oder vorgesetzte Silben für die Konjugation. Es darf daran erinnert werden, wie unsere Anhänge- usw. Silben ursprünglich auch selbständige Worte waren, und z. B. ich lieb-te eigentlich sagen will: ich lieben tat.

Was es für uns besonders schwierig macht, Chinesisch zu lernen, ist dies, daß viele Worte mit ganz verschiedener Bedeutung sich nur durch eine geringe Lautfärbung in der Aussprache oder gar nur durch eine verschiedene Tonhöhe unterscheiden. Der Schantungdialekt hat fünf, der Dialekt Kantons gar zehn „Töne", welche ein und derselben Silbe ebensoviel grundverschiedene Bedeutungen geben. So heißt z. B. fu, je nachdem man es in einfacher Sprechweise, oder in unserem Frageton oder in unserem Ausrufeton usw. ausspricht, Vater oder Knecht oder Kreisstadt oder Glück oder Gemahl oder Frau und noch einiges mehr.

Dazu kommt, daß fast jede Provinz ihren eigenen Dialekt spricht und, wie oben bemerkt, die Verständigung noch schwieriger ist, als bei uns zwischen einem alemannischen Schwarzwälder Bauern und einem friesischen Fischer von den Halligen. Aber wie bei uns das Hochdeutsch, ist es in China der in Peking gesprochene Dialekt, der neben den anderen Dialekten überall im weiten Reiche verstanden wird, wenn auch nicht in gleichem Umfange, wie bei uns das Hochdeutsche. Da die Beamten in diesem Dialekt miteinander reden, heißt er die „Beamtensprache" oder das „Mandarin-Chinesisch".

Die chinesische Schrift hat keine Buchstaben. Jedes Wort hat sein eigenes Schriftzeichen. Ursprünglich eine Bilderschrift, sind die Zeichen jetzt so stilisiert, daß nur sehr kühne Phantasie hier und da noch die alte Bildform herausfinden kann. So z. B. in 口 „ko" = „Mund" einen Mund und in 人 „jin" = „Mensch" das bekannte zweibeinige Wesen wieder zu finden, geht noch. Schwieriger schon ist, in 馬 „ma" = „Pferd" etwas von dem Bilde des Gegenstandes zu entdecken. Da der Sprachsatz der chinesischen Sprache, ohne die Zusammensetzungen, etwa 40000 Worte umfaßt, muß der gebildete, mit seinem Lesen und Schreiben ganz auf der Höhe seiner Zeit stehende Chinese alle diese tatsächlich vorhandenen und in gewichtigen Wörterbüchern aufgezeichneten 40000 Wortzeichen beherrschen, deren jedes einzelne bekanntlich allermeist eine sehr viel kompliziertere Form hat, als irgend eines der 25 bis 30 Zeichen unseres Alphabetes. Um die meisten Bücher und die Tageszeitungen usw. zu lesen, genügen aber schon 3000 Zeichen. Die Bücher werden — nach unserer Anschauung — von hinten nach vorn, die Zeile von oben nach unten, die Seite von rechts nach links geschrieben und gelesen. Ein unstreitiger Vorzug dieser Schrift ist es, daß sie von allen Völkern mongolischer Rasse, also nicht nur in China oder der Mongolei, Mandschurei, Tibet, sondern auch vor allem in Japan, dann auch in Siam, Annam, Birma, Turkestan gelesen werden kann, wenn auch jedes dieser Völker das einzelne Zeichen nach seiner Sprache ganz verschieden vom anderen ausspricht. Es ist genau, wie bei unseren Zahlen, wo z. B. das Zeichen „481" dem Deutschen, Schweden, Engländer, Franzosen usw. dasselbe sagt, wenn es auch jeder ganz anders ausspricht. So kann sich jeder mit der Feder, bzw. mit dem Pinsel in jenen Ländern auch dort noch forthelfen, wo das gesprochene Wort versagt. Die Schwierigkeit, Chinesisch zu lernen, braucht dennoch nicht überschätzt zu werden. Junge Missionare, die keine Kenntnis der Sprache mitbringen, kommen in $1^{1}/_{2}$ bis 2 Jahren so weit, auf Chinesisch zu predigen.

Dem Kaufmann fehlt begreiflicherweise sowohl die Zeit, als allermeist auch das Interesse, bis zu einer einigermaßen zureichenden Beherrschung des Chinesischen, sei es des der Provinz, in der er arbeitet, sei es des Mandarin-Chinesisch, vorzudringen. Dies hat dazu geführt, daß für den Geschäftsverkehr zwischen dem chinesischen Kaufmann und dem ausländischen sich eine eigene Sprache gebildet hat. Sie besteht aus einem Gemisch chinesischer, portugiesischer, malaiischer, vielleicht arabischer und vor allem englischer Wörter und reiht wie das Chinesische ohne Flexion usw. einfach Wort an Wort. Nach dem aus dem englischen „buissiness" = Geschäft verderbten Wort „pidgen" wird diese Sprache pidgen-english oder auch kurzweg „Pidschen" genannt. Da sie von den Kaufleuten an der Küste gesprochen wird, nennt der Chinese sie die „Salzwassersprache". „Sawe?" gleich „Weißt du's?" fragt man den chinesischen Boy, wenn man ihm einen Auftrag gegeben. „Me (mi) sawe," „ich weiß", antwortet er dienstbeflissen, in Gedanken vielleicht stolz auf seine „sawe-box", seinen „Kopf". Auch die Worte „Käsch" für das chinesische Geld, „tschau tschau" für Essen, „godaun" für den Lagerschuppen sind keine chinesischen Worte, sondern entstammen dem Pidschen, ebenso wie das allen alten Ostasiaten allzu wohlbekannte „maski", „macht nichts", „ist egal". „Joss" ist das anzünden von Weihrauchstäbchen, „joss-house", jeder Tempel, und wenn ein Pfarrer seinen Beruf am kürzesten auf Pidschen bezeichnen will, so müßte er mit dem überall angewendeten „me belong" sagen: „me belong joss-pidgen". Ein Sampankuli — Sampan ist das chinesische Wort für einen kleinen Kahn — lehnte die Überfahrt bei schlechtem Wetter trotz hohen Geldangebots ab mit dem philosophischen Hinweis: you no sawe die: „Du weißt nicht, wie das Sterben tut." Den Rickschakuli feuern wir an: „plenty kwai kwai (chines. „schnell"), — plenty Käsch", oder auf deutschem Gebiet gar schon: „plenty mache mache — plenty Käsch", „wenn du schnell machst, kriegst du was extra." Und in diesem schauderhaften Volapük werden Geschäfte von Millionen von Dollars abgeschlossen.

Wie in dieser „Geschäftssprache", so überwiegt auch im Geschäft selbst der englische Einfluß den aller anderen Völker. Im Jahre 1905 beteiligte sich England am gesamten Außenhandel Chinas mit 45 Prozent. Es folgten dann Amerika, Japan, Frankreich, Deutschland, Belgien. Diese Zahlen sind der offiziellen Zollstatistik entnommen, wobei zu bemerken ist, daß die chinesische Zollverwaltung, von der später noch eingehender wird berichtet werden müssen, es nur mit Waren auf Schiffen von europäischer, d. h. nicht chinesischer Bauart zu tun hat. Der gesamte Handel Chinas, der doch noch sehr im Anfang seiner neuzeitlichen Entwicklung steht, zeigt folgende recht beträchtlichen Werte:

Der Fremdhandel Chinas in Ausfuhr und Einfuhr betrug:

1897:	1167	Mill.	Mark,	davon	Einfuhr	in	China	643	Mill.
1899:	1464 1/4	„	„	„	„	„	„	838	„
1901:	1376	„	„	„	„	„	„	837	„
1903:	1492 1/2	„	„	„	„	„	„	903	„
1904:	1782	„	„	„	„	„	„	1044	„
1905:	2139 1/2	„	„	„	„	„	„	1383	„
1906:	2294	„	„	„	„	„	„	1339	„

In den Zeitungen Ostasiens, auch den englischen und deutschen, werden alle diese Werte in „Taels" angegeben. „Tael?" Es muß gleich hier etwas vom Geld in China erzählt werden. Der Tael (Täl) ist kein Geldstück. Es gibt keine Taelstücke. Der Tael ist nur eine Werteinheit, er ist eigentlich der Wert einer Unze Silber. Aber alle größeren Werte werden in Taels ausgedrückt, genauer in Haikwan Taels, d. h. Seezoll-Taels oder in Schanghai Taels u. a., die untereinander abweichen, wie früher bei uns der Gulden „preußisch Courant" und der Gulden „kursächsisch Courant". Gegenwärtig gilt der Tael etwa 3 Mark. Er schwankt mit dem Preis des Silbers. Es gibt in China bis in die neueste Zeit kein oder doch sehr wenig gemünztes Silber oder gar Gold. Wurde in Silber bezahlt, und sehr vielfach ist es heute noch so, so wird von einem Silberklumpen, der oft Faustgröße hat, ein Stück mit dem Messer abgehauen und so der Preis in Silber zugewogen auf Waagen, die natürlich, um der gegenseitigen Ehrlichkeit desto sicherer zu sein, Käufer wie Verkäufer bei sich führen. Das allgemein im Lande umlaufende Geld ist Kupfergeld. Es sind jene bekannten runden, etwa markstückgroßen Kupfergeldstücke mit einem meist viereckigen Loch in der Mitte, Käsch genannt. Jedes solches Käschstück hat einen Wert von ungefähr 1/4 Pfennig. Meist sind sie zu 500 auf eine Schnur aus Reisstroh gezogen, wie die getrockneten Feigen. Eine solche Geldguirlande von 500 Käschstücken heißt ein Tiao, wiegt über drei Pfund und hat den Wert von ganzen 1 Mark und 25 Pfennig. Für jede Reise von mehreren Tagen nimmt darum der Chinese einen ziemlich schweren Sack von solchem Gelde mit. Der anspruchsvollere und reichlicher zahlende Europäer braucht dann schon ein Pony oder Maultier, das in zwei Körben rechts und links den nötigen Geldvorrat mitschleppen muß. Noch vor 10 Jahren konnte von seiner 1897 ausgeführten Reise nach Kiautschou der Geh. Baurat Franzius erzählen: „Auf Fremdenverkehr ist man in Kiautschou noch nicht recht eingerichtet. Europäer waren dort noch ziemlich unbekannt, ebenso das

Silbergeld. Unser Wirt hatte nie ein Stück davon gesehen und fiel, als ich ihm für ein Stück Steinkohle einen blanken Dollar schenkte, ganz überwältigt vor mir nieder. Auch konnten wir unser Silber nicht verwerten und mußten, obgleich wir zwei nur mit Kupfermünzen beladene Esel mit uns führten, doch mit Hilfe unseres Führers eine Anleihe machen." Das ist jetzt freilich auch dort wie überall, wo die Chinesen mit Europäern in Berührung kamen, anders geworden, gilt aber vom Innern Chinas noch durchaus.

Erinnert es nicht an spartanische Einfachheit? Und trotzdem ist China ein Kaufmannsland ersten Ranges mit ausgebildetem kaufmännischen Waren- und Geldverkehr und kennt schon lange für das größere kaufmännische Geschäft das Papiergeld.

Neben diesem chinesischen Geld rollt nun, namentlich in den Küstenstädten, aber jetzt auch immer mehr im Innern des Landes, der sogenannte mexikanische Dollar, 1 $ = 100 Cent. „Mexican" heißt der Dollar, weil dieser Dollar die erste von den Spaniern und Portugiesen von Mexiko aus eingeführte Silbermünze war. Der konservative Chinese behielt diese Münze in ihrer ursprünglichen Gestalt bei. Im Unterschied von seinem vornehmeren amerikanischen Vetter stellt der Dollar, wenigstens nach dem Durchschnitt der letzten Jahre, nur einen Wert von 2 Mark dar, doch schwankt sein Kurs beträchtlich; er galt Anfang 1903 nur 1,66 Mark, Ende 1906 dagegen 2,39 Mark. Er ist ein Silberstück in der Größe eines Fünfmarkstückes, — ein Beweis, wie billig in Ostasien noch immer das Silber ist. Für alle in Ostasien lebenden deutschen Beamten, Offiziere und Soldaten steht ihr Gehalt usw. in Reichsmark in den Gehaltslisten, sie bekommen ihn aber in Dollar ausgezahlt und zwar zum Tageskurs. Steht der Dollar hoch, so bekommen alle diese für 100 Mark vielleicht nur 42 Dollar. Es bedeutet das dann, da die Preise für Lebensmittel usw. trotzdem im allgemeinen dieselben bleiben, für alle diese einen oft recht beträchtlichen Verlust im Vergleich zu Zeiten, in denen es mal für 100 Mark schon 58 oder mehr Dollar gab. Natürlich gibt es auch Kleingeld in 5, 10, 20 und 50-Centstücken. Die Dollars sind nicht alle vollwertig, auch gibt es viel falsches Geld. Darum hat jedes Geschäft seinen besonderen chinesischen Angestellten, der am Klange sofort den vollwertigen, den minderwertigen und den falschen Dollar erkennt. „Schroffen" heißt dies Geldprüfen, — der Mann der „Schroff", der Tag für Tag Tausende von Dollarstücken durchklimpert. Das Wort ist so allgemein bekannt, daß der deutsche Pfarrer in Schanghai es gar nicht treffender ausdrücken konnte, als er sagte: „Gott wird dich einmal schroffen, wie du deine Dollars schroffst.“

Geldprägen gehört in China zu den Befugnissen des Gouverneurs einer jeden Provinz. Neuerdings prägen einzelne Provinzen auch schon Silberdollars mit einer chinesischen und einer englischen Aufschrift, im gleichen Werte wie der mexikanische Dollar. Die neuen doppelsprachigen Silbermünzen an Stelle der alten chinesischen Kupfermünzen: ein Sinnbild des modernen China!

Die Erwerbung von Kiautschou

Kehren wir zu der Tabelle auf Seite 25 zurück: ein Einfuhr- und Ausfuhrhandel von bereits über $2^1/_2$ Milliarden Mark im Jahre! Bei solchem Umsatz ist etwas zu verdienen. Und diese Summe wird mit der allergrößten Wahrscheinlichkeit, wenn nicht wieder Unruhen in größerem Umfange den Handel stören, in stetiger Zunahme noch ganz beträchtlich wachsen. War es ein Wunder, daß auch der Wettbewerb um den besten Platz an der immer höher aufgehenden Sonne des chinesischen Handels immer mehr wuchs? Aber wo viel gewonnen werden kann, kann auch viel verloren werden. Also gilt es, das Gewonnene zu sichern. Die Versicherungssummen für seinen Überseehandel legt ein Volk an — in Kriegsschiffen. Aber was sind Kriegsschiffe wert — gar noch im Ernstfalle — ohne einen der betreffenden Macht ganz zur Verfügung stehenden Hafen?

Am günstigsten war nun in dieser Hinsicht in Ostasien Japan daran, das von seinen eigenen Kriegshäfen aus in 24 Stunden vor Schanghai liegen kann. Von der Insel Formosa aus, die ihm seit 1894 auch gehört, ist es von China gar nur durch einen schmalen Kanal getrennt, wie England von Frankreich. England hatte sein Hongkong, das natürlich auch längst befestigt war und in seinen Docks und Werkstätten und vor allem in seinem sehr geräumigen Hafen in gleicher Weise für Handelsschiffe wie für Kriegsschiffe ein trefflicher „Stützpunkt“

war. Frankreich hatte an den Küsten Chinas nicht allzuviel eigenen Handel zu vertreten und war naturgemäß mehr bemüht, von seinem hinterindischen Kolonialreich aus den Handel mit China zu Lande über Chinas Südwestgrenze weg zu organisieren. Rußland im beharrlichen Verfolg einer jahrzehntelang konsequent weitergeführten, sehr geschickten Politik erfreute sich eines großen Ansehens und ziemlicher Beliebtheit in China. Es drängte immer weiter nach Süden zum Meere vor und sah sich nach der Erwerbung des als Kriegshafen geradezu erstklassigen Hafens von Port Arthur dem Ziele seiner Wünsche nahe, wie an der indischen Grenze, so auch hier in Ostasien, entsprechend seiner territorialen Ausdehnung auch für seine politische und wirtschaftliche Geltung wenigstens den zweiten Platz unter den Weltmächten für lange Zeit sich zu sichern.

Dies war die allgemeine Lage um 1895.

Was sollte Deutschland tun?

Seine Schiffahrt, namentlich unter den Flaggen des Lloyd und der Hamburg-Amerika-Linie, stand in Ostasien an zweiter Stelle. Sein chinesischer Handel betrug insgesamt 1904: 92½ Mill. Mark, davon 53 Mill. Ausfuhr nach China, 1905 sogar 118½ Mill. Mark, davon 75¾ Mill. Ausfuhr. Durch den japanisch-chinesischen Krieg 1894 hatte Japan seinen Willen und seine Fähigkeit gezeigt, sich auf das schärfste an dem Wettbewerb im Osten zu beteiligen. Dadurch war auch England, wenn es nicht seinen Handel schädigen lassen wollte, zu größerer Wachsamkeit und rücksichtsloser Wahrnehmung seiner eigenen Interessen getrieben worden. Durch den neu hinzugekommenen scharfen Wettbewerb Japans empfand England jetzt auch den Wettbewerb Deutschlands lästiger als früher. Was Wunder, wenn Englands Unwille über die zu seinen Ungunsten sich verschiebende Geschäftslage auch hier und da zutage trat.

Deutschland war, was Docks, Kohlen, Schiffsreparaturen u. a. m. anlangte, ganz auf Englands oder auch Japans guten Willen angewiesen — den sich beide überdies durch gutes deutsches Gold recht reichlich aufwiegen ließen. Was es heißt, in politisch gespannten Zeiten auf die Kohlenlager einer fremden Macht angewiesen zu sein, davon haben auch deutsche Kriegsschiffe zu verschiedenen Zeiten und in verschiedenen Weltgegenden etwas erfahren.

So wurde Deutschland gar nicht etwa durch eine mit einem Male so besonders „expansive" Politik, sondern einfach durch die veränderte Weltlage in Ostasien, durch die Erfolge deutscher Kaufleute und

Reeder im fernen Osten, durch das Hochkommen Japans und das Vordringen Rußlands vor die Notwendigkeit gestellt, sich nach einem eigenen „Stützpunkt“ für seine Kriegsschiffe im fernen Osten umzusehen. Und zwar war es gut, dies rechtzeitig zu tun, ehe es wieder einmal, wie der Dichter in Schillers Gedicht, einen Posttag zu spät kam.

So stand das „daß“ einer Erwerbung in China fest, und es galt, sich nun möglichst bald über das „was“ schlüssig zu werden; das „wie“ würde sich nach der Erfahrung, daß dort, wo ein Wille ist, auch ein Weg ist, dann schon auch finden.

Für die Vorgeschichte der Erwerbung Kiautschous hören wir am besten, was der Geheime Baurat und Hafenbaudirektor in Kiel, Georg Franzius, darüber erzählt. Er hat damals in allerhöchstem Auftrage die Küste Chinas bereist, um sein wasserbautechnisches Gutachten für den einen oder anderen Platz abzugeben. Seine im Frühjahr und Sommer des Jahres 1897 ausgeführte, interessante Reise hat der Geheimrat Franzius höchst anziehend in einem im gleichen Verlage wie das vorliegende erschienenen Buch „Kiautschou, Deutschlands Erwerbung in Ostasien“, beschrieben. Sein sehr vorsichtig abgefaßter Bericht ist um so interessanter, als Franzius auch über den politischen Stand der Angelegenheit genau unterrichtet war.

Er berichtet: „Bevor man in nähere Verhandlungen wegen Erwerbung eines Gebietes eintreten konnte, kam es nun darauf an, diejenigen Plätze zu ermitteln, welche für die Anlage eines Stützpunktes geeignet sein würden. Vorgeschlagen waren besonders drei: der Hafen von Amoy, die Samsah-Bucht und die Bucht von Kiautschou. Solange man vorzugsweise nur an eine Flottenstation gedacht hatte, war man der Ansicht, daß die Erwerbung einer Insel mit Rücksicht auf ihre leichtere Verteidigung einem Platze am Festlande vorzuziehen sei. Es wurden deshalb wohl die Inseln des Tschusan-Archipels wegen ihrer vorzüglichen Lage mitten vor dem Jangtsekiang, der Hauptverkehrsader des ganzen Reiches, und unmittelbar an der großen Schiffahrtsstraße gelegen, genannt, aber die Erwerbung einer dieser Inseln würde vermutlich große Schwierigkeiten gehabt haben, weil England bekanntlich eine Art von Vorkaufsrecht auf sie zu haben behauptet. Selbstverständlich mußten aber die Interessengebiete anderer Nationen möglichst unberührt bleiben. Ob das ganz gelingen würde, war von vornherein wohl nicht ganz genau zu übersehen, weil dieser Forderung im Grunde nur Kiautschou entsprach und man auch hier längere Zeit im

Zweifel sein konnte, ob nicht Rußland Ansprüche auf die Bucht erheben würde, da es dieselbe bereits als Winterstation für seine Kriegsschiffe benutzt hatte, und englische Zeitungen fest behaupteten, daß die Bucht durch geheimen Vertrag an Rußland bereits abgetreten sei.

Im Vordergrunde des Interesses stand für uns lange Zeit Amoy (nordöstlich von Hongkong), unstreitig einer der besten Häfen Chinas, ein alter Handelsplatz mit regem Schiffsverkehr, an der großen Straße von Formosa gelegen, allerdings ein allen Nationen geöffneter, sog. Vertragshafen und insofern voraussichtlich schwer zu erwerben. — Noch weniger wußte man von der Samsah-Bucht, die etwas nördlich von der großen Stadt Futschau liegt (nördlich von Amoy), dem Handel noch nicht geöffnet ist (ist jetzt geöffnet) und deshalb wahrscheinlich leichter zu erwerben war, als ein Vertragshafen.

Gegen Kiautschou wurden anfangs verschiedene Bedenken laut. Die Bucht war von einzelnen unserer Kriegsschiffe flüchtig und unter ungünstigen Umständen besucht, man hielt sie für zu groß und ungünstig in bezug auf die Wassertiefen und die Verteidigung, wirtschaftlich für bedeutungslos usw. Demgegenüber wurden aber auch andere Ansichten laut, die sich teils auf eigene Anschauung, teils auf das Studium des vorzüglichen Werkes von Richthofen stützten, in welchem dieser gründliche Kenner Chinas seine Ansicht über die wirtschaftliche Bedeutung der Bucht mit größtem Nachdruck ausgesprochen hat. Da aber Freiherr von Richthofen die Bucht nicht selbst gesehen hatte und es wünschenswert war, über die Brauchbarkeit derselben für Hafenanlagen und namentlich über die Ausführbarkeit von Eisenbahnen in das Hinterland auch ein technisches Urteil zu erlangen, so besuchte der damalige Chef der Kreuzerdivision, Kontreadmiral Tirpitz, der jetzige Staatssekretär des Reichs-Marine-Amts, die Bucht zunächst persönlich und forderte dann die Entsendung eines Hafenbautechnikers."

Daraufhin erhielt dann eben der Hafenbaudirektor des Kieler Kriegshafens, Geheimrat Franzius, den Auftrag, eine wasserbauliche Studienreise nach Ostasien zu machen und dabei auch die obengenannten Plätze zu besuchen.

Das Urteil auch dieses Sachverständigen entschied sich für Kiautschou. Doch hätten noch Jahre vergehen können, ehe die diplomatischen Verhandlungen — und nur auf diesem friedlichen Wege wollten wir zum Ziele kommen — den gewünschten Erfolg gehabt hätten. Die chinesische Regierung fand es an und für sich ganz verständlich, daß wir irgend eine Gegenleistung für den ihr beim Frieden von Schinowoseki geleisteten Beistand erwarteten. In diesem Frieden, der den chinesisch-japanischen Krieg 1894 beendete, hatte bei den Friedensverhandlungen der sog. ostasiatische Dreibund: Deutschland, Frankreich und Rußland seine schützende Hand über das am Boden liegende China gehalten und die weitgehenden Forderungen der siegreichen Japaner wesentlich herabgemindert. So hatten bekanntlich damals schon einmal die Japaner Port Arthur erobert; — daß sie es den Chinesen zurückgeben mußten, und daß es so später an Rußland abgetreten werden konnte und nun im letztvergangenen Kriege 1905 von den Japanern wiederum erstürmt werden mußte, war die Folge der Intervention jener drei Mächte 1894 zugunsten Chinas.

So war also wohl, wie gesagt, die chinesische Regierung im Grunde dem nicht entgegen, daß Deutschland seinen Lohn für den China erwiesenen Dienst sich nahm. Dennoch durfte sie um des chinesischen Volkes Willen nicht so ohne weiteres auf einen Vertrag eingehen, bei dem es doch sehr leicht den Anschein gewinnen konnte, als habe sie etwas von altheiligem chinesischen Grund und Boden an die wo nicht verhaßten, doch sicher nicht beliebten Ausländer ohne zwingende Not abgetreten — denn Dankbarkeit schlechthin schließt leider auch in der chinesischen Politik keinerlei Verpflichtung in sich. Dann aber sind die Chinesen von Haus aus auch immer geneigt, Verhandlungen hinzuschleppen, eine Kunst, in der die chinesischen Diplomaten unübertroffene Meister sind, in der Hoffnung: interim aliquid fit — inzwischen tritt vielleicht noch etwas ein, was uns noch nützen kann.

Und in der Tat trat inzwischen etwas ein, was die Angelegenheit zu raschem Ende — zu rascherem, als die Chinesen gedacht — bringen sollte: im Innern von Schantung, eben der Provinz, zu der die begehrte Kiautschau-Bucht gehörte, wurden 1897 zwei katholische Missionare ermordet. Damit war die Gelegenheit gegeben, energischer in den Gang der Verhandlungen einzugreifen, denn seit 1891 war es dem tatkräftigen Leiter der katholischen Mission in Südschantung, Bischof Anzer, gelungen, seine Mission unter den Schutz des deutschen Reiches zu stellen.

Man ist versucht, hier auf das Thema: „Mission und Politik" weiter einzugehen und zu erörtern, wieweit es sich hier wirklich um notwendige Sühne für freventlich vergossenes Blut handelt oder wieweit eine lediglich die Mission angehende Angelegenheit politisch ausgenutzt worden ist. Viele Missionare selbst sehen jedenfalls jede Verkettung missionarischer Tätigkeit und politischer Aktionen als für wahre, tiefere missionarische Arbeit unheilvoll an, und christlich ernst denkende Evangelische sowohl, wie Katholiken sind der Ansicht, die Missionare sollten es sich verbitten, in dieser Weise vom Staate mißbraucht zu werden; sie sollten stets der Grundlehren ihres Meisters eingedenk bleiben, der von äußerer Gewalt irgend welcher Art bei der Ausbreitung seines Reiches nichts wissen wollte; und wenn schon Gewalt wider Gewalt stehen muß, dann sollte es nur die Gewalt allmählicher Aufklärung und die Gewalt unermüdlicher, werktätiger Liebe sein, die dem Christentum zum Siege

Alt-Tsingtau

über das Heidentum verhilft. Es würde dann die Zahl der Getauften vielleicht noch langsamer wachsen, als bisher, aber die Durchdringung mit christlichem Geiste würde um so tiefer und nachhaltiger sein. Aber dies weiter auszuführen, würde aus dem Rahmen dieses Buches herausfallen. Es soll hier nur Tatsächliches kurz berichtet werden.

In dem obenerwähnten Buche von Franzius wird die Besitzergreifung folgendermaßen geschildert:

„Seine Majestät Kaiser Wilhelm II. forderte nicht allein die sofortige strenge Sühne für das Verbrechen, sondern ergriff mit kühner und starker Hand die Gelegenheit zur Beschleunigung der mit China schwebenden Verhandlungen und beseitigte gleichzeitig durch persönliche Verständigung mit dem Kaiser von Rußland die einzigen noch vorhandenen ernstlichen Schwierigkeiten. Die jetzt unter dem Kommando des Kontreadmirals von Diederichs stehende Kreuzerdivision erhielt den Befehl zur Besetzung der Bucht als Bürgschaft für die Erfüllung der deutschen Forderungen, und so gingen denn S. M. S. „Kaiser", „Prinzeß Wilhelm" und „Cormoran" am 10. November 1897 von Schanghai nach Kiautschou in See. Am 13. wurde der Zweck der Fahrt auf den Schiffen bekannt gemacht und mit Begeisterung aufgenommen. Endlich war man ja an das Ziel gelangt, das nun schon seit Jahren unter den Admiralen Hoffmann und Tirpitz mit Aufbietung aller Kräfte rastlos gesucht war, und für welches so viele brave Kameraden auf S. M. S. „Iltis" als Helden den Tod gefunden hatten." (Die Fahrt des „Iltis", auf der dieser dann am Schantung - Vorgebirge bei einem Taifun scheiterte, galt ebenfalls der Rekognoszierung einer zur einem Hafen geeigneten Bucht.)

„Am Sonntag, den 14. November, erfolgte die Besitzergreifung. ‚Kaiser' und ‚Prinzeß Wilhelm' gingen in der kleinen Bucht von Tsingtau vor Anker, um ihre hier an der Brücke landenden Truppen zu decken, während ‚Cormoran' in die Bucht von Kiautschou bis zum Hufeisen-Riff lief, um den chinesischen Truppen von Norden her in den Rücken zu fallen und besonders die Munitionshäuser zu besetzen. Das aus 30 Offizieren, 77 Unteroffizieren und 610 Mann bestehende Landungskorps war überrascht, am Lande nicht den geringsten Widerstand, sondern eine chinesische Ehrenkompagnie zum Empfang aufgestellt zu finden. Noch überraschter aber waren dann die 1600—2000 Mann zählenden Chinesen, als sie plötzlich ihre Munitionshäuser und Lager von unseren Truppen besetzt sahen, während ihrem General Chang ein Schreiben des deutschen Admirals überreicht wurde, worin dieser ihn unter Hinweis auf den Anlaß zur Besetzung der Bucht aufforderte, seine Truppen innerhalb dreier Stunden abrücken und nach dem 15 km nördlich gelegenen Dorfe Tsankou marschieren zu lassen. Zur Wahrung der militärischen Ehre dürften die Truppen ihre Gewehre mitnehmen, die Geschütze und die Munition müßten aber vorläufig zurückbehalten werden. Von den Waffen würden die Deutschen nur dann Gebrauch machen, wenn man auf Ungehorsam oder gar Widerstand stoßen würde. Der chinesische General fügte sich nach einigem Besinnen; gegen $11^{1}/_{2}$ Uhr ging seine Flagge auf dem Yamen nieder, und seine Truppen räumten die Lager. Um $2^{1}/_{2}$ Uhr wurde mit drei Hurras auf Seine Majestät

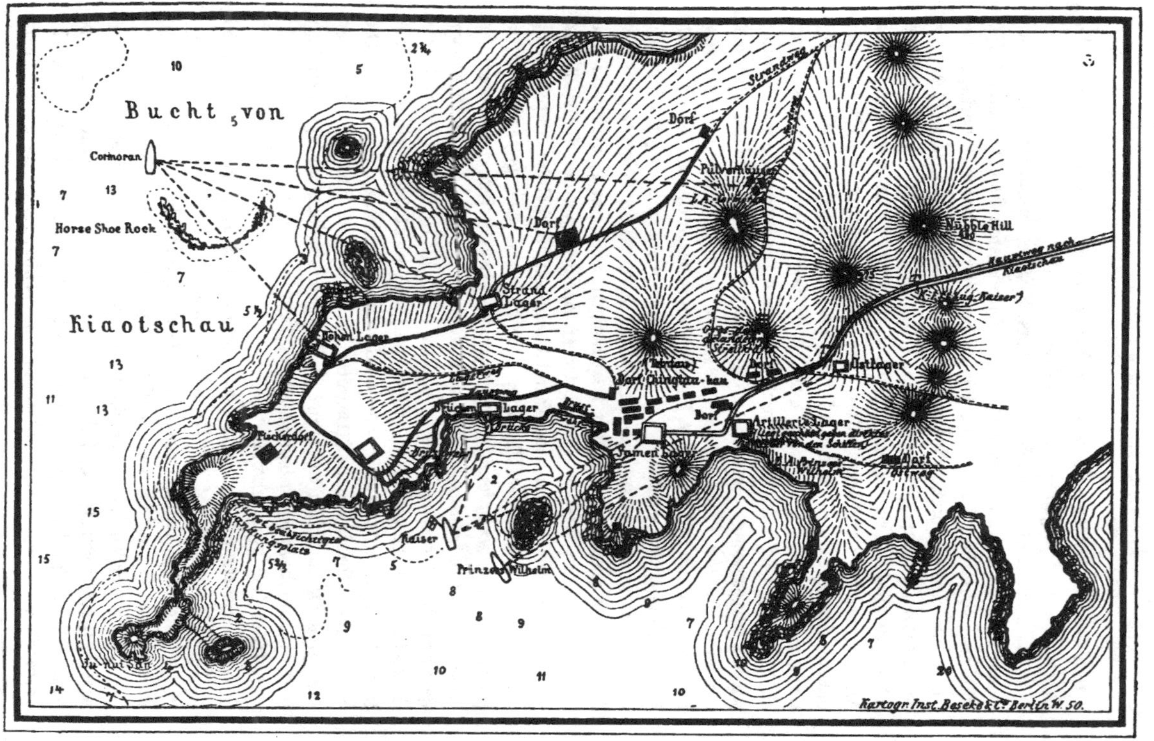

Bucht von
Kiaotschau
Cormoran
Horse Shoe Rock
Dorf
Pulverhäuser
Strandweg
Nübble Hill
Hauptweg nach Kiautschau
Strand Lager
Dorf
Hohen Lager
Brücken Lager
Brücke
Fischerdorf
Artillerie-Lager
Ostlager
Dorf
Kaiser
Prinzess Wilhelm
Kartogr. Inst. Beseke & C.o Berlin W. 50.

den Kaiser im Ostfort die deutsche Flagge gehißt." Hierauf erließ der Geschwaderchef folgende Proklamation:

„Ich, der Chef des Kreuzerschwaders, Kontreadmiral von Diederichs, mache hiermit bekannt, daß ich auf Allerhöchsten Befehl Seiner Majestät des Deutschen Kaisers die Kiautschou-Bucht und die vorliegenden Inseln in den nachbezeichneten Grenzen besetzt habe. (Folgt Angabe der Grenzen.) Dies geschieht, um Bürgschaft zu haben für die Erfüllung der Sühneforderungen, welche an die chinesische Regierung wegen der Ermordung deutscher Missionare in Schantung gestellt werden müssen. Ich fordere hiermit alle Bewohner, ohne Unterschied des Standes, Geschlechts und Lebensalters auf, ruhig wie bisher ihren Geschäften nachzugehen und sich nicht durch böswillige Gerüchte, die von Unruhestiftern ausgesprengt werden, aufregen zu lassen. Deutschland ist immer ein guter Freund Chinas gewesen, wie es ja auch durch die Intervention im chinesisch-japanischen Kriege zum Schutze Chinas bewiesen hat. Die Besetzung ist durchaus nicht als eine feindliche, gegen China gerichtete Handlung anzusehen; es wird dadurch im Gegenteil die Erhaltung der freundschaftlichen Beziehungen zwischen Deutschland und China erleichtert werden. Die deutschen Behörden werden die friedlichen Bürger in ihrem Handel und Wandel schützen und Ruhe und Ordnung aufrecht erhalten, aber Übeltäter strenge nach dem geltenden chinesischen Gesetze bestrafen. Sollten Ruchlose etwas gegen die anwesenden Deutschen unternehmen, so verfallen sie den strengen, deutschen Kriegsgesetzen. Ich ermahne daher nochmals alle, die es betrifft, sich in die deutsche Schutzherrschaft zu fügen und sich nicht durch Widersetzlichkeit, die doch nutzlos sein würde, Unannehmlichkeiten zuzuziehen. Die chinesischen Behörden und Beamten in den von deutschen Truppen besetzten Orten sollen ungestört in Tätigkeit bleiben und gewissenhaft und ordentlich ihre Amtspflichten erfüllen.

Jeder lese und gehorche."

Die Besetzung der Bucht war somit ohne Blutvergießen bewirkt und wurde alsbald auf die Umgebung mit Einschluß der beiden Städte Kiautschou und Tsimo ausgedehnt. Die deutsche Regierung stellte inzwischen in Peking im wesentlichen folgende Forderungen:

1. Es werden nicht nur die Mörder der Missionare dem Verbrechen entsprechend bestraft, sondern auch der bisherige Gouverneur der Provinz Schantung, Li Peng Chang, abgesetzt und ihm die Befähigung abgesprochen, je wieder ein hohes Amt zu bekleiden. Sechs andere obere Beamte sollen versetzt und bestraft werden.

2. Für den der katholischen Mission und ihren Angehörigen erwachsenen Schaden erhält dieselbe eine Entschädigung von 3000 Taels.

3. Zur Sühne für den Tod der Missionare sollen 3 Kirchen errichtet und mit einer kaiserlichen Schutztafel versehen werden, nämlich in Tsining, in Tsantschoufu und in dem Ort der Tat Tschangtjatschuang. Außerdem 7 sichere Wohnhäuser für Missionare. Für jede Kirche sind 66000 Taels anzuweisen.

4. Zum Schutze der Missionare soll ein besonderes kaiserliches Edikt veröffentlicht werden.

5. Die Abschließung eines Pachtvertrages, der in der Hauptsache so lautet:

„Die kaiserlich chinesische Regierung, um den berechtigten Wunsch der deutschen Regierung zu erfüllen, ebenso wie andere Mächte in den ostasiatischen Gewässern einen Punkt zu besitzen, wo deutsche Schiffe ausgebessert und ausgerüstet, die Materialien und Vorräte dafür niedergelegt, sowie sonstige zugehörige Einrichtungen getroffen werden können, überläßt der deutschen Regierung pachtweise vorläufig auf 99 Jahre das auf beiden Seiten des Eingangs der Bai von Kiautschou in Süd-Schantung belegene, weiter unten näher bestimmte Gebiet dergestalt, daß es der deutschen Regierung frei stehen soll, innerhalb dieses Gebietes alle nötigen Baulichkeiten und Anlagen zu errichten und die zu deren Schutze erforderlichen Maßnahmen zu treffen. Das der deutschen Regierung verpachtete Gebiet besteht aus 1. der Landzunge nördlich des Eingangs der Bai, abgegrenzt gegen Norden durch eine von der nordöstlichen Spitze von Potato Island bis zur Meeresküste in der Richtung auf Lauschan gezogene gerade Linie, 2. der Landzunge südlich des Eingangs der Bai, abgegrenzt nach Südwesten durch eine vom südlichsten Punkte der südwestlich von Tschiposan befindlichen Einbuchtung in der Richtung auf die Tolosaninsel bis zur Meeresküste gezogene gerade Linie, 3. den Inseln Tschiposan und Potato Island, sowie sämtlichen vor der Bucht gelegenen Inseln einschließlich Tolosan. Außerdem verpflichtet sich die chinesische Regierung, in einer Zone von 50 km im Umkreise rings um die Bucht keine Maßnahmen oder Anordnungen ohne Zustimmung der deutschen Regierung zu treffen und insbesondere einer etwa notwendig werdenden Regulierung der Wasserläufe keine Hindernisse entgegenzusetzen. Auch gewährt die chinesische Regierung den deutschen Truppen ein Durchmarschrecht durch die bezeichnete Zone. Um jeder Möglichkeit von Konflikten vorzubeugen, wird die chinesische Regierung während der Pachtdauer im Pachtgebiet Hoheitsrechte nicht ausüben, sondern sie überläßt dieselben ebenso wie die Hoheitsrechte auf der gesamten Wasserfläche der Kiautschoubucht der deutschen Regierung. Letztere wird auf den Inseln und Untiefen vor dem Eingange der Bucht Seezeichen errichten usw.

6. Die chinesische Regierung gestattet den Bau einer Eisenbahn von Kiautschou aus zunächst nordwärts und dann westwärts bis zum Anschluß an das projektierte große chinesische Eisenbahnnetz. Die Bahn soll so gelegt werden, daß sie namentlich die im Norden und Westen von Kiautschou belegenen Kohlenfelder von Weih-sien, Poschan und Itschoufu aufschließt. Die Ausbeutung dieser Kohlenfelder soll deutschen Unternehmern zugestanden werden. Die chinesische Regierung verpflichtet sich, der zu bildenden Eisenbahngesellschaft mindestens ebenso günstige Bedingungen zu gewähren, wie sie irgend eine andere europäisch-chinesische Eisenbahngesellschaft in China erhalten hat."

ie Freude aller Deutschen in Ostasien über diesen Erfolg war groß. Doch war die Lage zunächst durchaus nicht unbedenklich. Der Neider waren viele, und es fehlte nicht an Stimmen in der Presse der anderen Völker, die die Befürchtung aussprachen, Deutschland habe es bei Besetzung der Kiautschoubucht auf späteren, größeren Landerwerb abgesehen und wolle mit der „Aufteilung Chinas" den erfolgreichen Anfang machen. Nun galt es, zu zeigen, daß wir uns von niemand einschüchtern ließen, vor etwaigen „Verwicklungen" uns gar nicht fürchteten und jedenfalls nicht im entferntesten daran dachten, die Flagge, die wir da draußen im fernen Osten endlich gehißt, etwa wieder niederzuholen. Um diesen festen Willen Deutschlands unmißverständlich zum Ausdruck zu bringen, entsandte Seine Majestät der Kaiser sofort fast die gesamte Marineinfanterie, sowie eine Division, gebildet aus den Kreuzern „Deutschland", „Kaiserin Augusta" und „Gefion", unter dem Oberbefehl des Prinzen Heinrich von Preußen. Die Entsendung dieses Geschwaders und zugleich die Besitzergreifung von Kiautschou" selbst erhält ihre authentischste Begründung aus der Auslegung in jener bemerkenswerten Rede, mit der Seine Majestät der Kaiser den Prinzen Heinrich noch im Schlosse zu Kiel am 16. Dezember 1897 verabschiedete. Sie lautete:

„Da Ich heute nach Kiel hineinfuhr, überdachte Ich, wie Ich schon so oft mit Freuden diese Stadt betreten habe, sei es, um dem Sport obzuliegen, sei es, um irgend einer militärischen Unternehmung an Deiner Seite und auf Meinen Schiffen beizuwohnen. Bei dem heutigen Eintritt in diese Stadt hat Mich ein ernstes Gefühl bewegt, denn Ich bin Mir vollkommen bewußt der Aufgabe, die Ich Dir gestellt habe, das auszubauen und weiterzuführen, was Meine Vorgänger Mir hinterlassen haben. Die Fahrt, die Du antreten wirst, und die Aufgabe, die Du zu erfüllen hast, bedingen an sich nichts Neues, sie sind die logischen Konsequenzen dessen, was Mein Hochseliger Herr Großvater und Sein großer Kanzler politisch gestiftet, und was Unser herrlicher Vater mit dem Schwerte auf dem Schlachtfelde errungen hat; es ist weiter nichts, wie die erste Betätigung des neu geeinten und neu erstandenen Deutschen Reichs in seinen überseeischen Aufgaben. Dasselbe hat in der staunenswerten Entwicklung seiner Handelsinteressen einen solchen Umfang gewonnen, daß es meine Pflicht ist, der neuen deutschen Hansa zu folgen und ihr den Schutz angedeihen zu lassen, den sie vom Reich und vom Kaiser verlangen kann. Die deutschen Brüder kirchlichen Berufs, die hinausgezogen sind zu stillem Wirken, und die nicht gescheut haben, ihr Leben einzusetzen, um unsere Religion auf fremdem Boden, bei fremdem Volke heimisch zu machen, haben sich unter Meinen Schutz gestellt, und es gilt, diesen mehrfach gekränkten und auch oft bedrängten Brüdern für immer Halt und Schutz zu verschaffen. Deswegen ist die Unternehmung, die Ich Dir übertragen habe, und die Du in Gemeinschaft mit den Kameraden und den Schiffen, die bereits draußen sind, zu erfüllen haben wirst, wesentlich die eines Schutzes und nicht eines Trutzes. Es soll unter dem schützenden Panier unserer deutschen Kriegsflagge unserem Handel, dem deutschen Kaufmann, den deutschen Schiffen das Recht zuteil werden, was wir beanspruchen dürfen, das gleiche Recht, was Fremden allen Nationen gegenüber zugestanden wird.

Neu ist auch unser Handel nicht; war doch die Hansa in alten Zeiten eine der gewaltigsten Unternehmungen, welche je die Welt gesehen, und es vermochten einst die deutschen Städte, Flotten aufzustellen, wie sie bis dahin der breite Meeresrücken wohl kaum getragen hatte. Sie verfiel aber und mußte verfallen, weil die eine Bedingung fehlte, nämlich die des Kaiserlichen Schutzes. Jetzt ist es anders geworden; die erste Vorbedingung: das Deutsche Reich ist geschaffen, die zweite Vorbedingung: der deutsche Handel blüht und entwickelt sich, und er kann sich nur gedeihlich und sicher entwickeln, wenn er unter der Reichsgewalt sich sicher fühlt. Reichsgewalt bedeutet Seegewalt, und

Seegewalt und Reichsgewalt bedingen sich gegenseitig so, daß die eine ohne die andere nicht bestehen kann.

Als ein Zeichen der Reichs- und Seegewalt wird nun das durch Deine Division verstärkte Geschwader aufzutreten haben mit allen Kameraden der fremden Flotten draußen in innigem Verkehr und guter Freundschaft, zu festem Schutz der einheimischen Interessen gegen jeden, der den Deutschen zu nahe treten will. Das ist Dein Beruf und das ist Deine Aufgabe. Möge einem jeden Europäer draußen, dem deutschen Kaufmann draußen und vor allen Dingen dem Fremden draußen, auf dessen Boden wir sind, oder mit dem wir zu tun haben werden, klar sein, daß der deutsche Michel seinen mit dem Reichsadler geschmückten Schild fest auf den Boden gestellt hat, um dem, der ihn um Schutz angeht, ein für allemal diesen Schutz zu gewähren; und mögen unsere Landsleute draußen die feste Überzeugung haben, seien sie Priester oder seien sie Kaufleute oder welchem Gewerbe sie obliegen, daß der Schutz des Deutschen Reiches, bedingt durch die Kaiserlichen Schiffe, ihnen nachhaltig gewährt werden wird. Sollte es aber je irgend einer unternehmen, uns an unserm guten Recht zu kränken oder schädigen zu wollen, dann fahre darein mit gepanzerter Faust!"

In dieser Rede des Kaisers tritt der Gedanke an einen Kreuzzug ganz in den Hintergrund, und erscheint die Entsendung der Schiffe vielmehr als eine Hansafahrt unter dem Panier des neuen deutschen Reiches.

Unsere Fahrt von Schanghai nach Tsingtau geht zu Ende. Da ist schon der Leuchtturm von Tscha liën tau, einer Insel vor der Einfahrt in die Kiautschoubucht. Ehe wir diese noch durcheilt, und während wir mit dem Glase die Küste an Steuerbord absuchen, um etwas von der deutschen Ansiedlung da drüben zu erspähen, noch ein Wort zur Erklärung des Namens „Kiautschou".

„Kiautschou" ist eine chinesische Stadt, die gar nicht im deutschen Schutzgebiete liegt, sondern etwa 8 km vom Nordwestrande der Kiautschoubucht landeinwärts. „Tschou" bedeutet „Bezirk", „Kiau" kommt von den „Kiau-Barbaren" her. So wurden die Ureinwohner dieses Bezirks nicht ohne einige Anmaßung von ihren später eingewanderten westlichen Nachbarn genannt. Vor 800 Jahren lag die Stadt an der Küste, und die Schiffe ankerten unmittelbar vor der Stadtmauer. Auch hier haben die Wasserläufe die Küste weiter hinausgetragen. Aber von dieser ehemaligen Seestadt trägt die große Bucht den Namen bis auf den heutigen Tag. Als Bucht von Kiautschou steht sie in chinesischen

Karten, und so ist sie auch in die englischen Seekarten übergegangen. Von der Bucht ist dann der Name auf das deutsche Gebiet an ihrem Ufer übertragen worden.

Die Stadt, die jetzt dort erblüht im Schutzgebiete, heißt „Tsingtau". So hieß ursprünglich die kleine Insel, an der wir eben vorbeifahren. So hieß dann auch ein kleines Fischerdorf auf dem der „grünen Insel" gegenüberliegenden Festland. So heißt jetzt also die Stadt, die an der Stelle des alten Dorfes steht. Ihre stattlichen Häuser werden eben da drüben am Strande deutlich sichtbar.

Tsingtau

Tsingtau und seine Umgebung

ir sind vor der Kiautschoubucht angelangt. Wir fahren genau nach Westen. Von Norden und von Süden springt das Land vor und läßt eine 3 km breite Einfahrt frei. Hinter dieser holt dann die Bucht in weitem Bogen nach Norden hin aus. Kaum zu erkennen ist das Ufer im Norden und Nordwesten: ein wenig größer noch als der Bodensee ist die Kiautschoubucht. Auf dem Landzipfel, der von Norden her die Bucht von der See abgrenzt, liegt Tsingtau. Nach Nordwesten hin schaut es auf die Bucht, nach Süden hinaus in die freie See. Von See aus sehen wir, wie das Land von der Küste aus hüglig ansteigt und, wenigstens nach Osten und Nordosten, schon wenige Kilometer landeinwärts durch rasch aufstrebendes Gebirge wie von einem Kesselrand umschlossen wird. In flachem Bogen erkennen wir auf der Seeseite einen Badestrand mit einer großen Anzahl fahnengeschmückter, bunter Badebuden am Ufer. Weiße Prellsteine und eine Reihe Bogenlampen an hohen schlanken Masten kennzeichnen eine Straße, die hoch und dicht am felsigen Ufer hinläuft. Zahlreiche Villen heben sich malerisch von dem terrassenartig nach der See zu abfallenden grünen Gelände ab. Mehrere Häuserblocks sind sofort als Kasernen kenntlich. Es werden zusammenhängende Häuserreihen sichtbar, mitten darin, alles andere überragend, mit breiter Front das Gouvernementsgebäude. Zwei feste Landungsbrücken führen vom ebbetrockenen, aufgemauerten Ufer hinaus ins tiefe Wasser. Hier legen die Boote der Dampfer und Kriegsschiffe an, die da auf der Außenreede ankern, unfern der kleinen Arkonainsel, deren rotes Leuchtfeuer nachts die Boote vor den gefährlichen Untiefen in ihrer Nähe warnt. Wir bleiben aber nicht auf der Außenreede, wir wollen in den eigentlichen Hafen von Tsingtau hinein. Dazu müssen wir noch um eine weit vorgeschobene, schmale Landzunge herum. „Yu nui san“ wird sie allgemein genannt. Eigentlich ist ihr Name „Tuan tau“. Es ist eine der häufiger sich findenden falschen Ortsbezeichnungen. Durch ein Mißverständnis der der Sprache unkundigen ersten Verfasser der Karten — schon der englischen — sind sie entstanden. Die's besser wissen, sagen wohl mal ein Wort, aber: „sei im Besitze, und du wohnst im Recht“ usw. Schließlich kommt ja nicht viel darauf an. Hier auf Tuan tau oder Yu nui san streckt ein großer Leuchtturm als nächtlicher Wegweiser 17 Seemeilen weit in zwei breiten Lichtstrahlen seine leuchtenden Arme aus, einen nach See zu und einen in die Bucht hinein. Von hier aus drehen wir hart nach rechts, nach Norden.

Kaiser Wilhelmufer von der See aus

Noch eine halbe Stunde langsame Fahrt, und unser Dampfer macht an der Mole im Hafen von Tsingtau fest.

Auch Laienaugen sehen, daß mit diesem Hafenbau ein schönes Stück Arbeit geleistet worden ist und jetzt seiner Vollendung entgegengeht. Zwei über 100 m breite und 6—700 m lange Molen, Mole I und Mole II genannt, parallel zueinander und 150 m voneinander entfernt, ragen in das Hafenbecken hinein. Was ist da geschafft worden: viele hundert Pfähle in den Grund zu rammen, dann den Pfahlrost einzubetonieren, die gewaltigen Ufermauern aufzuführen, den Innenraum der Mole mit Tausenden von Wagenladungen Sand aufzufüllen! In weitem Bogen umschließt eine 5 km lange Umfassungsmole das ganze, 293 Hektar große Hafenbecken. Diese Umfassungsmole wird an ihrem, der Mole II gegenüberliegenden Ende zu einem

200 m breiten Werftgebiet. Dort rauchen die Essen der Tsingtauer Werft. Dort liegt auch das gewaltige Schwimmdock verankert und hebt der gigantisch in die Luft ragende große Kran seine Riesenlasten bis zu 150 t = 150 000 kg. Selbstverständlich haben alle Molen Eisenbahnanschluß. Dieser Hafen, der durch den Molenringwall ebenso vor dem bei ablandigem Wind in der Kiautschoubucht gefürchteten Seegang, wie vor der Gefahr der Versandung geschützt ist, ist samt seiner Fahrrinne 9,5 m tief ausgebaggert, sodaß auch die größten Schiffe ihn benutzen können.

Bau der Kohlenmole

Da vom Handel selbst in einem besonderen Kapitel berichtet werden muß, begnügen wir uns hier damit, nur einen Blick auf das Bild um uns zu werfen. Auf den Molen dasselbe Hafenbild wie überall in der Welt, wo Schiffe laden und löschen und Kohlen nehmen, natürlich chinesich gefärbt. Hier bringen chinesische Kulis, von der Sonne kupferbraun gebrannt, in langer Reihe einer hinter dem anderen, Bohnenkuchen heran. Jeder trägt 2 oder 3 der wie flache Mühlsteine geformten runden Platten. Dort haben immer zwei an einer Tragstange zwischen sich einen großen, schweren Packen strohgeflochtener Bänder, in einer Strohmatte eingeschnürt. Mit kurzen, schnellen Schritten laufen sie und balancieren

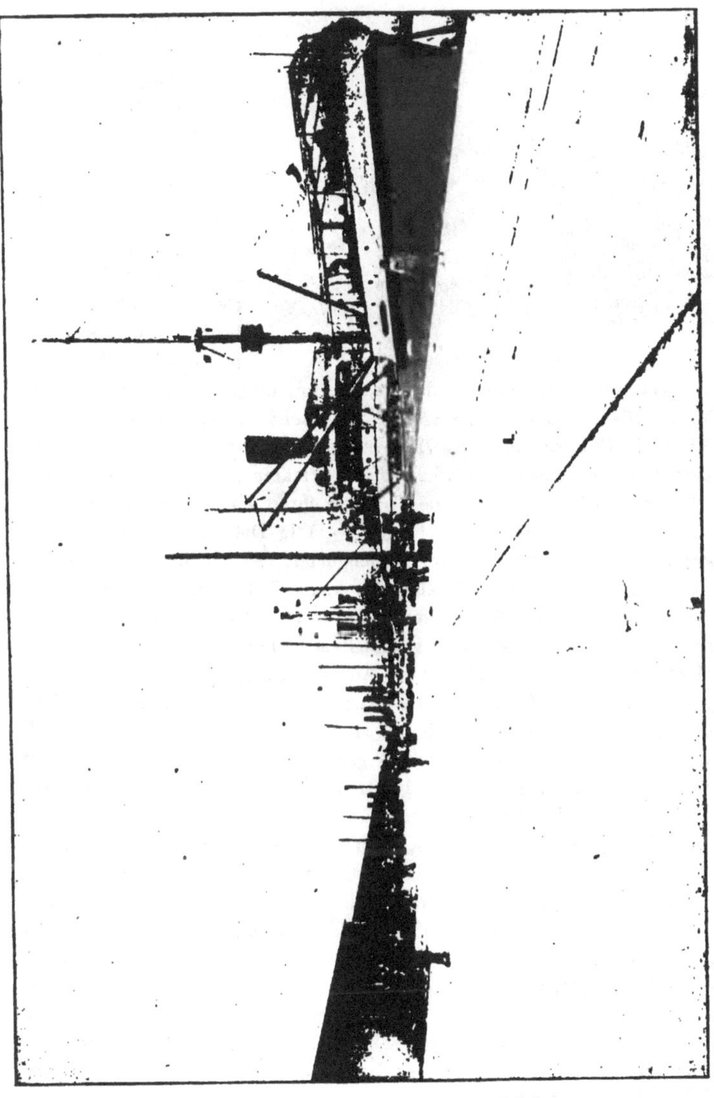

Mole I

Molenbild

sicher über die schmale Laufbrücke, die an Bord des Dampfers führt. Hier schleppen andere schwere Holzbalken beiseite, die der amerikanische Viermastschuner dort aus Amerika oder Japan gebracht hat. Daß die 20 und mehr Träger gleichen Takt halten, begleiten sie ihre Arbeit mit rhythmischem, wie stoßweises Seufzen klingendem „ho, ho, ho, ho", und daß sie bei gutem Mut bleiben und keiner es sich leicht macht auf Kosten der anderen, fährt ein Chinese, der das Manöver leitet, gelegentlich mal mit laut klatschendem Bambus zwischen die taktmäßig nickenden Köpfe. Bei all diesen Arbeiten tragen die Chinesen ihren Zopf, um unbehinderter zu sein, um den Kopf geschlungen — à la Defregger —, und in der Zopfschlinge da oben oder im Leinengürtel, der die blauleinene, weite Hose festhält, steckt regelmäßig das kleine Tabakspfeifchen, ohne das man selten jemand, Mann oder Frau, sieht. Jede kleine Pause wird benutzt, sich hinzuhocken und schnell ein Pfeifchen zu rauchen. Aber nicht etwa das berüchtigte Opium. Aus gradstieliger Pfeife mit fingerhutgroßem Kopf wird der denkbar harmloseste Tabak geraucht. — Ehe die Waren verladen werden, liegen sie meist noch in den aus Wellblech erbauten Lagerhäusern — Godaun genannt —, deren der Lloyd und die Hapag und jede größere Firma eines oder mehrere auf der Mole oder in ihrer nächsten Nähe stehen hat.

Haben wir Glück, so finden wir, um in die Stadt zu kommen, als Droschke einen mit zwei Ponys bespannten Wagen mit chinesischem Kutscher. Mit größerer Wahrscheinlichkeit werden wir uns mit einer Rickscha begnügen müssen. In ganz Ostasien, schon von Kolombo an, ist dieser kleine zweirädrige, meist nur einsitzige Wagen, in dessen Gabeldeichsel sich ein Kuli spannt, in Gebrauch. Gegen Regen und Sonne hat der Wagen ein leichtes, niederzuklappendes Verdeck. Setzt man sich zum erstenmal in ein solches Gefährt, so berührt es zunächst etwas peinlich, daß ein Mensch als Zugtier vor einem trabt und der Schweiß, wie auf einem Pferderücken, auf den braunen, nackten Schultern da vor einem perlt. Aber bald gewöhnt man sich daran, bewundert die Ausdauer der Lungen und Muskeln — in schnellem Trabe eine halbe Stunde und mehr zu laufen, ohne auszuruhen, ist dort nichts Besonderes —, lernt durch Vergleich die Leistungsfähigkeit der Rickschakulis beurteilen und feuert dann später selber oft recht energisch mit „quai, quai!" „schnell!" die säumigen braunen Waden an. Da die Straßen breit genug sind, und der Verkehr meist noch nicht allzu beengend ist, können zwei Rickschas bequem nebeneinander fahren. Mit „man mandi", „langsam", mäßigen wir das Tempo unseres eifrigen Rickschakulis und können uns unterwegs alles Einschlägige erzählen.

Vom Hafen aus führt eine breite, chaussierte Straße nach der Stadt; eine halbe Stunde ists zu Fuß. Das Zollhäuschen am sorgfältig gesperrten Hafeneingang mit dem Abzeichen der chinesischen Seezollverwaltung über seiner Tür ruft Fragen wach nach Zoll und Steuer, nach der Oberhoheit und ähnlichem. Aber sie sollen uns vorerst nicht aufhalten, erst einmal zu sehen, wie sieht es in Tsingtau und seiner näheren Umgebung aus?

Die Straße und das ganze Gelände zwischen Hafen und Stadt ist vorerst noch wenig bebaut: der Hafenbahnhof, das Hafenamt, ein Gebäude der Bauverwaltung — alles feste, aus Ziegeln aufgeführte Gebäude, die nur durch ihre vorgebauten Veranden sich von Dienstgebäuden in der Heimat unterscheiden. Unfern der Straße ragen die Schornsteine zweier großer Ziegeleien empor. Auf der links von uns ansteigenden, noch unbebauten Höhe erkennen wir die gartenumgebenen Gebäude der beiden in Tsingtau tätigen evangelischen Missionen. Ein großes, graues, sehr fest gebautes Haus beherbergt die Berliner Mission. Mauer an Mauer mit ihr grenzt freundnachbarlich das Grundstück der Mission des evangelisch-protestantischen Missionsvereins mit weißgetünchtem Haus und grünen Fensterläden. Wie

Rickscha

die Henne ihre Küchlein, so haben beide ihre zahlreichen Schulgebäude und Wohnungen ihrer chinesischen Schüler hinter sich. Die Schulgebäude des evangelisch-protestantischen Missionsvereins fallen dadurch besonders auf, daß sie ganz in chinesischem Stil gehalten sind. Ihm gehört auch das ebenfalls auf seinem Grundstück gelegene „Faberhospital". Aus dem hinterlassenen Vermögen des berühmten Sinologen und Botanikers, des 1899 in Tsingtau verstorbenen Missionars D. Faber erbaut, hat es schon vielen tausend Chinesen den

Links: Evangelisch-protestantischer Missionsverein Rechts: Berliner Mission

Die deutschen evangelischen Missionen

Segen der modernen Heilkunst zugute kommen lassen. Auf dem Grundstück des Faberhospitals liegt auch die chinesische Mädchenschule desselben Vereins. Aus Mitteln, die von wohlhabenden Freunden des protestantischen Missionsvereins aufgebracht worden sind, ist in der Stadt auch ein „Faberkrankenhaus" erbaut worden, das nur Europäern dienen soll.

Die Bahn begleitet uns zur linken Hand auf immer höher ansteigendem Damm, bis sie über uns weg geradeaus noch weiterläuft bis an die Südwestecke der Stadt. Nach rechts von der Bahnbrücke aus geht es zum nahen, ebenfalls von Molen eingeschlossenen „Kleinen Hafen", wo die chinesischen Segelschiffe, die Dschunken, anlegen, sowie kleine

Handelsschiffe und Kriegsschiffsboote, und wo meist auch die vielfach in Tsingtau stationierten zwei Torpedoboote festmachen. Jenseits der Eisenbahnbrücke beginnen die Häuser. Aber da hängen ja Chinesenkittel aus dem Fenster heraus, chinesische Kinder mit ihren rot eingeflochtenen Zöpfchen tummeln sich vor den Haustüren, über allen Läden chinesische Namen: wir sind in der Chinesenstadt Tsingtaus. Es war sehr richtig, die Chinesen und die Europäer sich getrennt ihre Hütte bauen zu lassen. Der Chinese mit seinen besonderen Angewohn-

Schantungstraße in Tapautau

heiten, mit seinen so andersartigen Begriffen von Reinlichkeit und Manieren fühlt sich wohler, wenn er unter sich bleibt, und wir — fühlen uns so auch wohler. Die Chinesenstadt hat auch ihren eigenen Namen: „Ta páu tau" heißt sie. So wenig man die Chinesen in ihrer Art zu leben hier beengt, so läßt man sie natürlich doch nicht ganz nach eigenem Geschmack wirtschaften, sondern Bauvorschriften und Straßenpolizei sind streng geregelt. Wenn wir wollten, könnten wir die ganze Geographie der Provinz Schantung und die halbe Chinas an den Straßenschildern von Tapautau studieren, denn die Kiautschoustraße, Kaumistraße, Tschifustraße usw., sind nach Städten Schantungs, die Tschili-, Honan-, Schansi-Straße nach ebensoviel Provinzen des Reiches benannt. In den Schaufenstern sehen wir neben Kaffee, Tee und Tabak, neben Konserven und allen Gebrauchsgegenständen des täglichen Lebens für Chinesen und bescheidenere Europäer und neben Schiffsbedarf aller Art den Trödel zweier Welten feilgeboten: europäische und chinesische Porzellane, europäische Terrakotten und chinesische, natürlich angeblich immer „alte" Bronzen, europäische Schals und chinesische Stickereien, lauter billiger Kram, bunt durcheinander. Aber des Fremdartigen ist doch genug dabei, um für jeden Geschmack und jeden Geldbeutel heimkehrender Matrosen eine passende Rarität zum Mitbringen für zu Hause finden zu lassen. Fleisch und Gemüse werden in einer besonderen Markthalle feilgeboten. Hier in Tapautau sieht man auch gleich eine ganze Menge chinesisches Leben. Der nach der Straße zu am Tage offene Laden ist oft zugleich auch die Werkstatt und das Eßzimmer. So sieht man hier den Chinesen unermüdlich hinter seinem Schuhleisten oder seinem Schneidertischchen, sieht, wie zu den Mahlzeiten der ganze männliche Teil des Hauses, der Meister samt Gesellen und größeren Kindern mit den Eßstäbchen — die beide in einer Hand gehalten werden — ihren Reis in den Mund schaufeln oder, stets zierlich und ohne Gier, dazu das Gemüse oder die kleinen Fleischstücke aus der Schüssel in der Mitte des Tisches sich herauslangen. Hier sehen wir einen in der bei allen Mongolen beliebten Hockstellung vor seiner Haustür sitzen und sich seelenvergnügt und höchst gründlich coram publico mit einer Zahnbürste die Zähne reinigen. Dort liegt ein Kuli der nützlichen Beschäftigung ob, seinen Körper von überflüssigen Mitbewohnern zu säubern, dort flicht sich ein anderer das offene, lange, straffe, pechschwarze Haar zu einem neuen Zopf, dort läßt sich einer, wie er allwöchentlich einmal pflegt, vom vielbeschäftigten Barbier den Vorderkopf bis drei Finger über die

Barbier

Stirn hinauf säuberlich rasieren und den Kopf mit heißem Wasser waschen. Frauen machen Besorgungen und stolpern mit ihren kleinen, zur Größe von Kinderfüßen zusammengeschnürten Füßchen mit bewundernswerter Gewandheit über die Straße. Nur wenige sieht man, die — oder vielmehr deren Eltern — sich von dieser chinesischen Unsitte emanzipiert haben, denn diese kleinen Füße werden den Mädchen schon im 4. oder 5. Lebensjahr durch andauerndes Einschnüren verkrüppelt. Warum nur? so fragst du, liebe Leserin. Ein unterrichteter Chinese, der auch aus seiner Weltweisheit das Wort kennt, daß über den Geschmack schwer zu streiten ist, würde dir vielleicht mit der Gegenfrage antworten: warum europäische Damen auf vielen Bildern, die er gesehen, solch eingeschnürte Hüften hätten; und nur seine Höflichkeit verbietet ihm, hinzuzusetzen, daß ihm die geschnürten Füße das geringere Übel zu sein schienen.

Chinesische Schauspieler

Auch ein chinesisches Theater fehlt in Tapautau nicht, ist doch der Chinese wie kaum ein anderer ein Freund von Theatervorstellungen, und seine gedruckte Theaterliteratur ist umfangreicher als beispielsweise die deutsche.

Dort auch irgendwo in den Häuserreihen von Tapautau öffnen

die Kapellen der evangelischen Berliner Mission, sowie der katholischen Mission und der evangelischen amerikanischen presbyterianischen Mission allsonntäglich und an bestimmten Wochentagen ihre Tore chinesischen Christen und Heiden zu Gottesdienst, Predigt und Belehrung. Etwas freier nach der Höhe zu gelegen, arbeitet eine der Berliner Mission gehörige Schule für chinesische Mädchen an ihrer segensreichen Aufgabe.

An 30000 Chinesen wohnen jetzt in Tapautau. Doch auf den Ladenschildern, namentlich der besseren Läden: Uhrmacher, Seidenhändler, Curio-Läden, Photographen lesen wir auch zahlreiche japanische Namen, und überall begegnen wir den kleinen, fahlfarbigen, kurzhaarigen, rührigen Leuten. Die meisten sind europäisch gekleidet, vielfach aber auch, namentlich nach Feierabend, tragen sie den viel bequemeren, altheimischen „Kimono", das weitärmliche, schlafrockähnliche Gewand. Ihre oft auch für unser Auge anmutigen, zierlich-koketten Frauen und Landsmänninnen, mit Fächer oder Schirm spielend, mit ihren kunstvollen Frisuren, beleben das Straßenbild, wenn sie auf den bekannten japanischen Holzsandalen vorüberklappern. Als 1904 und 1905 die japanischen Siege auch von den Japanern in Tsingtau durch Bansaifeste gefeiert wurden — bansai ist das japanische Hurra — hing fast aus jedem dritten Haus der Schantungstraße die japanische Sonnenfahne heraus. Es leben über 200 Japaner im Schutzgebiet, davon die meisten in Tapautau.

Die Schantungstraße Tapautaus geht alsbald in die Friedrichstraße über: wir sind in der Europäerstadt Tsingtaus. Es ist ganz natürlich, daß sich Tsingtau von allen anderen Fremdenniederlassungen Chinas durch seine ganze Anlage und die Qualität seiner Häuser vorteilhaft unterscheidet. Von Anfang an ist es nach weitausschauendem festen Plan angelegt worden. Keins seiner Häuser ist älter als 10 Jahre. Gewiß tragen manche noch den Stempel des Provisorischen. Bei dem einen und anderen ist auch nicht zu verkennen, daß es seinerzeit auf Spekulation rasch gebaut ist, aber es ist anzunehmen, daß diese sich immer schlechter rentierenden Häuser sehr bald anderen, besseren Platz machen müssen. Aber die allermeisten sind fest und stattlich gebaut von deutschen Baumeistern, denen es Ehrensache war, in den von ihnen gebauten Häusern sich und der Baukunst ihres Landes ein würdiges Denkmal zu setzen. Den meisten Häusern, vor allem den im letzten Jahrfünft erbauten, sieht man es an, daß die, die sie sich bauen ließen, sich mit Frau und ihren Kindern hier draußen heimisch fühlen wollten. Und alle Männer, in deren Hand die Leitung und Verwaltung des Schutzgebietes bis jetzt gelegen hat, haben es mit als ihre wichtigste Aufgabe angesehen, dafür zu sorgen, daß in Tsingtau zu wohnen nicht ein notwendiges Übel, sondern eine Freude sei.

Tsingtau in der Hauptmasse seines bis jetzt angebauten Geländes hat zwei Teile. Der eine Teil ist die eigentliche Geschäftsstadt. Hier finden sich alle Läden der europäischen Kaufleute, hier haben die großen Firmen ihre Geschäfts- und Lagerhäuser, hier wohnt auch die Mehrzahl der Europäer, — und wir müssen die in Tsingtau wohnenden Amerikaner bitten, daß sie es sich gefallen lassen, in diesem Buche der Ein-

Friedrichstraße

fachheit halber mit unter die Europäer gezählt zu werden. Der andere, durch einen Bergrücken vom ersten getrennt, ist eine immer dichter bebaute Villenstadt. Von See aus unterschieden wir bei der Einfahrt beide Teile schon. Die Geschäftsstadt liegt, wie die Karte zeigt, an der Tsingtaubucht, während sich die Villenstadt oberhalb der Auguste-Viktoria-Bucht und ihrem Badestrande aufbaut.

Die ebenfalls von See aus schon entdeckte Straße verbindet beide Teile. Es ist aber immer ein Spaziergang von einer guten halben Stunde, um von einem Teil in den anderen zu kommen. Ein aufmerksamer Blick auf die Karte zeigt uns über die Lage Tsingtaus folgendes:

Das Gebirge, das das deutsche Schutzgebiet nach Norden abgrenzt, der etwa 600—1100 m hohe Lauschan, streckt nach der Küste zu allmählich niedriger werdende Höhenzüge vor, die doch in nächster Nähe der Küste immer noch 130 m hoch sind. Im Südwesten des ganzen Landzipfels, im Westen, sowie in den im flachen Bogen ins Land einspringenden Buchten der Tsingtau-Bucht und der Auguste-Viktoria-Bucht lassen diese Bergzüge flaches Land frei. Hier hat sich Tsingtau angebaut. So ist es gegen Norden vor den schlimmen, kalten Nordstürmen im Winter geschützt und ist nach Süden im Sommer für die kühlenden südlichen Seebrisen offen. Es hat zunäscht das am nächsten an den Hügeln liegende Gebiet besetzt, hat aber sowohl nach Südwesten wie nach Westen, dem Hafen zu, noch Platz genug, sich auszudehnen. Wenn es will, kann es leicht auch noch mehr die Hügel hinaufklettern, oder auch, wie es schon angefangen hat, in ein nördlich, jenseits der nächsten Hügelkette sich öffnendes, ebenes Gelände hinuntersteigen.

Alle Straßen Tsingtaus sind chaussiert, haben Kanalisation, Wasserleitung und Anschluß an das elektrische Kabel. Die Straßenbeleuchtung auch in Tapautau ist jetzt fast durchgängig elektrisch. Sehen wir von kleineren Erhebungen des Bodens ab, so ist Tsingtau eine Siebenhügelstadt. Trotzdem ist keine Straße so steil, daß sie ernstliche Schwierigkeiten für den Verkehr böte. Aber wir müssen uns von denen, die Tsingtau von Anfang an kennen, erzählen lassen, wie erst durch Abtragen von Hügeln und Sprengen von Felsen der jetzige Platz für die Bauten und das jetzige Niveau der Straßen geschaffen worden ist. Wer die bei schlechtem Wetter beinahe halsbrecherisch steilen Straßen Hongkongs kennt, ist doppelt befriedigt über die Straßen Tsingtaus.

Auf dem nach der Südwestecke, zum Leuchtturm Yu nui san sich hinziehenden, ausgedehnten Gelände harren zum Teil schon fertiggestellte Straßen und Wege noch der Menschen, die bereit sind, sich an ihnen anzubauen. Bis jetzt liegen dort außer dem chinesischen Arbeiterdorf Tai hsi tschen auf der Seeseite ein großes Kohlenlager, sowie die Feldbatteriekaserne, auf der Buchtseite das sogen. „Höhenlager".

Es folgt der erst im Sommer 1906 in Betrieb genommene Schlachthof, der mit seinen Schlachthallen für Groß- und Kleinvieh, mit seinem Verbrennungsofen für seuchenverdächtige Kadaver und seinem Sterilisator für finniges und tuberkulöses Fleisch, mit seinen Maschinen und Ställen auf der Höhe seiner Zeit steht. Die Werft und Schiffs-

Schlachthof

reparaturwerkstatt von Franz Oster, sowie die elektrische Zentrale der Stadt stoßen dann schon wieder an den kleinen Hafen. Hier liegt an der Westseite des jetzigen Hauptteiles der Stadt auch der Bahnhof, der Ausgangspunkt der Schantung-Eisenbahn. Das ihm gesicherte Gelände ist groß genug für jeden Zuwachs. Von hier aus geht die große Verkehrsader, die Eisenbahn, mit ihren Abzweigungen bis zu dem 400 km entfernten Tsinanfu, der Hauptstadt von Schantung.

Werft und Schiffsreparaturwerkstatt von Franz Oster

Wir halten mit unseren Rickschas mitten in der Stadt vor dem Gouvernementsgebäude.[1]) Erst 1906 ist es bezogen worden. Schlicht, ohne unnötige ornamentale Zutaten, ohne dekorativ effektvolle Fassade, einfach von innen heraus gebaut, erhebt sich der mit grauem chinesischen Sandstein verkleidete Bau. Natürlich nennt der Stadtwitz das viereckige Gebäude mit wenig hohem Dach „das große Tintenfaß", obgleich Kenner behaupten, daß wenig Teile des deutschen Staates mit so wenig Tinte regiert werden, wie das Schutzgebiet Kiautschou. Der Gouverneur wohnt nicht im Gouvernement. Die Gouverneurswohnung liegt weiter östlich auf halber Höhe des Signalberges. Stellen wir uns so, daß wir das Gouvernement im Rücken haben, so sehen wir die

[1]) Bilder von Tsingtau in „Das Leben in Tsingtau".

Wilhelmstraße hinunter bis an den Strand und in die blaue Tsingtau-Bucht hinaus. Dort am Strande steht, von einem Säulenbau umgeben, ein Obelisk, das Jäschke-Denkmal; zu Ehren des zweiten Gouverneurs von Tsingtau, Kapitän zur See Jäschke, der 1901 in Tsingtau starb, ist es errichtet. Die Straße, die sich am ganzen Strande hinzieht, heißt das Kaiser-Wilhelm-Ufer. An ihm liegt das bis zurzeit noch immer erste Hotel, das schon so alt ist, wie die Stadt selbst; dort liegen auch die deutsch-asiatische Bank, die Gebäude der Schantung-

Hohenzollernstraße mit dem Bahnhof im Hintergrund

Bergbaugesellschaft und der Kiautschou-Leichtergesellschaft und das kaiserlich-chinesische Seezollamt mit seinen Zollschuppen. Auch die meisten der großen Firmen haben hier ihre Geschäftshäuser, wie Sietas, Plambeck u. Co., Eberhardt, Bollweg u. Co,, Schwarzkopf u. Co., Siemßen u. Co., Carlowitz u. Co., sowie die chinesischen Firmen: Cheap Jack u. Co. und Sing Tai u. Co., weiterhin, in der Richtung auf die Feldbatteriekaserne zu, Kröbel u. Co., Anz u. Co., Otto Ritthausen u. Co., Firmen, die ihre Stammhäuser meistens schon seit Jahrzehnten in Schanghai oder Hongkong hatten und nur eine Filiale auch nach Tsingtau gelegt haben. Unfern dem Gouvernement an der Ecke der Tirpitzstraße und Prinz-Heinrich-Straße ist die Post. Die Unterbeamten sind Chinesen, die uns in fehlerfreiem, fließendem Deutsch bedienen. Wenn man ihrer Sprache etwas Besonderes anhört, so ist es höchstens die schwäbisch oder berlinerisch gefärbte Aussprache, da der Chinese getreulich auch diese Nuance der Aussprache seiner Lehrer annimmt. Würden wir vom Gouvernement dem Hohenloheweg in der Richtung auf Tapautau zu folgen, so würden wir zur katholischen Mission kommen. Auf freier, sowohl nach Tapautau wie nach Tsingtau hinabblickender Höhe erheben sich ihre ausgedehnten, schönen Gebäude. Massiv und trotzig, wie eine Burg liegt sie da. Es ist, als ob sie etwas von dem kriegerischen Geiste ihres Erbauers, des 1901 verstorbenen Bischofs Anzer, erkennen ließe, der geschildert wird als ein Mann, den man sich gut hätte denken können in der einen Hand ein Kreuz haltend, in der anderen ein blankes Schwert, und bei dem es nicht überrascht hätte, wenn unter dem Bischofskleide plötzlich ein blitzender Küraß sichtbar geworden wäre. Diese Gebäudefronten der katholischen Mission erwecken den Eindruck, als ob sie in der Tat mit der Möglichkeit rechneten, bei einem etwaigen Aufstande der befestigte Zufluchtsort der bedrohten Europäer und christlichen Chinesen zu werden. Ihre Lage in unmittelbarer Nähe der Chinesenstadt ist für ihre missionierende Tätigkeit günstig, und ihr Chinesenhospital erfreut sich starken Zulaufes.

Kaiser-Wilhelm-Ufer mit Jäschke-Denkmal

Nahe der katholischen Mission steht auch das Seemannshaus, das mit seinen Schreib- und Lesezimmern, seinen Restaurationsräumen und großem Saal, unsern Matrosen und Soldaten da draußen Erholung und Anregung bieten will.

Der vom Gouvernement nach der anderen Seite, nach Osten, abgehende Diedrichsweg führt nach der breiten Bismarckstraße. An ihr liegt oberhalb vom Diederichsweg das Gouvernementslazarett. Es wird von Marineärzten verwaltet und bedient. Es ist für die Garnison und die in Tsingtau lebenden Europäer bestimmt, während ja die

Prinz-Heinrich-Straße und Post

Chinesen, wie wir sahen, in den selbstverständlich auch von europäischen Ärzten geleiteten Missionslazaretten Aufnahme finden. In ganz geschützter Lage, rings von grünen Höhen umgeben, mit dem Blick auf die See und die einlaufenden und auslaufenden Schiffe, mit seinen einzelnen, weit voneinander, geräumig und hell im Pavillonstil erbauten Häusern liegt es prachtvoll zwischen seinen schon parkartig zu stattlicher Höhe herangewachsenen Akaziengruppen, hinter dem langen, die Straße begleitenden Eisengitter, das grünes Schlinggewächs und bunte Winden freundlich überranken. Unterhalb an der Bismarckstraße in der Richtung nach dem Strande zu erheben sich die evangelische Kapelle und die Gouvernementsschule. Die Kapelle war von Anfang an ein provisorischer Bau. Aber bereits im Jahre 1908 wird die evangelische Zivilgemeinde Tsingtaus und die auch überwiegend evangelische Garnison gegenüber der Einmündung des Diederichsweges auf der Höhe an der Bismarckstraße eine schöne neue Kirche erhalten. Das unfern der Kapelle stehende neue Schulhaus wurde im Sommer 1907 eingeweiht. Ein stattlicher Bau mit 12 Klassenzimmern: mit Aula, Physikzimmer, Zeichensaal, Modellkammer und allen Einrichtungen eines modernen Schulhauses. Die Mädchen gehen, bis Tsingtau eine eigene Mädchenschule hat, noch in eine von den Schwestern des Heiligen Geist-Klosters unterhaltene Mädchenschule.

Gouvernementslazarett

Dem Gouvernementshügel, an den das Gouvernementsgebäude sich anlehnt, gegenüber, durch die von der Bismarckstraße benutzte Talsenke von ihm getrennt, steigt der Diederichsberg, meist Signalberg genannt, auf. 100 m ist der Berg hoch und gewährt den schönsten Blick über das ganze Stadt- und Hafengebiet von Tsingtau. Den einen Namen hat er von dem Admiral v. Diederichs, der Tsingtau besetzt hat. An ihn erinnert auch der Diederichsstein auf halber Höhe des Diederichsberges, den unsere Abbildung wiedergibt. Den anderen Namen hat der Berg von der Signalstation, die hier oben in einsamer Höhe ihres Dienstes waltet, einlaufende und abgehende Postdampfer und einlaufende Handels- und Kriegschiffe durch Zeichen signalisiert, die jung und alt in der Stadt kennt, oder durch Winkflaggen oder elektrische Signallaternen den Verkehr vermittelt zwischen den im Hafen liegenden Schiffen und dem Gouvernement und der Garnison, oder zwischen den Schiffen im Hafen und den Schiffen, die auf der Außenreede liegen und vom Hafen aus nicht gesehen werden können.

Seemannshaus

Wir setzen jetzt unsere Rickschas in der Richtung nach der Auguste-Viktoria-Bucht, also nach dem Villenviertel Tsingtaus, in Marsch. Unterwegs kommen wir am Tempel des alten chinesischen Tsingtau vorbei. In dem von kundiger Hand geschriebenen „Führer von Tsingtau" lesen wir über diesen Tempel: Der Tempel ist der „Tién hu", „Himmelsgöttin", zugleich „Göttin der See" gewidmet. Diese Göttin wird nicht nur von den Seeleuten, sondern auch von der Landbevölkerung allgemein verehrt. Nach dem Volksglauben ist sie ursprünglich Wahrsagerin gewesen. Als ihr Vater plötzlich starb, stürzte sie sich aus Gram hierüber in das Meer. Schon zu ihren Lebzeiten war sie als gute Prophetin überall geachtet, nach ihrem tragischen Ende errichtete man zu ihrem Andenken einen Tempel an eben der Stelle, wo sie ihren Tod gefunden hatte. Nicht lange darauf soll ein fahrender Kaufmann bei dunkler Nacht und hohem Seegang in der Nähe

Diederichsweg

des Tempels vor dem sicheren Untergang dadurch gerettet worden sein, daß eine vom Himmel leuchtende Lampe ihm den richtigen Weg durch die Klippen wies. Das Licht soll ihm von dem Tempel der Prophetin aus geleuchtet haben. Seit jenem Zeitpunkt wird sie als Schutzgöttin der Seeleute weit und breit verehrt. Man glaubt, daß sie in besonders stürmischen und dunkeln Nächten eine Lampe vom Himmel leuchten lasse, um die Schiffe vor Gefahr zu bewahren. Über dem Tempeleingang sind zwei Tafeln mit Inschriften angebracht. Die obere heißt: „Huan hai tsy yün" und bedeutet: „Rings auf dem Meere gewähre sie (d. h. die Göttin) gnädige Wolken!" und die untere: „Hu kuo yu min", d. i. „Die Länder schützen, dem Volke nützen". Außer dieser Himmelsgöttin haben in diesem Tempel noch Altäre die „Kuan yin", die „Göttin der Barmherzigkeit", ferner ein in China hochverehrter medizinischer Gott, sowie ein „Gott des Wassers" und der höchst beliebte „Gott des Reichtums". Die Einrichtung des Tempels ist die der meisten chinesischen Tempel: Hinter einem oft als Theaterplatz benutzten Vorhof

Bismarckstraße

öffnet sich der Hof, in dem der Haupttempel steht mit den Götzenbildern hinter ihren Altären, auf denen die mehr oder weniger reiche Asche von verbrannten Räucherstäbchen in den Räucherbecken auf größeren oder geringeren Besuch des Tempels schließen läßt. Der Priester, der den Tempel instand hält, wohnt in einem kleinen Hause innerhalb der den Tempelbezirk umschließenden Mauer.

Ein Stück des alten Tsingtau dieser Tempel, ebenso wie das Yamen, das nur durch eine Straße vom Tempel getrennt ist. Yamen ist in jeder chinesischen Stadt das Verwaltungsgebäude. Hier wohnte, ehe die Deutschen kamen, der chinesische General. Hier hatte, bis das neue Gouvernementsgebäude gebaut wurde, auch die deutsche Verwaltung ihren Sitz aufgeschlagen, so gut und so schlecht es in den kleinen, um winklige Höfe herumgebauten Häusern gehen wollte. Bald werden seine niedrigen Gebäude wohl auf diesem kostbaren Grund und Boden einem modernen Bau weichen müssen. Doch der Tempel wird stehen bleiben, bis die Chinesen einmal selbst der Ansicht sein werden, daß er sich überlebt habe. Die Straße zwischen Tempel und Yamen führt zum Offizierskasino der Garnison, dem alten „Artillerielager", von den Chinesen, die nur sehr schwer ein „r" aussprechen können, in „Allila" zusammengezogen. Weiterhin liegen die Bismarckkasernen, die geräumige, aus gelben Backsteinen gebaute, stattliche Wohnung der Matrosenartillerie.

Diederichsstein

Auf dem die Tsingtaubucht und Auguste-Viktoria-Bucht trennenden Landvorsprung hatte die Gouvernementswerkstatt ihren Platz gefunden, bis sie als Gouvernementswerft nach dem großen Hafen übersiedelte. Ihr Betrieb stand, wie der auf dem Werftgebiet der Hafenmole, unter der Leitung von Marinebaumeistern, die mit einer geringen Zahl deutscher Techniker und Werkführer und sonst nur mit chinesischen Arbeitern ihre Aufträge, die in Anbetracht der teilweise noch sehr primitiven Einrichtungen oft recht schwierig waren, erledigten. Um sich chinesische Arbeiter heranzubilden, hat die Gouvernementswerkstatt eine Lehrlingsschule mit ganz geringen Mitteln geschaffen. Hier lernen Chinesen — an die Hundert sind es — im Alter von 14—20 Jahren deutsch sprechen, lesen, schreiben und rechnen und werden außerdem in den verschiedenen technischen Zweigen der Werkstatt ausgebildet. Die ersten Stunden des Tages gehören der Kopfarbeit, die übrigen der Handarbeit. Auch wird auf Turnen, straffe Form und regelmäßige Körperreinigung gehalten. Die Ergebnisse dieser Schule sind bisher sehr befriedigend.

Der chinesische Tempel

Auf glatter Straße am Auguste-Viktoria-Ufer bringen unsere Rickschas uns schnell in den Villenteil Tsingtaus. Links: grüne, sanft ansteigende Hänge, rechts: das hier steil abfallende, zerklüftete, felsige Meeresufer. Weithin an der braunfelsigen Küste zieht sich der weiße Saum der Brandung, die bei Flut und bei auflandigem Wind fast bis zur Straße heraufspritzt. Drüben die Berge von Kap Jäschke, das, auch zum deutschen Schutzgebiet gehörend, den anderen Torpfeiler der Einfahrt in die Bucht bildet. Und dort das weite Meer, glatt und blendend, wie ein Spiegel in der Sonne glitzernd, als ob unzählige Tropfen geschmolzenen Silbers von glattem Asphalt zurücksprängen, oder so schön wie das Mittelmeer in einem durch die Wolkenschatten mannigfach abgestuften Blau leuchtend, oder gleichförmig grau unter regenschwerem, niedrigem, trübem Himmel oder von weiß gischtenden Wellen bedeckt. Von weitem schon grüßt uns der Badestrand. In weitem flachen Bogen zieht der gelbe Strand sich hin. In mehreren

Reihen, aber in malerischer Unregelmäßigkeit, die Badebuden aus Holz oder leichtem Fachwerk gebaut, große und kleine, jede anders, je nach Geschmack und Vermögen ihrer Besitzer oder Erbauer. An jedem Ende des Strandes die säulengetragene Kuppel eines Musikpavillons. Das Ganze, zumal an hellen Sommertagen, zusammen mit der blauen See, dem gelbsandigen Strand und der grünen Umgebung ein immer wieder fesselndes, farbenprächtiges Bild. Hinter der Badebudenstadt, durch einen weiten Sandplatz und eine breite Fahrstraße von ihr ge-

Badestrand

trennt, erhebt sich eine Filiale des Prinz-Heinrich-Hotels, ein dreistöckiger, in gefälligen Formen ausgeführter Bau, das „Strandhotel". In dem breiten, halbrunden Talkessel ist der nach der Stadt zu liegende, terrassig ansteigende Hang mit einer ganzen Anzahl freundlicher Villen besetzt. In einer dieser Villen wohnt auch der Gouverneur, bis er 1908 die würdigeren Räume des neuen Gouverneurshauses beziehen wird. Aus dem Grün des gegenüberliegenden Hanges grüßt das weit abseits liegende Forsthaus, die Wohnung des Oberförsters, herüber, hier vereinigt ein großer Forstgarten alle im Schutzgebiet zu Nutz oder Schmuck angepflanzten Bäume, Sträucher und Blumen. Das Gelände zwischen dem

Villen an der Auguste-Viktoria-Bucht

Forstgarten und der Villenkolonie wird zu einem öffentlichen Park mit schattigen Wegen und vielbuchtigen Teichen ausgebaut. Wir folgen auch hierin, ebenso wie mit unserem trefflichen, vielverzweigten Wegenetz, dem Beispiel der Engländer, deren Kolonien alle sich musterhafter Straßen und eines immer schon in den ersten Jahren der Kolonie angelegten „public garden" erfreuen. Ein paar japanische Hirsche in einer Umfriedung des Forstgartens wachsen sich vielleicht noch zu einem zoologischen Garten aus. Oberhalb des Forstgartens liegt der Europäer-Friedhof. Es ist ganz richtig, daß ihn keine Mauer oder hohe Hecke besonders abschließt. Was gäbe es hier auch zu verteidigen oder den Blicken zu entziehen? Als ein Teil der Landschaft fügt sich der Ruheplatz der Toten dem Ganzen ein, und die fromme Scheu der

Lebenden ist sein einziger Schutz. In mehreren breiten Terrassen steigt er von der Höhe des Talrandes hinab. Die besonders stattlichen Grabmäler des Gouverneurs Jäschke, des Missionars D. Faber und des Majors Christ sind zugleich Merksteine der Geschichte Tsingtaus und des Schutzgebietes. Nach Osten hin wird der Talkessel durch den „Iltisberg" abgeschlossen, 154 m hoch, nach dem durch seinen heldenmütigen Untergang berühmten Kanonenboot benannt. Von seinem Fuße leuchten die roten Dächer und gelben Backsteinmauern der Iltiskasernen herüber, in denen das Seebataillon seine Unterkunft gefunden. Zwischen dem Badestrand und den Iltiskasernen liegt der große, rasenbewachsene Exerzierplatz, der gleichzeitig zu einer Rennbahn für Flachrennen wie für Hindernisrennen ausgebaut ist. Werden die Gartenanlagen um die Villen erst höher herausgewachsen sein, und ist erst der Park fertig, so wird diese Auguste-Viktoria-Bucht neben Hongkong der schönste Punkt an der ganzen weiten chinesischen Küste sein.

Der „Iltisberg" schließt, wie gesagt, das Tsingtauer Stadtgebiet nach Osten ab. Der Iltisberg, der Bismarckberg (132 m) und am weitesten nördlich der Moltkeberg (78 m), das sind gleichsam die drei Pfeiler der um Tsingtau im Halbkreis sich herumschließenden Bergmauer. Diese Höhen sind jetzt alle mit über mannshohem Wald, meist Kiefern, bedeckt, und an einzelnen durch Wasser und durch den Boden besonders begünstigten Stellen führt der Weg schon unter schattenden Bäumen dahin. Jeder kahle, noch so kleine Platz ist bepflanzt, und liebevoll wird über jeden einzelnen Baum schützend gewacht.

as erste Ziel eines Spazierganges in die nähere Umgebung Tsingtaus ist das „Musterdorf" Tai tung tschen. Jenseits des Bergwalles liegt es nach Norden hin schon in der von mehreren Flußläufen durchströmten Ebene, die den Bergwall vom Lauschangebirge und seinen Ausläufern trennt.

In Taitungtschen sind die Chinesen angesiedelt worden, die früher dort wohnten, wo jetzt Tsingtau steht. Die alten Chinesendörfer im Stadtgebiete sind tatsächlich samt dem Boden, auf dem sie standen, „ausgegraben" worden. Auch der feuchte und durchseuchte Untergrund dieser schmutzigen Dörfer mußte verschwinden. Tai tung tschen ist sehr langweilig, aber sehr zweckmäßig ganz regelmäßig gebaut: lauter parallele, gleichweit voneinander entfernte, stets genau rechtwinklig sich schneidende Straßen, in der Mitte ein großer, rechteckiger Marktplatz, an dem als Rathaus die deutsche Polizeistation steht. Ein paar größere Gebäude sind schon durch das Kreuz an ihrem Giebel als Kapellen der evangelischen und katholischen Mission zu erkennen. Wer chinesisch lesen kann, dem kündet ein großer Torweg mit großen, goldenen Zeichen, daß hier ein Chinesenhospital ist. Es steht unter der Aufsicht des evangelisch-protestantischen Missionsvereins, wird von Militärärzten gelegentlich revidiert, aber im allgemeinen nur von einem chinesischen Arzt bedient. Ein Theater sieht auch in Tai tung tschen an mehreren Tagen der Woche ein dichtgedrängtes Publikum der Handlung und dem Dialog der für uns so grotesken Schauspiele andächtig folgen. Hier in Tai tung tschen wohnt, billiger als in Tapautau, ein großer Teil der in Tsingtau als Arbeiter, Rickschakulis, Wäscherleute etc. tätigen Chinesen. An der breiten Straße, die am Gouvernementslazarett vorbei in $^3/_4$ Stunden nach Tai tung tschen führt, steht auch die Brauerei von Tsingtau. 1904 ist die Germania-Brauerei eröffnet worden und versendet seitdem ihr nach Pilsner und Münchner Art gebrautes Bier nach allen Plätzen Chinas und Japans, ja bis Wladiwostok. Wandern wir noch eine halbe Stunde über Tai tung tschen hinaus, so sehen wir uns zwischen den einfachen Dorfhütten von Sy fang. Von 1900—1906 war hier eine Kompagnie des 1. Ostasiatischen Regiments von der Besatzungsbrigade in Baracken untergebracht.

Noch $1^1/_2$ Stunden über Sy fang hinaus liegt an der Eisenbahn und am Strande der Bucht: Tsang kou. Hier will seit 1903 eine große Seidenfabrik der „Deutsch-chinesischen Seidenindustrie-Gesellschaft" diese in China so wichtige Industrie auch im Schutzgebiet und seinem Hinterland weiter ausbauen.

Ravinen, im Hintergrunde die Germania Brauerei

Von Tai tung tschen aus mehr landeinwärts als Tsang kou, nach dem Lauschan zu, gehts nach Li tsun, dem größten chinesischen Ort im Schutzgebiet nächst Ta pau tau und Tai tung tschen, 15 km von Tsingtau entfernt, ein Marktflecken von etwa 1000 Einwohnern. Die Berliner Mission hat hier eine Kapelle und eine Schule. Ein Bezirksamt mit chinesich redendem deutschen Bezirksamtmann an der Spitze schlichtet unter Beistand eines sachkundigen chinesischen Beamten die im Landteil des Schutzgebietes unter Chinesen vorkommenden Streitigkeiten. Litsun heißt „Dorf der Familie Li", und da dies Zeichen für Li hier Pflaume heißt — dasselbe Li übrigens wie im Namen des berühmten Li hung tschang — so mag Li tsun auch „Pflaumdorf" heißen. Und nicht mit Unrecht. Wie die Berliner nach Werder und die Dresdener nach Loschwitz, so pilgern die Tsingtauer im Frühjahr nach den „Li tsuner Höhen", wo dann das „fernste, tiefste Tal blüht" in weißer und rosaroter Pracht seiner blühenden Obstbäume.

Mit zahlreichen Dörfern besetzt, zieht sich die Ebene in einem etwa 10 km breiten Gürtel nach Osten. In dem weichen, gelben Lehmboden haben die in Regenzeiten reißend vom Gebirge herunterstürzenden Bäche viele tiefe Rinnen ausgewaschen, die oft zu recht unliebsamen Umwegen nötigen. „Ravinen“ heißen diese Wasserrinnen. Hinter den niedrigen „Walderseehöhen“ ragen die schroffen, kahlen Felszacken der 330 m hohen „Prinz-Heinrich-Berge. Noch weiter östlich erhebt sich der Kaiserstuhl 400 m hoch hart am Seeufer. Im Nordosten baut sich Kuppe hinter Kuppe der Lauschan auf.

Die Wege führen von Tsingtau in 3 Stunden an den Lauschan heran durch eine Reihe, zum Teil sehr malerisch zwischen Bäumen gelegener Dörfer. Echt chinesische Dörfer sind es, noch mit kleinen, grauen Lehmhäusern, die meisten Anwesen, ebenso wie oft das ganze Dorf, zum Schutz gegen die früher mit Recht arg gefürchteten Räuber mit einer mannshohen Mauer umgeben. Bauernhöfe wie bei uns gibt es nicht, da die Chinesen fast gar kein Rindvieh halten und ihre Feldwirtschaft gerade auch im Norden wie Gartenwirtschaft auf kleinen Feldstücken mit der Hand betreiben. Da außerdem der Chinese bekanntlich sehr viel anspruchsloser ist als wir, so haben auf einer Fläche, wie auf der zwischen Lauschan und Tsingtau, dreimal soviel Dörfer und Bauernfamilien Platz, als bei uns. In den Tälern des Lauschan liegen kleine Dörfer, die an der Sonnenseite hinauf terrassenförmig wie Weinberge aufgemauert ihre Felderlein haben. An den landschaftlich schönsten Punkten haben sich chinesische Klöster, taoistische und buddhistische, festgesetzt. Diesen Klöstern gehört auch der meiste Grund und Boden des Gebirges. Die Mönche in diesen Klöstern tragen keinen Zopf, sondern tragen die Haare nach alter chinesischer Sitte in einem Knäuel auf dem Kopfe zusammengerafft, und dann sind es Taoisten, oder sie haben den ganzen Kopf geschoren, dann sind es Buddhisten. Sonst unterscheiden sie sich weder untereinander noch von dem anderen Volke, weder durch besondere Gelehrsamkeit noch durch besondere Frömmigkeit. Sie dürfen nicht verheiratet sein, so

Dorfstraße

schreibt es die alte Regel vor. Aber dies verleiht in China keine besondere Heiligkeit. Die Mönche beschäftigen sich mit der Bestellung ihrer Äcker, soweit sie diese nicht verpachtet haben. Im übrigen füllt beschauliche Ruhe den längsten Teil ihres Tages aus, und bei einem Rundgang durchs Kloster kann man leicht in der kühlen Tempelhalle ein paar der Mönche beim geliebten Brettspiel finden, auch gar nicht bloß zu den Siestazeiten, und der süßliche Geruch des Opiumrauches dringt aus mehr als einer der kleinen Wohnkammern. Neuerdings zieht das Gouvernement die Klöster und ihre Insassen zur Aufforstung des Lauschan mit heran.

Lauschan, „der schwer zu besteigende Berg", das soll sein Zeichen bedeuten. Keine Sorge! Jetzt führt eine breite Fahrstraße in die Berge hinauf, einer Talschlucht aufwärts folgt sie, überschreitet auf der steinernen, am Hochzeitstag der Kronprinzessin dem Verkehr übergebenen Cäcilienbrücke die Schlucht, steigt an ihrem Ende noch drei Viertelstunden in Schlangenwindungen an der Talwand empor und mündet beim Genesungsheim „Mecklenburghaus". Zu Ehren des Präsidenten der deutschen Kolonialgesellschaft, des Herzogs zu Mecklenburg, heißt es so. Von einer Paßhöhe aus, 450 m über dem Meer, wo es von irgend einer Seite immer frische Luft haben wird, blickt es über ein herrliches Gebirgspanorama weg bis zum Meere hinunter. Drei Gebäude sind es: ein sogenanntes Passantenhaus, ein Familienhaus und ein Wirtschaftshaus mit Gastzimmern, Speisesaal, Damenzimmer, Rauch- und Lesezimmer. Das fast das ganze Jahr von „Passanten" oder „Pensionären" besuchte Mecklenburghaus ist auch Genesungsheim für Kranke der Tsingtauer Garnison und des Kreuzergeschwaders. Vier Wohnräume und ein Speisezimmer im Wirtschaftshaus bieten Unterkunft für zwei Unteroffiziere und acht Mann. Leider ist der Lauschan bis jetzt nur wenig bewaldet, wenigstens,

Cäcilienbrücke

wenn wir bei dem Worte „Wald“ an unseren Harz oder das Riesengebirge denken. Auch die Moskitoschwärme im Sommer gehören nicht zu den Annehmlichkeiten. Aber wir wollen sehr dankbar sein, daß wir den Lauschan so nahe bei Tsingtau haben: Ob wir ins Felsental des Paischaho hinunterklettern, in welchem der Wanderer zwischen einem romantischen Gewirr haushoher Felsblöcke seinen Weg sich sucht und von seiner Phantasie sich die ausgewaschenen und schroff in die Luft ragenden, grotesken Felsspitzen als versteinerte Tiere und Menschen sich deuten läßt; ob wir auf sicher markiertem Wege von der Irenebaude aus den Lauting, der mit seinen 1130 m so hoch ist, wie der Brocken, oder über das schattige Taoistenklösterlein „Waldfrieden“ zu einem der Pässe des Ostabhanges gelangen, wo sich zwischen steilen Felsschluchten von freier blauer Höhe aus — an Norwegens Fjorde erinnernd — ein Blick auf das Meer öffnet, das, von dieser Höhe gesehen, bewegungslos wie aus Glas sich bis zum Horizont spannt — jeder anders, jeder in seiner Art, genießt doch jeder dankbar, was der Verfasser unter dem Eindruck der ungeahnten besonderen Schönheiten des Lauschan in das Fremdenbuch des Klosters Waldfrieden schrieb:

Waldfrieden

Wer hier mit wachem Ohre lauscht
Dem Lied, das durch die Bäume rauscht,
Das aus des Wassers Tosen hallt
Und das im Felsen ward Gestalt, —
Den führt die hehre Melodie
Der Schöpfung aus des Alltags Müh',
Aus allem Streit verworr'ner Zeit
Zum Frieden „edler Einsamkeit“.

Durch zahlreiche markierte Wege hat der Bergverein von Tsingtau das Gebirge landschaftlich aufgeschlossen. Und es ist wohl nur noch eine Frage der Zeit, daß der kleinen Sommerwohnungen, wie sie jetzt schon einzelne Tsingtauer sich im Lauschan gebaut haben, noch viel mehr werden. An der ganzen Nordküste Chinas gibt es nichts, was sich an landschaftlicher Schönheit neben den Tälern des Perlgebirges auf der anderen Seite der Kiautschoubucht mit den Tälern des Lauschan, so wie sie schon jetzt sind, messen könnte.

Das ist Tsingtau und seine Umgebung, 1906 wohnten hier allein im Stadtgebiet, also in Tsingtau und Tapautau, 1225 Europäer, 207 Japaner, 9 Inder und nahezu 28000 Chinesen. Dazu kam noch die Garnison in einer Stärke von etwa 2200 Mann. Die Zahl der Chinesen im Landgebiete des Schutzgebiets wurde im gleichen Jahre auf 82000 geschätzt.

Hesse-Wartegg, der das Schutzgebiet in den ersten Monaten seiner deutschen Ära besucht und ausführlich beschrieben hat, beginnt seine Schilderung: „Tsingtau ist ein armes Chinesendorf", und berichtet: „Glas ist in dieses entlegene Nest von Schantung noch ebensowenig gedrungen wie Seife." Bei Franzius sieht man richtig, wie langsam die Feder sich zu den Worten entschließt, und wie der patriotische Mann die Worte wägt, wenn er schreibt: „Ich muß den Leser nun leider bitten, sich kein zu günstiges Bild von der nächsten Umgebung der Bucht zu machen", und wenn er den Enttäuschten auf die „wundervolle Farbenpracht" der „rotgrauen Berge" und des Meeres hinweist, an der das Auge sich erlaben könne. Sehen wir, was Tsingtau heute ist, so dürfen wir uns von Herzen freuen, was mit weitem Blick und fester Hand in rastloser, tüchtiger Arbeit hier in der kurzen Zeit von 10 Jahren geschaffen worden ist.

Das Schutzgebiet

Unser Schutzgebiet Kiautschou liegt an der Südkante der Halbinsel Schantung im Nordosten von China. Schantung! der Name weckt die Erinnerung an eins der beklagenswertesten und zugleich rühmlichsten Ereignisse unserer Marine. An der Nordostecke der Felsenküste Schantungs ist 1896 unser „Iltis" gestrandet. Auf einem ummauerten Friedhof unfern der Strandungsstelle, in der Nähe eines Leuchtturms liegen von den Toten des „Iltis" die, die die See wieder herausgegeben hat. Der Leuchtturmwärter, ein Deutscher, hält den von den deutschen Kriegsschiffen alljährlich besuchten Friedhof instand. Auf dem Friedhof kündet ein schlichter, weißer Obelisk Namen und Geschick der braven Seeleute. Ein anderes, künstlerisch reicheres Denkmal ihres Heldentodes steht auf dem „bund" in Schanghai.

Das Schutzgebiet ist ein Teil der chinesischen Provinz Schantung, die diese Halbinsel und ein Stück des Festlandes umschließt. „Schan" heißt „Gebirge", „tung" heißt „Osten": es ist die Provinz östlich vom Gebirge, wie die Provinz Schansi die westlich vom Gebirge. Das Wort „Provinz" kann leicht eine falsche Vorstellung erwecken. Eine chinesische Provinz ist ganz beträchtlich größer als bei uns eine Provinz.

Die kleinste chinesische Provinz ist Tschekiang, die Küstenprovinz, südlich von Schanghai. Sie ist immer noch 20000 qkm größer als das Königreich Bayern. Die größte Provinz, das reiche Setschuan im Westen, vom oberen Jangtse durchströmt, ist nur ein wenig kleiner als Preußen und Bayern zusammen. Die Provinz Schantung ist 145000 qkm groß, also fast zehnmal so groß, wie das Königreich Sachsen. Ihre Bevölkerung wird auf 40 Millionen geschätzt. Die Provinz wäre demnach ebenso dicht wie das Königreich Sachsen bevölkert. Auch bei der niedrigsten Schätzung von 25 Millionen wäre Schantung immerhin noch doppelt so dicht bevölkert wie Preußen. Sie wird vom Hwang ho durchströmt, der seine gelben Fluten nördlich von der Halbinsel in den Golf von Tschili trägt. Auch der berühmte Kaiserkanal, der von Peking und Tientsin bis südlich von Schanghai geht und so den Hwang ho und den Jangtse verbindet, durchschneidet Schantung. Im Gebiet dieser Wasserstraßen, des Hwang ho und des Kaiserkanals, ist die Provinz eben. Im übrigen Teil und namentlich in dem uns zunächst interessierenden östlichen Teil ist sie gebirgig. Doch läßt das Gebirge breite Furchen für bequemen Ackerbau frei. Die Bodenschätze der Provinz, ihre Kohlen und ihr Erz, nutzbar zu machen, wird die Aufgabe der Deutschen, die bisher hierfür geleistete Arbeit zu schildern, die Aufgabe eines späteren Kapitels dieses Buches sein.

Iltis-Friedhof in der Nähe der Strandungsstelle

Die Hauptstadt der Provinz Schantung ist Tsinanfu, 400 km landeinwärts von Tsingtau. Da „fu" die Bezeichnung für die Hauptstadt jedes Regierungsbezirkes, jeder Präfektur ist, so wird die Stadt oft auch nur „Tsinan" genannt. Schantung besitzt zehn solcher Präfekturen. In Tsinanfu hat der Gouverneur der Provinz seinen Sitz.

Zum deutschen Schutzgebiet in Schantung gehört nun

1. der Landzipfel, der die Kiautschoubucht nach Osten vom gelben Meere absperrt. Auf diesem liegt Tsingtau. Es ist der Hauptteil des Schutzgebietes, 462 qkm groß.

2. Ein kleines, nur 47 qkm großes Stück auf dem gegenüberliegenden Ufer links vom Eingange der Bucht.

3. Fünf größere und eine Anzahl kleiner Inseln in und vor der Bucht, die zusammen nur 44 qkm ausmachen.

Iltis-Denkmal auf dem „bund" in Schanghai

4. Die ganze Wasserfläche der Kiautschoubucht bis zur Hochwassergrenze. Die Bucht ist 560 qkm groß, das ist viermal so groß wie der Jadebusen der Nordsee oder 2 qkm größer als der Bodensee.

Somit umfaßt das Schutzgebiet — ohne die Wasserfläche der Bucht — 553 qkm Land. Es steht also in der Mitte zwischen den beiden Fürstentümern Reuß älterer und jüngerer Linie, ist knapp halb so groß wie das Fürstentum Waldeck. Die das Schutzgebiet umgebende, vertragsmäßig festgelegte neutrale Zone von 50 km (chinesisch 100 Li) hat 7650 qkm, etwa die Größe des Großherzogtums Hessen.

Über die Bucht selbst belehrt uns Hafenbaudirektor Georg Franzius a. a. O. aus eigener Anschauung: „Die Kiau-Bucht liegt 390 Seemeilen nördlich von der Mündung des Jangtse, so daß man sie von Schanghai aus mit gewöhnlichen Dampfern in etwa 30 Stunden erreicht. Die Ansteuerung ist eine bequeme, und wenn man sich der gegen die herrschenden Winde, den Nordost- und den Südwest-Monsun, gleich gut gedeckten Einfahrt nähert, sieht man zur Rechten der Bucht die mehr als 1000 m hohen Granitfelsen des Lauschan emporragen, wäh-

Kiautschou-Gebiet

rend die Höhen zur Linken sich nicht über 200—300 m erheben. Von der zwei Seemeilen breiten Einfahrt haben 1,5 Meilen eine für die größten Schiffe ausreichende Tiefe. Die Bucht mißt in jeder Richtung etwa zwölf Seemeilen, doch fallen weite Flächen bei Niedrigwasser trocken, so daß der für tiefgehende Schiffe in Frage kommende Raum etwa einer Kreisfläche mit vier Seemeilen Durchmesser oder einer deutschen Quadratmeile entspricht. An dieses Becken schließt sich nach Nordost noch eine Rinne von vier Seemeilen Länge mit 1000 m Breite und mindestens 6 m Tiefe bei Niedrigwasser.

Da der durch Ebbe und Flut erzeugte Wasserwechsel etwa 3—4 m beträgt, also etwa so viel wie bei uns an der Nordseeküste, so liegt ein Vergleich der Bucht mit dem Jadebusen nahe, und man kann sich also eine den Jadebusen an Ausdehnung noch übertreffende Wasserfläche denken, an welche sich nach Nordosten noch eine Rinne von der Größe des Kieler Hafens anschließt.

Besonders starke nachteilige Strömungen sind nicht vorhanden. Das Wasser ist, seitdem der Hoangho sich wieder auf die Nordseite der Halbinsel Schantung geworfen hat und seine gelben Fluten nicht mehr wie von 1300—1853 an der Südseite derselben ins Meer wälzt, frei von Sinkstoffen. Wenn trotzdem eine Abnahme der Wassertiefen stattfindet, so wird diese Erscheinung durch die Sandmassen hervorgerufen, welche der Bucht durch die sich in sie ergießenden Bäche und Flüsse zur Regenzeit von den entwaldeten Granit- und Gneisgebirgen zugeführt werden. Die Ursachen der Verflachung liegen also nicht in Schlickablagerungen aus der See. Vergleicht man also die Bucht auch in dieser Hinsicht wieder mit dem Jadebusen, so sind die Verhältnisse in der Kiau-Bucht ungleich günstiger. Während in der Jade die Schlickablagerung und Tiefenverringerung im ganzen Bereich des Busens überall dort stattfindet, wo die Wassergeschwindigkeit, wie regelmäßig bei Hochwasser und Niedrigwasser, zeitweise gering wird oder gar aufhört, so geht die Versandung in der Kiau-Bucht nur von einzelnen Punkten aus vor sich. Fängt man den Sand an diesen Stellen auf und zwingt die Wasserläufe, ihn dort abzulagern, wo er nicht schädlich, sondern nützlich ist, so ist man imstande, große, jetzt unbrauchbare Wattflächen hochwasserfrei zu machen oder einzudeichen. Denn für die Erhaltung der Wassertiefen in der Einfahrt und dem Fahrwasser ist die Verringerung der Wasserflächen in der Kiau-Bucht ganz ohne Nachteil, während man bei dem Schlickgehalt des Jadebusens dort ängstlich darauf halten muß, daß die Wasserfläche nicht eingeschränkt wird, weil nur dann die vom Meer in den Busen eindringende und bei Ebbe wieder auslaufende Wassermasse groß und kräftig genug bleibt, die Tiefe im Fahrwasser zu erhalten. In der Bucht von Kiautschou kann der vom Lande zufließende Sand ohne große Kosten hinfort nützlich verwendet werden, indem man ihm nicht mehr gestattet, in die größeren Tiefen vorzudringen, sondern nötigt, die unbequemen Seegang erzeugenden, flachen Wasserflächen in brauchbares Land zu verwandeln. Diese Flächen sind so groß, daß sie auf Jahrhunderte hinreichen, den jetzt zufließenden Sand aufzunehmen. Vermutlich wird aber der Zufluß infolge von Bewaldung der Höhen allmählich abnehmen, so daß man vielleicht dereinst noch mal über Mangel an Sand klagen wird."

Von den Inseln, die der Erwähnung wert sind, ist die größte Schui ling schan (früher fälschlich Tolosan genannt): 18 Seemeilen — 1 Seemeile bekanntlich = 1,8 km — südlich von Tsingtau gelegen, ist diese schönste Insel des Schutzgebietes, die sich bis 507 m hoch aus dem Meere erhebt, doch nur 5 km lang und 3 km breit. In diese Fläche von 150 ha, also etwa 300 preußischen Morgen, teilen sich 17 Dörfer, eigentlich aber nur in die schmalen Küstenränder. Weit draußen in See, nur bei hellem Wetter von Tsingtau aus sichtbar, hält als äußerster Vorposten die Insel Tscha liën tau die Wacht und entbietet mit dem weißen Gemäuer oder dem weißen Feuer ihres 15 m hohen Leuchtturms den Schiffen den ersten und letzten Gruß von Tsingtau. In der Bucht selbst liegen die Inseln Yin tau und Huang tau, „die gelbe Insel", beide durch Ebbewege mit dem Festlande verbunden. Auf beiden finden eine Anzahl Dörfchen Platz und Nahrung.

Sampans in der Kiautschou-Bucht

Die hammerförige Halbinsel Hai-hsi — zu deutsch: „westlich vom Meere" —, durch einen alten versandeten Kanal vom chinesischen Gebiet abgegrenzt, wird von den Ausläufern des bis 700 m hohen, malerischen Perlgebirges durchzogen. Einen Überblick über den nördlichen, den Hauptteil des Schutzgebietes, und über Tsingtau gab schon das vorige Kapitel.

Das Klima des Schutzgebietes ist für Europäer — die wenigen Wochen der Regenzeit abgerechnet — sehr angenehm. Es ist die

Breite von Sizilien, und daher ist es im allgemeinen wärmer als in Deutschland. Im Winter, der später einsetzt als bei uns und eher dem Frühling wieder weicht, wird es nicht so kalt wie bei uns. Die im Winter von Nordwesten her aus den eisigen Steppen Innerasiens wehenden Winde sind wohl sehr schneidend, aber das Thermometer sank doch selbst am kältesten Tage nur bis auf —11° Celsius. Im selben Jahr 1905 war in Berlin der kälteste Tag —12,8° Celsius.

Es betrug die Temperatur in Tsingtau z. B. im Jahre 1898 im Mittel in Graden Celsius:

Januar 2,3	Juli 24,6
Februar 3,1	August 25,1
März 2,4	September 22,4
April 10,2	Oktober 18,3
Mai 15,9	November 10,7
Juni 20,1	Dezember 3,2.

Im selben Jahre stieg das Thermometer im Juli bis auf 29,3° und fiel im Dezember bis auf —5,5°.

Schnee fällt selten und bleibt dann immer nur ein paar Stunden liegen. Das seichte Wasser in den Buchten mag wohl gefrieren, oder es mag sich im Hafen an den Rändern eine dünne Eisdecke bilden, die Schiffahrt wird jedenfalls dadurch in keiner Weise behindert. Es ist Tsingtau der nördlichste, stets eisfreie Hafen Chinas!

Unangenehm zumal für den, der eben erst aus Europa kommt, ist die Regenzeit im Sommer. Von Mitte Juli bis Ende August und manchmal bis in den September hinein regnet es dann in jeder Woche meist ein paarmal ganz gehörig, oder es hängen trübe, dichte Nebel zwischen den Hügeln. Da die Durchschnittstemperatur in diesen Sommermonaten 20—25° Celsius beträgt, so ist dann meist eine feuchtwarme Luft wie in einem Treibhaus. Doch ist auch diese Regenzeit nicht gar so schlimm. Der Regen ist selten ein dauerhafter Landregen, sondern stürzt meist in rasch vorübergehenden Güssen herunter. Auch kommen in jeder Woche zwei auch drei Tage hintereinander, wo kein Wölkchen den schönsten, hellsten Sommerhimmel trübt. Das Thermometer zeigt im Juli und August im Durchschnitt 24 oder 25° und sinkt auch nachts wenig unter 20°.

Dafür ist aber nun im Kiautschougebiet das Frühjahr und der Herbst ganz unvergleichlich schön. Schon von Anfang April an bis zum Juli und dann wieder von Mitte September bis Ende November kann man eigentlich auf beständiges, schönes, trockenes Wetter und

Sonnenschein rechnen. Mag das Thermometer auch mal auf 28 oder 29° steigen, ein wundervoller kühler Hauch von der See her macht es, daß wir auch dann gar nicht besonders den Schatten suchen, und daß wir wochenlang tagtäglich an die schönsten Tage an der Riviera Italiens erinnert werden. Im Oktober fällt nur an 2 oder 3 Tagen einmal ein leichter Regenschauer. Eine besondere Zugabe sind gelegentliche Staubstürme, Stürme, die von Nordwesten her dichte Wolken feinen gelben Staubes über ganz Nordchina hintragen. Die Sonne ist dann wie von einem gelben Schleier verhüllt, und Kleider, Augen, Ohren und die Stuben in den Häusern sind graugelb von dem unbarmherzig überall hindringenden Staube. Doch sind diese Staubstürme selten und immer nur von kurzer Dauer. Vom Taifun, jenem berüchtigten Wirbelsturme Ostasiens, wird das Schutzgebiet selten gestreift.

Trockenes Flußbett im Lauschan

Wie uns bereits der Rundgang durch Tsingtau und der Ausblick ins Schutzgebiet zeigte, ist dieses allermeist gebirgig. Aus Granitfels besteht das ganze Gebiet, und auch dort, wo sich rings um die zahlreichen Dörfer Feld an Feld reiht, haben die Verwitterungsprodukte dieses Gesteins den Ackerboden geschaffen. Der Reichtum an Kali macht den Boden fruchtbar. Er würde noch viel mehr hergeben, wenn die Chinesen ihn noch tiefer umgrüben. Zwischen dem Granit findet sich auch Porphyr, Diorit und hier und da Basalt. Löß, der bekannte, außerordentlich fruchtbare, gelbe, lehmartige Boden der nordchinesischen großen Ebene, den die Staubstürme im Laufe der Jahrhunderte dort hingetragen haben und noch hintragen, hat sich in unserem Schutzgebiet nicht gebildet. Was wir da an gelbem Boden überall, namentlich in den Ravinen sehen, ist ebenfalls gelber Granitsand. Irgendwelche Mineralschätze werden bis jetzt im Schutzgebiete selbst nicht gefunden, auch keine Kohlen. Auf Kohlen unternommene Bohrungen auf der Insel Schui ling schan haben bis jetzt zu keinem Resultat geführt. Die Kohlenfelder, die Zukunft Tsingtaus, liegen im Innern von Schantung, das nächste Feld 150 km von Tsingtau entfernt.

Die vom nahen Gebirge her das Schutzgebiet durchströmenden Flüßchen führen nur in der Regenzeit im Sommer Wasser. Dann aber sind sie sehr wasserreich und reißend. Die übrige Zeit ist ihr breites, flaches Bett nur mit großen Sandmassen angefüllt. Da keine Vegetation in den Bergen das Wasser aufhält, reißt es Sand und Steine mit sich und schwemmt sie der nahen Küste zu, die eben dadurch immer weiter hinausgeschoben worden ist.

Gräberhain

Bis die Deutschen hinkamen, war auch das Kiautschou-Gebiet wie ganz Schantung waldarm. Höchstens die nächste Umgebung von Tempeln und die Gräberhaine waren von den holzgierigen Händen verschont worden. Dort findet man dann oft prächtige Exemplare uralter Kiefern. Oder der Gingko-Baum, auch Tempelbaum genannt, der Blätter wie Laubholz hat (Salisburgia adiantifolia), bildet mit seiner regelmäßig aufstrebenden Krone ein Wahrzeichen der Gegend. Die Ruheplätze der Toten sind von Lebensbäumen beschattet. Die Berghänge, soweit sie nicht ganz kahl waren, waren von niedrigen, krüppligen Kiefern bestanden. Eine Wacholderart (Juniperus virginiana) vervollständigt die Reihe der Nadelhölzer. Gleichzeitig als Schmuck der Landschaft wie als Weideplätze des Seidenspinners geschätzt, finden wir zwei Eichenarten, quercus serrata mit kleinen schmalen und quercus dentata mit auffallend großen Blättern. Neben Ahorn, Ulme und eßbarer Kastanie ist noch der Götterbaum (Ailanthus glandulosa) dort heimisch. Bei einzelnen Klöstern im Lauschan geben dichte Haine von Bambus der Gegend ein ganz tropisches Ansehen. Im übrigen Schantung ist die Flora noch wenig durchforscht. Hier wächst gewiß noch manche dankbare botanische Doktorarbeit.

Tempel mit Tempelbaum

Im ganzen Schutzgebiet wird nun durch Aufforstung ein erfreuliches Stück Kulturarbeit geleistet, und zwar Kulturarbeit nicht nur in Hinsicht auf Kiefernkulturen, sondern wirklich als Kultur im höheren Sinne. Wir stimmen dem folgenden Satze zu: „Wald ist Mittelalter, Wald ist der Rest des Naturzustandes, Wald ist deshalb in der privatwirtschaftlichen, kapitalistischen Welt in gewissem Sinne Luxus, aber ein Luxus, der höher und besser ist, als alle Verfeinerungen des Essens und der Kleidung." Gerade wir Deutschen lernen in der Fremde sehr leicht, heimischem Luxus zu entsagen. Daß der Deutsche leichter auf Luxus verzichten kann als z. B. der Engländer, gibt dem Deutschen im wirtschaftlichen Wettbewerb einen nicht unbeträchtlichen Vorsprung. Aber auf eins verzichtet der Deutsche nur sehr schwer, auf den „Luxus" des Waldes. So oft kann man es von unseren Matrosen hören: was ihnen die Fremde oft so recht fremd macht, ist das Fehlen des Waldes; und nie sind sie froher, als wenn sie wieder mal irgendwo durch den Wald strolchen können. Soll der Deutsche sich heimisch fühlen, darf der Wald nicht zu fern sein. Wald ist der Jungbrunnen aller nervösen Zeit. Der Wald erzieht die Menschen zur Ruhe, zum Warten, zur Geduld; der Wald weckt unmittelbar die Dankbarkeit gegen die, die vor uns waren und ihn pflanzten oder ihn schonten, er gibt den Gedanken den höchsten sittlichen Flug: macht die Menschen verantwortlich gegenüber dem Geschlechte, das nach uns kommt. Es ist nicht von ungefähr, daß wir unter den Leuten von der „grünen Farbe“ so besonders viel sympathische Menschen finden.

Daß die Verwaltung in Tsingtau sich die Pflege des Waldes von Anfang an so ganz besonders hat angelegen sein lassen, gehört zu ihren größten Verdiensten. Ein leichtes Stück Arbeit war das nicht. Vor 1000 Jahren noch, so berichten die chinesischen Chroniken, war auch der Lauschan noch bewaldet. Je weiter die ausschließlich ackerbautreibende Bevölkerung Schantungs sich ausbreitete, desto mehr vernichtete klein bäuerliche Wirtschaft auch hier den Wald. In bergigem Land ist das noch verhängnisvoller als in der Ebene. Das Wasser, zumal die wolkenbruchartigen Güsse in der Regenzeit schwemmen alles Erdreich von den Hängen ab, und es bleiben die nackten kahlen Felsenhügel. So mußte auch im Schutzgebiet erst wieder eine Erdschicht gebildet und das Wasser festgehalten werden. Beides geht ja Hand in Hand. Darum wurden die Ränder der natürlichen Wasserrinnen, der Ravinen, bepflanzt, damit diese nicht immer mehr vom Wasser verbreitert würden. In den Ravinen wurde das Wasser durch Steindämme aufgehalten. Es setzte das, was es von verwittertem Gestein herunter gewaschen hatte, dort ab. Bald war die Ravine zugeschlämmt. Wurde so das Wasser in seinem verderblichen Lauf aufgehalten, so trug es dann gleichzeitig dazu bei, den durch seinen reichen Gehalt an Feldspat leicht verwitternden Fels in Erde umzuwandeln. Wegen dieser Wasserdämme usw. mußte das Forstgelände ganz besonders gehütet werden. Wohl wollte es auch vielen Europäern gar nicht in den Sinn, daß die deutsche Polizei ihre „verbotenen Wege“ nun auch ins „freie“ Ostasien

Kahle Höhen im Lauschan

verpflanzen wollte. Aber wer es gesehen hat, wie durch Zertreten auch nur eines kleinen Steindammes die mühsame Arbeit vieler Monate vernichtet wird, dem erscheinen die strengen Vorschriften, die jedes Betreten des Waldes außerhalb der Wege verbieten, durchaus gerechtfertigt. Steht erst ein ordentlicher Wald da, werden die Warnungstafeln schon von selbst mit zuwachsen und verschwinden. Alle diese Maßnahmen, Wasser und Boden festzuhalten, haben sich selbst in dem bisher regensreichsten Jahr 1903 bewährt. Früher war das Wasser nach langdauernden Niederschlägen in 10—12 Stunden abgestürzt, jetzt verläuft es sich langsam erst in fünf und mehr Tagen.

So lustig nun die jungen Pflanzen auch in diesem neuen Boden gediehen, die trockenen, regenarmen Monate von Oktober bis Juni hätten ihrem Leben bald wieder ein Ende gemacht. Trocknet doch der Boden an vielen Stellen in dieser Zeit bis 40 cm tief aus. Sie mußten jahrelang regelrecht begossen werden. Und wie schwierig war's, den Chinesen beizubringen, daß der Unterschied von Mein und Dein sich auch auf scheinbar so allgemeine Güter wie Kiefernzweige und Graswurzeln bezieht. Der Chinese ist nicht diebisch, aber Wald in der Nähe einer Chinesenstadt ist ungefähr ebenso gefährdet, wie bei uns ein vereinzelter Obstgarten in einer großen Vorstadt. Der Kummer unserer Forstleute draußen waren auch die häufigen Waldbrände. Es gibt keinen leidenschaftlicheren Raucher als den Chinesen. Mit wenig Ausnahmen heißt es hier: „Ich und mein Pfeifchen sind immer beisammen." Völlig achtlos werden da täglich eine Unzahl brennender Streichhölzchen weggeworfen. Was Wunder, daß in der trockenen Zeit oft täglich Waldbrände waren, 1903 sogar einmal elf an einem Tage. Seit der Chinese aber einsieht, daß ein weggeworfenes Streichholz und ein Arm voll Kiefernzweige mit ein paar Dollar doch zu hoch bezahlt sind, ist es auch mit Waldbrand und Walddiebstahl besser geworden. Und ist dann wirklich etwas gewachsen, kommt aus den armen chinesischen Beständen jenseits der Grenze der Kiefernspinner (Gastropacha pini) auf die fette Weide des Schutzgebietes. Da gilt es fleißig Raupen lesen lassen. Im Juni und Juli 1906 wurden 17 Millionen Raupen gelesen. An den Rändern der Nadelholzbestände wurden Schutzstreifen von Laubholz gepflanzt und Laubbäume in die Kiefern eingesprengt. Um die Bäume davor zu schützen, von Hasen benagt zu werden, wurden die Stämme erfolgreich mit einer Mischung von Karbolineum (1 Teil) und Kalkmilch (2 Teile) bestrichen. So hat Forstpflege und Forstschutz ganz besondere Mühe erfordert. Aber dafür bedecken sich auch die

Blick in den Pflanzengarten

Höhen um Tsingtau und von Jahr zu Jahr immer weiter hinaus auch die Höhen in den Prinz-Heinrich-Bergen und im Lauschan mit fröhlich aufstrebendem Wald.

Der Hauptbaum ist die Kiefer. Sie gedeiht vorzüglich und weist Jahrestriebe bis zu 95 cm Höhe auf. Die Kiefer gibt schon zeitig Nutzen. Selbst minderwertiges Material, wie Reisighaufen, ist den chinesischen Garköchen ein so schätzbarer Artikel, daß sie bis 7 Mark für einen Haufen bezahlen, der in Deutschland für 60 Pfennige weggeht. Große Nachfrage ist auch nach Weihnachtsbäumen. Es wird das Schutzgebiet auch der Christbaummarkt für die chinesische Küste sein. Unter den Laubbäumen steht an erster Stelle die Akazie (Robinia pseudoacacia). In zwei Jahren wächst sie aus dem Samen gezogen 5—6 m hoch. Manchem, der froh war, in seinem Garten gleich so schnell etwas ordentlich Grünes zu haben, wird die Akazie jetzt zu üppig. „Die ich rief die Geister, werd' ich nun nicht los," und auf den Wegen, auf den Beeten, immer wieder schlägt da aus und will den ganzen Garten für sich mit Beschlag belegen die Akazie. Vor allem werden die Bergwerke Akazie als Grubenholz brauchen. So erblüht hier unserem Forst einmal ein konkurrenzloses, sicheres Geschäft. Auch Platanen werden als Park- und Alleebäume gezogen, daneben Eichen, Erlen, Lärchen, Ulmen, Kastanien, Walnüsse.

Natürlich rauscht noch kein hoher Wald da auf den Bergen um Tsingtau. Das wird auch noch manches Jahr dauern. Noch ist alles bloß ein- bis zweimannshohe Dickung oder niedrige Schonung. Aber es *wird* dort einmal hoher Wald wieder stehen, und diese Gewißheit rechtfertigt jede auf den Forst im Schutzgebiet verwandte Mühe.

Schon jetzt fängt der Wald an, sich segensreich geltend zu machen mit seinem belebenden Grün auf allen Bergen und dadurch, daß er das Wasser festhält und die Luft mit seinem frischen harzigen Duft erfüllt.

Eine weitere wichtige Aufgabe erfüllen unsere Forstleute in Tsingtau, indem sie den Chinesen eine rationelle Forstwirtschaft *vormachen* und, soviel sie können, sie zur pfleglichen Behandlung auch ihres eigenen Waldes erziehen. Unentgeltlich werden Kiefern- und Akazienpflanzen abgegeben. Regelmäßig wird nachgesehen, ob die Eigentümer sie auch sachgemäß verpflanzt und behandelt haben. Leute aus den Lauschandörfern und von jenseits der Grenze werden in den Tsingtauer Forstanlagen beschäftigt und systematisch angelernt. Dieses, den so segensreichen Gedanken der Aufforstung zu verbreiten, bringt auch schon materiellen Gewinn: allein 1906 flossen der Forstkasse 16000 M. für Pflanzen zu, die sie der chinesischen Regierung in Tsinanfu und der Schantung-Eisenbahn- und Bergbaugesellschaft geliefert hatte. Diese bepflanzt ihre Eisenbahndämme und die Umgebung ihrer Schächte mit Akazien.

Sehr erfreulich ist es, wie mit dem Wald auch die Schar der gefiederten Sänger von Jahr zu Jahr zugenommen hat. 1903 hat die Wachtel, 1905 die Bachstelze zum erstenmal dort überwintert und gebrütet. Den Schlag des Finken und das Lied der Drossel, den heimatlich vertrauten Ruf des Kuckucks hört man von Jahr zu Jahr immer häufiger. Immer mehr finden diese Zugvögel Tsingtau und seinen Wald so anziehend, daß eine Art nach der anderen sich dauernd das Schutzgebiet zum Aufenthalt wählt. Die Watten sind belebt von einer Unzahl verschiedenartiger wilder Enten und von wilden Gänsen und Reihern. In den Zugzeiten, im Frühjahr und Herbst, fallen Schnepfen, Wachteln und Bekassinen zu Tausenden in den Bergen und in den Feldern um Tsingtau ein, und dann und wann auch „sieht man in schwärzlichtem Gewimmel ein Kranichheer vorüberziehn". Die in ganz China sehr häufige Elster mit ihrem schmuckhaften Gefieder ist auch in Deutsch-Schantung „gemein", und der Allerweltsfreund, der Sperling, ist hier gegen die Insektenplage ein willkommener Bundesgenosse. Natürlich fehlt es auch nicht an Raubvögeln aller Art, wie Adler, Sperber, Falken u. a. An jagdbarem Wild kommt bis jetzt nur der Hase zahlreich vor. Der Hase im Schutzgebiet ist kleiner als der unsere, meist grau gefärbt und hat auch sonst viel vom Kaninchen an sich. Auch seine Vermehrung ist „kaninchenhaft". Zwar macht er durch sein Benagen der Bäume, das sog. „Verbeißen", den Forstleuten viel zu schaffen, aber Jagd gehört nun einmal zum Walde, und so denkt niemand daran, dem Hasen anders nachzustellen als mit Pulver und Blei der zahlreichen Nimrode Tsingtaus. In den vielzerklüfteten Felsen finden Füchse und Dachse sicheren Unterschlupf. Seit 1904 sind auch Fasanen mit Erfolg ausgesetzt worden, und wenn die mit Reh- und Damwild bis jetzt gemachten Versuche halten, was sie versprechen, wird die Strecke bei den Tsingtauer Jagden bald auch ein paar brave Böcke oder einen kapitalen Schaufler aufweisen.

om Forst aufs Feld. Wer die bisher gegebenen Zahlen aufmerksam gelesen hat, hat von selbst schon erkannt: Unser Kiautschou-Gebiet ist keine „Kolonie", in der man „Farmen" anlegt. Es wird nicht den heimischen Markt mit „deutschen" Kolonialwaren versorgen. Auch wird man weder aus „Bergwerken" (im Schutzgebiet selbst) oder „Wäldern" einen beträchtlichen Gewinn erzielen. Nichts von alledem. Auf dem wenigen Land, das für Feldbestellung überhaupt taugt, finden die paar tausend chinesischen Kleinbauern gerade ihr tägliches Brot. Die Bedeutung Tsingtaus und unseres Schutzgebietes liegt ganz wo anders: sie liegt darin, daß Tsingtau der Haupthafen für ganz Schantung und seine 40 Millionen Menschen wird und die Eingangspforte für moderne Zivilisation für den ganzen weiten Norden des chinesischen Reiches! Das Schutzgebiet ist gleichsam nur ein Garten und ein Park um ein Geschäftshaus — Tsingtau —, das wir da draußen haben. Aber als praktische Leute halten wir natürlich Garten und Park nicht lediglich zum Luxus, sondern versuchen, daß sie ihre Unkosten selber tragen und womöglich noch einen Überschuß abwerfen. Auch sind wir uns wie jeder anständige Besitzer der Pflicht bewußt, daß wir das, was wir da draußen unser nennen, so vorzüglich ausbauen, wie nur möglich, und es in denkbar bestem Stand erhalten. Es greifen hier eben ethische und ästhetische, politische und wirtschaftliche, gesundheitliche, kaufmännische, allgemein kulturelle und nationale Zwecke auf das glücklichste ineinander. Daß wir mit unserem Tsingtau und seiner Umgebung als Musterwirtschaft und als Vorbild für China ganz von selbst eine große Kulturaufgabe erfüllen, liegt auf der Hand.

So hat die Verwaltung von Tsingtau auch dem Getreide- und Obstbau im Schutzgebiet von Anfang an ihre Aufmerksamkeit zugewendet. Litsun, das Pflaumendorf, kennen wir schon. Pflaumen gab es also schon, ehe die Deutschen hinkamen. Ebenso die sehr saftigen, erfrischenden Parsimonen, sowie Walnüsse, Aprikosen, Pfirsiche und Weintrauben; auch Äpfel und Birnen, diese aber nur in minderwertigen Sorten.

Der Chinese ist der geborene Gärtner. Seine Sorgfalt und Gewissenhaftigkeit beim Graben, Säen, Pflanzen, Düngen, Jäten und Ernten, und die Fürsorge, die er jeder einzelnen Pflanze angedeihen läßt, ist unübertrefflich. Nur trennt er sich auch hier schwer von alt überkommenen Methoden. Ist es aber einmal gelungen, ihn vom Vorteil des Neuen zu überzeugen, und sieht er namentlich in erreichbarer Ferne einen sicheren, silbernen Gewinn, so geht er gelehrig und eifrig auf das Neue ein.

So kannte der Chinese längst das Pfropfen. Da er aber minderwertiges Material dazu nahm, war der Erfolg gering. Als nun die deutsche Forstverwaltung 1902 anfing, bei einzelnen chinesischen Bauern die Obstbäume zu propfen und zu okulieren, stieß sie auf erheblichen Widerstand. Die Chinesen fürchteten, daß die Bäume verzaubert würden, mehr noch, daß die Bäume ihnen nun nicht mehr gehören würden, und rissen vielfach die Propfreiser wieder heraus. Als sie sahen, daß keins von beidem eintrat, fingen sie an, sich für die Sache zu interessieren. 1904 galt es als Belohnung, wenn jemand ein paar Edelreiser geschenkt bekam. 1906 wurden 66000 Edelreiser abgegeben, und es hätten noch mehr sein dürfen, so groß war die Nachfrage. Neben deutschem Obst, Äpfel, Birnen, Kirschen, Erdbeeren, gedeiht ausgezeichnet auch das berühmte kalifornische Obst. Wie schön sich die Mühe für den Obstbau rentiert, zeigen jetzt schon die Marktpreise. Das Obst wird nach Gewicht verkauft. Man rechnet auch in Tsingtau wie in ganz Ostasien nach Pikul und Kätty: 100 Kätty = 1 Pikul = 60,5 kg. 1 Kätty, also 12 Pfund, chinesische Äpfel kosten 18 Pfennige, 1 Kätty deutsche, ebenfalls dort gezogene, dagegen 43 Pfennige, chinesische Birnen 1 Kätty 10 Pfennige, deutsche Birnen 23 Pfennige. Der Wert des unter deutscher Anleitung gebauten Obstes übersteigt den Wert des alten chinesischen also bereits um das Doppelte. Vom Beerenobst gedeiht am besten die Johannisbeere. Auch prachtvolle Weintrauben bringen die Chinesen auf den Markt, und rheinische Stecklinge vergelten bereits die an sie gewandte Arbeit. So gut es in dem an der Nordküste der Halbinsel liegenden Tschifu ge-

Tal im Lauschan, im Vordergrunde ein Bambushain

lungen ist, einen trinkbaren Wein zu keltern, wird das in Tsingtau erst recht möglich sein. Es ist also nicht ausgeschlossen, daß in einigen Jahren den Gästen aus der Heimat in Tsingtau „Schatzykouer Auslese“ oder „Litsuner Bischofsberg“ als Ehrentrunk kredenzt werden kann. Nicht mehr zweifelhaft aber ist, daß das Tsingtauer Obst bald an der ganzen ostasiatischen Küste, und nicht nur in den Fremdenniederlassungen, sondern auch namentlich bei wohlhabenden Chinesen sich großer Nachfrage erfreuen wird. Eßbare Äpfel und Birnen fehlen an der ganzen Küste. Nur eben in Tschifu noch wird ebenfalls der Obstbau kultiviert. Hier war es ein amerikanischer Missionar, dessen Eifer es gelang, den Obstbau ins Leben zu rufen. Das Gouvernement in Tsingtau hat die Versuche mit den verschiedenen Obstsorten gemacht, hat die lokalen Baumkrankheiten und ihre Bekämpfung studieren lassen, hat die Chinesen zu rationeller Obstbaumpflege erzogen und hat so auch hier die Wege gebahnt, auf denen nun das Privatunternehmen sein Heil weiter allein versuchen soll.

An Getreide wächst auf den Feldern im Schutzgebiet wie von alters her vor allem Hirse, das Hauptnahrungsmittel der Bauern, sowie Weizen, Gerste, Mais, Buchweizen. Der vielgeliebte Reis wächst nur im südwestlichen Zipfel der Provinz Schantung. Charakteristisch für ganz Nordchina ist der Kauliang (Sorghum vulgare, Zuckerhirse) mit seinen 3—4 m hohen mais- oder zuckerrohrähnlichen Stengeln. Neben der gewöhnlichen Hirse ist Kauliang für Mensch und Vieh die wichtigste Getreideart, Allgemeines Volksnahrungsmittel ist auch die sehr nahrhafte Süßkartoffel, die Batate. Erbsen, Speiserüben und Erdnüsse (pea nut) bereichern den Speisezettel. Ölbohnen liefern das Material zu den in großen Mengen ausgeführten Bohnenkuchen. Auch Weißkohl wird in solchen Mengen erzeugt, daß er einer der wenigen Ausfuhrartikel ist. Das Land gibt allermeist in zwei Jahren drei volle Ernten. Die erste bringt Ende August als Sommersaat etwa Hirse oder Kauliang oder Mais, die zweite Ende Juni des zweiten Jahres als Wintersaat Weizen, Gerste, Erbsen, die dritte bis zum Spätherbst desselben Jahres Ölbohnen, Süßkartoffeln, Buchweizen, Speiserüben, Weißkohl. Das hier vom Getreidebau Gesagte gilt von ganz Schantung.

Da sie bei den Europäern so guten Absatz fand, hat sich als Feldfrucht die europäische Kartoffel schnell neben ihrer chinesischen Schwester Heimatsrecht erworben. Auch die Chinesen selbst finden immer mehr Geschmack an ihr. Die Kartoffel gedeiht vorzüglich in Schantung. Auch hier hat das Gouvernement durch eingehende Versuche betreffend Wahl der Sorten und der Düngung alle Vorarbeiten geleistet. In normalen Jahren kann auf zwei Ernten gerechnet werden, der Ertrag schwankt zwischen sechs und vierzehn Zentnern Ernte auf einen Zentner Aussaat. Als ebenso dankbar hat sich der Anbau von Spargel und anderem Gemüse erwiesen. Besonders die fruchtbaren Täler und sonnigen Hänge der Halbinsel Hai hsi versorgen den Tsingtauer Markt mit vorzüglichem Gemüse aller Art.

Wichtiger für die Industrie des Schutzgebietes und ganz Schantungs sind die Versuche, die das Gouvernement mit dem Anbau japanischer Gerste gemacht hat. Ein Hauptausfuhrartikel Schantungs sind Strohborten, aus Stroh geflochtene Streifen in verschiedenen Breiten zu Strohhüten, Körben, Matten und anderen Strohwaren. Diese Strohborten wurden bisher nur aus chinesischem Stroh hergestellt. Die Strohflechtkunst steht in Japan von alters her auf sehr hoher Stufe. Auch darauf haben die Japaner viel Mühe verwendet, das geeignetste Material zu gewinnen. Die Versuche im Schutzgebiet haben gezeigt, daß bei richtiger Behandlung die japanische Gerste ebenso gut in Schantung wächst wie in Japan. Damit ist der Strohflechtindustrie Schantungs ein wichtiger Dienst geleistet worden. Auch den Anbau einer Bohnenart, Pueraria, läßt sich das Gouvernement angelegen sein. Die Ranken werden in China zu Stricken verwendet, die Wurzel ist als Entnüchterungsmittel bekannt. In Japan macht man aus dem Wurzelstock dieser Bohnenart eine zum Kuchenbacken und zu Nudelfabrikation, zu Kleister und weißer Schminke verwendete Stärke. Die Blätter sind ein von den Pferden, selbst von kranken noch, geschätztes Futter. Die Stengel liefern ein Material für Koffergeflechte, feiner gespalten werden sie zu Tuch und Kleiderstoff verwebt. An Industriepflanzen sind noch Sesam und der Talgbaum angepflanzt worden. Auch mit Tabak werden Versuche gemacht: für das ungeheuer viel Tabak konsumierende, aber

Pflügender Bauer

im eigenen Lande nur ein entsetzliches „Kraut" produzierende China sicher nicht ohne Bedeutung!

Unter chinesischen Haustieren auch im Schutzgebiet und Schantung steht an erster Stelle das Schwein. Man sieht viel mehr schwarze Schweine als weiße. Das Schwein wird in China fast mehr um des Düngers willen gehalten als wegen seines Fleisches. Doch ist gerade das Schwein von Süd-Schantung an der ganzen Küste wegen seiner Schinken berühmt. Vom Hafen von Tsangkou nahe Tsingtau aus gehen alljährlich viele Dschunkenladungen von diesen nützlichen Borstentieren nach Schanghai und anderen Plätzen der Küste und des Jangtse. Rindvieh fehlt in China fast ganz. Eine Art großer schwarzer Büffel mit anliegenden plattgedrückten Hörnern wird in Südchina im Reisfeld vor den Pflug gespannt. Kuhmilch zu trinken, ist dem Chinesen ebenso unbekannt wie der Genuß von Butter und Käse. Das Fleisch der schwarzen Büffel erfreut sich keiner großen Beliebtheit, auch nicht nur, weil die buddhistische Vorschrift verbietet, das Tier zu essen, das den Pflug gezogen hat. In Tsingtau sind von verschiedenen Unternehmern unter großen Kosten Kühe eingeführt worden. Krankheiten haben die ersten Herden arg dezimiert. Aber mit besseren Weideplätzen und besseren Wasser- und Futterverhältnissen wird auch dieser Versuch mit Erfolg gekrönt werden.

Esel am Mühlstein

Auf den Straßen begegnen wir vor allem dem Esel, der entweder seine Last an Getreide, Holz, Salz und Steinen u. dgl. auf dem geduldigen Rücken trägt, oder an langem Strick den Schubkarren zieht, den sein Herr schiebt. Der Esel, der mit verbundenen Augen im Kreise läuft und so zwischen Mühlsteinen das Getreide mahlen, bezw. schroten hilft, gehört zu den typischen Bildern der chinesischen Dorfstraße. Als Reittier leistet der Esel namentlich im Gebirge bessere Dienste als das Pferd oder das Maultier. Seine Ausdauer ist erstaunlich. Wenn er gut gefüttert wird, läuft er Tag für Tag von Sonnenaufgang bis Sonnenuntergang seinen raschen Schritt oder kurzen Trab weg. Die schwerfälligen, höchst solid gebauten Wagen, zweirädrige Karren ohne Federn, werden meist von Maultieren gezogen. Auch hier wird oft noch ein Esel als Vorspann dazu genommen. Seltener vorm Wagen, häufiger als Reittier für wohlhabende Leute begegnet uns das Pferd. Große Pferde, wie bei uns, gibt es gar nicht. Es gibt nur das mongolische Pony, ein Pferd von etwa 1,30—1,50 m Rückenhöhe. Die Vorderhand ist meist sehr kräftig, die Hinterhand auffallend schwach gebaut. Das mongolische Pony ist genügsam und abgehärtet und bei einigermaßen guter Pflege außerordentlich leistungsfähig. Unsere berittenen Kompagnien der Besatzungsbrigade waren anfangs mit australischen großen Pferden beritten, gingen aber immer mehr zum mongolischen Pony über. Das mongolische Pferd wird im eigentlichen China selbst nicht gezüchtet. Es kommt in großen Herden aus den Steppen der Mongolei

Ein vielseitiger Freund

auf die chinesischen Pferdemärkte. Um das Monopol sich zu sichern, verkaufen die mongolischen Züchter fast nie eine Stute.

„Sein Huhn im Topf“ kann sich in Schantung jeder Bauer leisten: Hühner ebenso wie zahme Enten gibt es genug.

Spielende Ponys.

Fischerei in der Bucht und auf See wird nur in beschränktem Umfange betrieben.

Die allermeisten Chinesen im Schutzgebiet wie in ganz Schantung leben als kleine Bauern von dem, was der Boden ihnen trägt. So sind auch unter den etwa 80 000 Einwohnern des Schutzgebietes nur 800 Gewerbetreibende und allerdings 200 Gastwirte. Die Gewerbe arbeiten fast alle für die landwirtschaftlichen Bedürfnisse. Für die Gasthäuser ist das Schankgewerbe oft nur ein Nebenverdienst, wie bei uns auch vielfach für den Dorfkrug.

Der Schantung-Chinese würde seinen übrigen Landsleuten sehr unähnlich sein, oder die Chinesen im Schutzgebiete müßten schon durch europäische Trinksitten verdorben sein, wollte man aus dem Vorhandensein so vieler Schenken einen ungünstigen Schluß ziehen. Es kommt kaum vor, daß man einmal einen betrunkenen Chinesen sieht. Es ist für den ernster Denkenden immer ein peinlicher Anblick in Tsingtau, einen betrunkenen Europäer sehen zu müssen und zu bemerken, mit welch lächelndem Erstaunen die Chinesen ihn beobachten.

Bauernjunge

In all diesen Dingen unterscheidet sich der Schantung-Chinese nicht von den anderen Chinesen. Dagegen trifft man in Nordchina mehr große, starkknochige Leute als im Süden. Die

Hautfarbe ist bei den meisten graugelb. Die viel der Witterung ausgesetzten Leute, wie Schiffer und Rickschakulis, werden so braunrot wie Indianer. An Unternehmungsgeist und namentlich kaufmännischer Begabung steht der Nordchinese hinter dem des Südens zurück. Die Bankiers sind Cantonesen. Dagegen ist der Schantung-Chinese für technische und andere mechanische Arbeiten außerordentlich willig und anstellig, eine Tatsache, die für die „Zukunft des Schutzgebietes" von Bedeutung ist. Ebenso zeichnet er sich durch Sprachtalent aus, es gibt sehr viele, die recht gut, einige die fließend und fast fehlerlos deutsch sprechen. Die Schantung-Chinesen gelten als ein unruhiges und zu Aufständen geneigtes Volk, doch ist der einzelne gutmütig. Wer gleichmäßig freundlich und doch gemessen mit ihm verkehrt, wird immer gut mit ihm auskommen. Gesindel gibt es überall in der Welt. Gerade ein neu entstehender Platz wie Tsingtau zieht naturgemäß erst einmal die weniger seßhaften, unruhigeren Elemente der Umgegend an sich.

Wie es der Verwaltung des Schutzgebietes gelungen ist, diese „Eingeborenenfrage" zu lösen, wie sie mit den Menschen im Schutzgebiete, Chinesen wie Nichtchinesen fertig geworden ist, und wie sich überhaupt dort der Drache des chinesischen Banners und der Adler der deutschen Flagge über ihre Hohheitsrechte geeinigt haben, mag das nächste Kapitel zeigen.

Phot. F. O. Sundt, Berlin

Wilhelm I. R.

deutscher Kaiser, König von Preußen.

Die Verwaltung des Schutzgebietes

Das Schutzgebiet Kiautschou ist von China dem Deutschen Reiche in der Form einer Pachtung, und zwar für 99 Jahre überlassen worden. Eine Pachtsumme wird im Vertrag nicht genannt. Irgend eine Pachtzahlung findet nicht statt. Der Brauch im englischen Recht, Land für 99 Jahre zu verpachten, mag die Form an die Hand gegeben haben, wie auch sonst das Leben der Europäer in Ostasien von den Engländern sein Gepräge empfangen hat. Nach 99 Jahren würde dann das Gebiet wieder ganz an China zurückfallen. Doch müßte China alles, was dort gebaut worden ist, Hafen, Befestigungen, Straßenanlagen usw., bezahlen. Das würde eine ziemlich hohe Rechnung werden. So wird es vorziehen, dann den Vertrag auf weitere 99 Jahre zu verlängern. Aber wie mögen sich wohl bis dahin die Völker und ihre Machtverhältnisse auf der Erde im Vergleich zu jetzt verschoben haben! Überhaupt: wer einmal in einem Atlas vom Jahre 2100 blättern könnte! Aber diesen interessanten und gar nicht unfruchtbaren Gedanken auszuspinnen, sei politischen Dichtern oder phantasiebegabten Politikern überlassen.

Der Kaiser von China hat für die Zeit, wo das Schutzgebiet deutscher Besitz ist, auf alle Hoheitsrechte dort verzichtet. Die deutsche Regierung trifft ihre Maßnahmen im Schutzgebiet nach ihrem Belieben, ohne dafür der chinesischen Regierung irgendwelche Rechenschaft schuldig zu sein. Auch hat sich die chinesische Regierung verpflichtet, innerhalb der das Schutzgebiet umschließenden 50-km-Zone keine Maßnahmen oder Anordnungen ohne Zustimmung der deutschen Regierung zu treffen. Besonders wichtig ist, daß sie einer etwa notwendigen Regulierung der Wasserläufe in dieser Zone keine Schwierigkeiten entgegensetzen wird. Ebenso haben unsere Truppen das Recht, jederzeit ohne weiteres durch die 50-km-Zone zu marschieren. So wird das Grenzland des Schutzgebietes und dieses selbst von Räubern und anderem unliebsamen Gesindel frei gehalten. Auch die in China so verbreiteten und gefürchteten Geheimbünde werden sich für ihr lichtscheues Treiben und ihre oft gar nicht geheimen Operationen nicht gerade die Nachbarschaft des deutschen Gebietes aussuchen. Trotz dieser weitgehenden Hoheitsrechte und trotzdem die Machtsphäre tatsächlich weit über die Grenzen des engen Schutzgebietes hinausgeht, tun wir gut, doch nicht zu vergessen, daß wir nicht ebenso an der Kiautschou-Bucht sitzen wie etwa die Engländer auf Hongkong. Hongkong ist englisches Eigentum, das Schutzgebiet Kiautschou ist nur deutscher Besitz. Es ist kein Grund, dies zu beklagen. Sollte für die deutsche Politik der ostasiatische Besitz einmal ein allzu schwerer Ballast werden, so wäre es in dieser Form leichter, sich seiner zu entledigen, als wenn er mit der Kette „Eigentum" festgeschmiedet wäre.

Admiral v. Tirpitz, seit 1897 Staatssekretär des Reichs-Marine-Amts

Kiautschou wird eine „Schöpfung der Marine" genannt. Mit Recht. Der Wunsch, einen „Flottenstützpunkt" zu haben, ist die Keimzelle dessen, was wir jetzt da draußen vor uns sehen.

Admiral v. Tirpitz war einer der ersten, der auf die Kiautschoubucht nachdrücklich aufmerksam gemacht hat. Kontreadmiral v. Diederichs vollzog die Besitzergreifung. Ehe weitere Verfügungen und politische Vereinbarungen zwischen Deutschland und China den mit der Besitzergreifung geschaffenen neuen Zustand der Dinge regelten, ordnete der Geschwaderchef selbständig an, in welcher Weise Ruhe und Ordnung unter der chinesischen Bevölkerung aufrecht erhalten und wie die deutsche Besiedlung des Ortes in Angriff genommen werden sollte. Durch kaiserliche Verordnungen vom 27. Januar und 1. März 1898 wurde dann endgültig die gesamte Verwaltung des Schutzgebietes dem Reichs-Marine-Amt übertragen. Daher ist bis zum heutigen Tag der Gouverneur immer ein Seeoffizier.

Der Gouverneur ist der Chef der Zivil- und Militärverwaltung und gleichzeitig oberster Befehlshaber der Besatzungstruppen. Um nach außen hin über seinen Rang keinen Zweifel zu lassen, führt er den Titel Exzellenz, auch wenn er noch nicht Vizeadmiral ist. Der gegenwärtige Gouverneur, Truppel, ist Vizeadmiral. Die kaiserliche Verordnung stattet den Gouverneur mit einer besonderen Machtvollkommenheit aus. Seine Verordnungen bedürfen wohl der Genehmigung des Reichskanzlers, sie treten aber alle vorläufig sofort in Kraft, auch ohne diese Genehmigung.

Des Gouverneurs rechte Hand und sein Stellvertreter ist der Chef des Stabes, ebenfalls ein Seeoffizier, und zwar ein Fregatten-Kapitän oder Korvetten-Kapitän. Ein erster und ein zweiter Adjutant gehen ihm in Amtsgeschäften und bei seinen gesellschaftlichen Verpflichtungen hilfreich zur Hand. Zum Stab des Gouverneurs gehören ferner: der Platzmajor, ein Kapitänleutnant oder Hauptmann, der zugleich Dolmetscheroffizier ist; der Ingenieuroffizier vom Platz, zurzeit ein Major; der Artillerieoffizier vom Platz, zurzeit ein Korvetten-Kapitän, zugleich Vorstand der Artillerie- und Minenverwaltung; der Intendant mit einem Assessor und einigen Sekretären, sowie drei Dolmetscher.

An der Spitze der Landesverwaltung stehen ein Zivilkommissar für die Angelegenheiten der europäischen und ein Kommissar für chinesische Angelegenheiten für die der eingeborenen Bevölkerung. Die ausgedehnten forstlichen Arbeiten leitet der Gouvernements-Oberförster mit zwei Förstern. Der Gouvernements-Tierarzt verteidigt das Schutzgebiet gegen Seuchengefahr. Für Ruhe und Ordnung im Schutzgebiet sorgen der Polizeichef, sein Polizeioberwachtmeister, 9 Polizeiwachtmeister und 20 Polizeimänner. Die Leute einer

7*

militärisch ausgebildeten Chinesentruppe finden als Polizisten besonders in Tapautau und auf den Hafenmolen Verwendung. Das Gefängnis und das Katasteramt vervollständigen diesen Teil der Landesverwaltung.

Für das Justizwesen bildet die Grundlage das „Reichsgesetz betreffend die Rechtsverhältnisse der Deutschen Schutzgebiete" von 1900 und die „Kaiserliche Verordnung betreffend die Rechtsverhältnisse in Kiautschou" von 1898.

Alle Bewohner des Schutzgebietes, auch Engländer, Amerikaner, Japaner usw., sind dem deutschen Rechte unterworfen. Für die Chinesen ist eine besondere Gerichtsbarkeit eingerichtet worden.

Das Kaiserliche Gericht wird gebildet von einem Oberrichter und zwei Richtern. Von diesen ist der eine ein Marinekriegsgerichtsrat, da das Gericht auch die Geschäfte des Militärgerichts mit wahrnimmt. Im Jahre 1905/06 wurden 375 Zivilprozesse anhängig und wurden 218 Urteile gefällt, der Strafsachen waren es 393 mit 61 Urteilen. Das deutsche Kolonialrecht ist noch eine junge Wissenschaft. Bisher war es nur ein Ableger des Konsularrechts. Aber gerade die Justizverwaltung von Tsingtau läßt es sich angelegen sein, das Kolonialrecht selbständig und in sich geschlossen zu entwickeln; sie sammelt dazu Material aus der Praxis und sucht durch wissenschaftliche Bearbeitung desselben der Sache zu dienen. Dieses Kolonialrecht muß besonders sich an die von den unsern oft recht abweichenden Handelsgewohnheiten Ostasiens anschließen. Dazu muß aber der Richter in engster Fühlung mit dem Kaufmann bleiben. So helfen in Tsingtau 18 Laienbeisitzer dem Richter das Rechte finden. Von diesen sind nur sechs staatliche Beamte, alle anderen sind Kaufleute oder Industrielle. Nach den Berichten hat es sich hier auf das beste bewährt, daß das Laienelement so bei der Rechtsprechung mit herangezogen worden ist.

Vorläufig werden in Tsingtau die Sachen nur in der ersten Instanz entschieden. Die zweite Instanz liegt beim Generalkonsulat in Schanghai. Doch wird vom Januar 1908 an auch die zweite Instanz nach Tsingtau selbst verlegt. Von den vier Anwälten haben zwei in Schanghai ihren Sitz, zwei in Tsingtau, von denen einer Notar ist. Alljährlich werden auch mehrere Referendare für ein Jahr dem Gericht beigegeben. Diese haben die Reise natürlich frei und werden den Truppentransporten angeschlossen. Im übrigen bezahlen sie, wie in der Heimat, als Lehrgeld ihren Unterhalt aus der eigenen Tasche. Derartige Kommandierungen haben den großen Vorteil, daß immer eine Anzahl Leute durch eigene Anschauung und aus eigener Erfahrung die Kolonien kennen lernen Und solche Leute können wir nicht genug haben.

Admiral v. Diederichs

Diese jungen Leute sind dann später auch die geeigneten Anwärter für die Auslandsstellen der Verwaltung und Justiz. Und es wäre zu verwundern, nähme nicht der eine oder andere von ihnen den Entschluß mit nach Hause, chinesisch zu lernen und sich ganz der Arbeit in China zur Verfügung zu stellen.

Über die zahlreichen öffentlichen Bauten und Gebäude im Schutzgebiete wachen der Baudirektor und seine Baumeister und Sekretäre. Das ist alles ebenso geregelt wie in der Heimat, desgleichen die Tätigkeit der Garnisonverwaltung mit ihrem Direktor und ihren Kaserneninspektoren. Der Betrieb im Hafen untersteht dem Hafenkapitän, einem pensionierten Seeoffizier. Ein aktiver Kapitänleutnant ist der Leiter der Tsingtauer meteorologisch-astronomischen Station.

In Kirche und Schule gilt natürlich der Grundsatz der Parität. Zivilgemeinde und Militär-, bzw. Gouvernementsgemeinde sind noch nicht getrennt. Die katholische Gemeinde sammelt sich um das katholische Kloster in Tsingtau. In der Kapelle des Klosters hält sie auch ihre Gottesdienste. Die alte Gouvernementskapelle stand beiden Konfessionen zur Verfügung, doch haben die Katholiken keinen Gebrauch von ihr gemacht. Die neue, im Bau begriffene Kirche wird eine evangelische Kirche. Ohne die tatkräftige Hilfe des deutschen evangelischen Kirchenausschusses hätte die alte Kapelle wohl noch lange die gottesdienstliche Stätte für die evangelische Gemeinde bleiben müssen. Wird Tsingtau größer, so ist der Bau auch einer eigenen katholischen Kirche nur eine Frage der Zeit.

Die Seelsorge an den Evangelischen wurde anfangs auch von den evangelischen Missionaren wahrgenommen. Mit dem Wachsen der Stadt konnten diese das mit ihrer eigentlichen missionarischen Arbeit nicht mehr vereinigen. So wurde ein evangelischer Gouvernementspfarrer angestellt. Auch auf kirchlichem Gebiete ist Tsingtau auf dem Wege zur Selbstverwaltung; die evangelische Gemeinde hat schon angefangen, sich zu organisieren.

Die Schule in Tsingtau, ein Reformrealgymnasium mit Vorschulklassen, wird vom Gouvernement unterhalten. Das Schulgeld beträgt für die Vorschulklassen 60, für die Unterklassen 81, für die oberen Klassen 102 $. Bei Geschwistern zahlt das zweite und dritte Kind die Hälfte, das vierte Kind ist frei. Mögen auch 5000 $ Schulgeld einkommen, so ist das doch nur ein geringer Beitrag zu den Gesamtkosten des Schulhaushalts. 1907 bestand das Lehrerkollegium aus vier Oberlehrern und drei seminaristisch gebildeten Lehrern. Die Schülerzahl betrug in diesem Jahre 78, darunter 5 Mädchen in der Vorschule. Die anderen 79 Schülerinnen Tsingtaus werden zurzeit noch von den Nonnen des katholischen Klosters (Franziskanerinnen, Missionarinnen Mariens) unterrichtet. Da bislang die Mittel zu einer Mädchenschule noch fehlten, hat sich das Kloster mit dankenswerter Bereitwilligkeit des Mädchenunterrichts angenommen. Auch dieser Unterricht steht unter der Aufsicht des Gouvernements. Doch ist es die Absicht der Marineverwaltung, sobald ausreichende Mittel dazu zur Verfügung stehen, eine ordentliche Mädchenschule mit staatlich geprüften Lehrkräften zu eröffnen. Auch für die Schulangelegenheiten ist die Zivilgemeinde, und sind die Eltern der Schulkinder durch einen Ausschuß vertreten, der dem Gouvernement beratend zur Seite steht. Von Schule und Kirche wird das nächste Kapitel noch weiter berichten.

Man hat Kiautschou die „Ärztekolonie" genannt. Das sollte heißen, daß hier der Arzt bei der Verwaltung besonders viel mitzureden hat. So ist es auch. Und der Erfolg hat dem recht gegeben, daß man in Tsingtau den Arzt im Rate mit obenan sitzen läßt. An der Spitze des ganzen Gesundheitswesens steht ein Generaloberarzt der Marine. Ein Oberstabsarzt leitet im besonderen das Lazarett. Elf oder zwölf Marinestabsärzte und Marine-Oberassistenzärzte bilden den medizinischen Stab. Daß auch das untere Sanitätspersonal reichlich bemessen ist, ist hier, wo ein Ersatz nicht leicht zu beschaffen ist, doppelt wichtig. Von den Ärzten ist nur ein Teil in Tsingtau selbst als Lazarett- und Truppenärzte beschäftigt. Einer ist dem Bezirksamte in Titsun zugeteilt und hat dort eine Poliklinik für Chinesen, reitet auch von dort aus regelmäßig zum Mecklenburghaus hinauf. Ein anderer steht einem großen Chinesenkrankenhause in Tsinanfu vor — eine sehr anstrengende und sehr dankbare Arbeit. Polikliniken für Chinesen in Syfang und Taitungtschen werden von Tsingtau aus ärztlich bedient. Immer wird auch darauf Bedacht genommen, daß die Ärzte durch Reisen ins Innere die lokalen Krankheiten studieren, auch bei etwaigen von den Missionaren im Innern gemeldeten seuchenverdächtigen Fällen an Ort und Stelle den Tatbestand feststellen und sofort die erforderlichen Maßregeln treffen, um die weitere bei der dichten und wenig sauberen Bevölkerung doppelt gefährliche Ausbreitung der Seuche nach Möglichkeit zu verhüten. Da nur ein Zivilarzt in Tsingtau ist, haben die Marineärzte zum Teil auch die Praxis unter der Zivilbevölkerung des Schutzgebietes, der europäischen wie der chinesischen. So ist auch eine Frauen- und Kinderklinik dem Gouvernementslazarett angegliedert. Um namentlich im Hinblick auf militärische Vorkommnisse von der Apotheke in Tsingtau unabhängig zu sein, hat das Gouvernement seine eigene Apotheke.

Das Rechnungswesen der Kolonie wird von einer Anzahl Marine-Oberzahlmeistern und Marine-Zahlmeistern, Marine-Zahlmeisteraspiranten und Schreibern besorgt.

Ehe wir den Zahlmeistern auf der Gouvernementskasse ein wenig in ihre Rechnung sehen, erkundigen wir uns danach, auf welche Weise der Einzelne in den Besitz der Scholle kommt, auf der sein Haus steht.

Die **Landordnung** von **Kiautschou** gibt darauf die Antwort. Sie verdient besonders beachtet zu werden.

Die Landordnung von Kiautschou will einen Teil der Ideen unserer Bodenreformer verwirklichen. Im Schutzgebiet ist durch sie jede Bodenspekulation und jeder Bodenwucher ausgeschlossen. Das geht folgendermaßen zu: Alles Kaufen und Verkaufen von Land im Schutzgebiet ist vom ersten Tage an das Monopol des Gouvernements gewesen. Die deutsche Regierung kaufte gleich zu Anfang von den chinesischen Eigentümern alles ihr für ihre eigenen Zwecke und für die Anlage der Stadt Tsingtau nötig erscheinende Land. Sie bezahlte dafür den ortsüblichen, reichlich gerechneten Bodenpreis. Es darf also niemand direkt von den Chinesen Land kaufen. Es hat vielmehr jeder, der in Tsingtau und seiner Umgebung Grund und Boden erwerben will, diesen vom Gouvernement zu kaufen. Haben sich Käufer gemeldet, so schreibt das Gouvernement Landverkäufe aus, beraumt einen Versteigerungstermin an und setzt das Mindestgebot fest. Dem Meistbietenden wird das Land zugeschlagen. Jeder hat vorher genau anzugeben, was er auf dem Grund und Boden bauen, bzw. wozu er ihn verwenden will. Von diesem seinem Grundstück zahlt nun der Besitzer 6 vom Hundert des Wertes als jährliche Steuer. Diese Grundsteuer ist die einzige direkte Steuer, die erhoben wird. Von drei zu drei Jahren wird das Grundstück neu abgeschätzt und danach die neue Grundsteuer berechnet. Unterläßt es jemand, das Grundstück zu bebauen, oder weicht er sehr erheblich von dem eingereichten Plan ab, baut er z. B. eine Gartenlaube statt der geplanten Fabrik, so erhöht sich alle drei Jahre die Steuer um jedesmal 3 vom Hundert. Soll ein Grundstück weiterveräußert werden, so hat das Gouvernement stets das Vorkaufsrecht. Kauft es selbst das Grundstück nicht zurück, so erhebt es doch eine Abgabe von einem Drittel des Wertes, um den das Grundstück seit der letzten Veräußerung teurer geworden ist. Was einer während dieser Zeit an Barauslagen für Verbesserung des Bodens oder für Baulichkeiten in das Grundstück gesteckt hat, darf er vom Schätzungswert abziehen. Bleibt ein Grundstück

25 Jahre in derselben Hand, so erhebt das Gouvernement nach dieser Zeit von solchem Grundstück ebenfalls eine Abgabe von einem Drittel des Wertes, um den das Grundstück in dieser Zeit wertvoller geworden ist. „Zuwachsrente“ ist das. Es ist hier also das durchgeführt, was die Bodenreformer erstreben. Die Gesamtheit nimmt am Ertrag des steigenden Bodenwertes teil. Durch die Arbeit der Gesamtheit, auch der Nichtgrundbesitzer, ist der Grund und Boden wertvoller geworden. So teilen sich der einzelne Grundeigentümer und die durch das Gouvernement vertretene Gesamtheit, die Gemeinde, in den Reingewinn. Dabei fällt dem Eigentümer mit seinen zwei Dritteln immer noch der Löwenanteil zu.

Kapitän zur See Rosendahl, Gouverneur 1898—1899

Diese Landordnung hat in die Augen springende Vorteile. Es ist jeder Bodenwucher ausgeschlossen. In anderen Plätzen Ostasiens hat der Bodenwucher zu sehr unerfreulichen Zuständen geführt. Wer wird Land auf Spekulation kaufen, wenn er das tote Kapital mit 6, 9 und 12 vom Hundert verzinsen soll! Das Gouvernement hat sich eine Einnahmequelle gesichert, die, je bedeutender der Platz wird und je mehr dadurch auch seine öffentlichen Ausgaben wachsen, auch um so ergiebiger fließt. Das Gouvernement ist in der Lage, rechtzeitig und zu angemessenem Preise sich Land für seine besonderen Zwecke zu sichern. Dadurch, daß das Gouvernement von den chinesischen Eigentümern nach Bedarf Land erwirbt, bleiben die Preise für neues Land verhältnismäßig niedrig, denn das Gouvernement ist viel eher als der Einzelne imstande, unverschämte, sachlich unbegründete Preisforderungen chinesischer Eigentümer entsprechend herunterzuschrauben. So ist es auch dem kleinen Manne möglich, auf eigener Scholle zu wohnen. Freilich wohnt gegenwärtig auch nur der billig, der auf eigenem Grund und Boden wohnt. Daß die Mieten ziemlich herauf gegangen sind, hat bis jetzt auch diese Landordnung nicht verhindern können. Daraus kann man aber der Landordnung keinen Vorwurf machen. Endlich ist durch diese Landordnung dafür gesorgt, daß der Grund und Boden soviel als möglich in den Händen von Deutschen bleibt.

Mit Unternehmungen, die direkt dem allgemeinen Wohle dienen, hat das Gouvernement natürlich besondere Abkommen getroffen. So ist der Eisenbahngesellschaft zu geringem Preise, den Missionen sogar kosten- und abgabenfrei das für sie nötige Areal zur Verfügung gestellt worden.

Diese Landordnung ist von Männern in die Wege geleitet und ausgebaut worden, die die an anderen Plätzen Ostasiens bei der Vergebung von Land gemachten guten und schlechten Erfahrungen genau kannten. Selbstverständlich stieß auch diese Ordnung auf Gegner. Mit dem bequemen Geschäft der Bodenspekulation war nun einmal dort nichts zu machen. Viel größer aber ist die Zahl derer, gerade auch der zunächst Interessierten, die sagen, daß die Landordnung von Kiautschou sich bisher bewährt und als segensreich erwiesen hat. Auch die Chinesen — und das ist ebenfalls wichtig — sind mit dieser Ordnung der Dinge zufrieden. Alle Landkäufe haben sich von Anfang an bis jetzt ruhig und leicht abgewickelt. Da das Gouvernement vom Admiral von Diederichs und Gouverneur Rosendahl an bis heute gleichmäßig offen und sachlich vorgegangen ist, bringen ihm die Chinesen auch bei den Landkäufen ein immer fester wurzelndes Vertrauen entgegen.

Die Landordnung von Kiautschou ist ein Stück praktischer Sozialpolitik, das wirklich die Beachtung weitester Kreise verdient. Es ist gefordert worden: Das Land der Masse! Ostelbien: Bauerngut neben Bauerngut! Den Pulsschlag der Gerechtigkeit in diesen Forderungen wird jeder herausfühlen. Sie jetzt nach dem Wortlaut zu erfüllen, würde vielleicht ein nationales Unglück sein. Aber der Masse, der Gesamtheit des Volkes ihren Anteil am Werte des Grund und Bodens zu sichern, am Werte, der doch gesteigert werden kann eben nur durch die Arbeit der Gesamtheit, also jedes Einzelnen — das ist durch die Wertzuwachssteuer in Tsingtau möglich gewesen, ebenso bereits in einer Anzahl anderer deutscher Städte; das ist überall möglich.

rundsteuer und Landverkäufe sind denn auch neben dem Zoll die **Haupteinnahmequellen** des Schutzgebietes.

Aus den Landverkäufen flossen in die Kasse des Gouvernements (abgerundet):

1899 : 324000 M	1903 : 24000 M
1900 : 107000 „	1904 : 64000 „
1901 : 342000 „	1905 : 196000 „
1902 : 157000 „	1906 : 149000 „

Aus der Grundsteuer:

1899 : 23000 M	1903 : 64000 M
1900 : 31000 „	1904 : 79000 „
1901 : 53000 „	1905 : 87000 „
1902 : 63000 „	1906 : 140000 „

Eine Einkommensteuer gibt es, wie gesagt, **nicht**. Dazu kommt als weitere Haupteinnahme der Zoll.

Mit dem **Zoll** hat es folgende Bewandtnis. Bis 1905 war Tsingtau und das ganze Schutzgebiet Freihafengebiet. Alle von auswärts eingeführten im Gebiete selbst verzehrten und verbrauchten Waren waren zollfrei. Erst wenn die Waren die Grenze passierten und in das eigentliche chinesische Gebiet gelangten, wurden sie verzollt. Der Einfachheit halber stand die Zollbude gleich am Tsingtauer Hafen, hatte es aber eben nur mit den ins Innere gehenden Waren zu tun. Seit dem 1. Januar 1906 ist das Schutzgebiet unter besonderen Bedingungen der chinesischen Seezollverwaltung angeschlossen worden.

Diese **chinesische Seezollverwaltung** (Imperial Maritime Customs) ist eine der interessantesten Einrichtungen der Erde. Für den, der sie noch nicht kennt, sei davon folgendes erzählt: Ursprünglich erhoben die chinesischen Behörden in den einzelnen Provinzen, bzw. die Mandarine an den Durchgangsorten der Waren den Zoll. Von diesem Gelde floß aber nur verhältnismäßig wenig in die Zentralkasse nach Peking. Es war damals in China, wie es auch heute noch ist: Geld ist dort wie ein Eisstück — durch je mehr Hände es geht, desto kleiner wird es. Das Ausland hatte aber ein Interesse daran, daß die chinesische Regierung selbst Geld genug in den Händen hatte, um ihren Verpflichtungen nachkommen und die begonnenen Reformen weiterführen zu können. Darum stellten sich Europäer in den Dienst der chinesischen

Kapitän zur See Jäschke, Gouverneur 1899—1901
† 27. Januar 1901 in Tsingtau

Regierung, um ihr die Verwaltung der Zölle einzurichten. Nominell geschieht alles im Auftrage der chinesischen Regierung, nominell ist der Zolldirektor jedes Platzes den chinesischen Ortsbeamten unterstellt. In der Tat schaltet und waltet natürlich die Verwaltung ganz nach eigenem Ermessen. Der Chef dieser gewaltigen Organisation ist seit 1863 Sir Robert Hart, ein Irländer von Geburt, die berühmteste Persönlichkeit in ganz Ostasien. Er hat seinen Sitz in Peking und untersteht direkt dem Wai wu pu, dem chinesischen Auswärtigen Amte. An jedem wichtigen Handelsplatze ist ein Zollamt, dessen Direktor stets ein Europäer oder Amerikaner, neuerdings auch ein Japaner ist. Die Unterbeamten sind teils Europäer, teils Chinesen. Unter den Europäern sind alle zivilisierten Staaten des Kontinents vertreten.

Die Seezollverwaltung sorgt außerdem auch für die Befeuerung der chinesischen Küste, für Leuchttürme und Feuerschiffe. Auch der Dienst der Kaiserlich Chinesischen Post im ganzen weiten Reich wird von der Seezollverwaltung beaufsichtigt. Die Einnahmen dieser Zollverwaltung sind die am reichlichsten und sichersten fließende Quelle der chinesischen Finanzen.

In Tsingtau wird der Zoll nun jetzt so gehandhabt, daß alle auch die nur für das Schutzgebiet bestimmten Waren beim chinesischen Seezollamt verzollt werden müssen. Dafür gibt das Seezollamt in Tsingtau 20 vom Hundert seiner Einnahmen an das Gouvernement dort ab. 1906 ergab diese Einnahme für den Säckel der Kolonie 237000 M.; 1907 im 1. Vierteljahr 118000 M.

Während also früher das ganze Schutzgebiet Freihafengebiet war, ähnlich wie früher Hamburg und Bremen, umfaßt jetzt der Freibezirk, wie auch die Karte zeigt, nur den großen Hafen und das anschließende Lagerhausterrain. Indessen sind alle Waren und Artikel, welche in öffentlichem und militärischem Interesse eingeführt werden, zollfrei, ebenso Maschinen und maschinelle Anlagen jeder Art, Postpakete bis zu einem gewissen Werte und das Privatgepäck von Reisenden.

Fabrikate, die hergestellt sind aus Rohstoffen, die aus dem Hinterlande eingeführt sind, kehren in das Hinterland ohne jeden Zoll zurück. Bei der Ausfuhr entrichten sie nur den auf die verarbeiteten Rohstoffe entfallenden Ausfuhr-Zoll. Fabrikate, die hergestellt sind aus Rohstoffen, die aus anderen Ländern als China eingeführt sind, erhalten bei ihrer Wiederausfuhr über See den auf die Rohstoffe entrichteten Zoll zurückvergütet. Die Denkschrift darf mit Recht sagen: „Hiermit sind einer Industrie, die ihre Rohstoffe aus China zu beziehen und ihre Erzeugnisse dahin abzusetzen bestrebt ist, die Wege gebahnt."

Freilich ist das Leben in Tsingtau dadurch, daß alles, was von auswärts, auch aus Deutschland kommt, verzollt werden muß, teurer geworden, aber dieser Nachteil wird durch die beträchtliche Einnahme für die Kolonie und dadurch, daß keine direkten Steuern außer den Grundsteuern erhoben werden, aufgewogen.

Je mehr die Bedeutung Tsingtaus als Hafenplatz wächst, um so mehr nimmt es auch an Schiffahrtsabgaben, an Lösch- und Ladegebühren ein. 1906 ergaben diese 215000 M. Weitere regelmäßige Einnahmen sind die Mieten, Ziegeleiabgaben, die Konzessionsgebühren, die Gerichtsgebühren, der Ertrag aus der Beteiligung an der Beschaffung von Wohnhäusern, die Erträgnisse des Elektrizitäts- und des Wasserwerkes, Fleischbeschaugebühren, Hundesteuer, Geldstrafen, Jagdscheingebühren, Schulgeld, Baupolizeigebühren, Gebühren für besondere Amtsgeschäfte, die Einnahmen des Forstamtes. Auch die Gouvernementswerft (Schwimmdock usw.) wird, wenn ihr Betrieb erst ganz ausgebaut sein wird und sie größere Aufträge für die Handelsschiffahrt übernehmen kann, die Einnahmen erheblich vermehren helfen. Auch die für den Vertrieb von Opium gezahlten Abgaben sind nicht unbeträchtlich. Man könnte wohl auf den Gedanken kommen, den Handel mit Opium und damit ein chinesisches Laster ganz zu verbieten, aber es würde dadurch sofort ein großer Schmuggel herausgefordert werden, oder es würden sich an der Grenze Opiumkneipen auftun, was auch zu Unzuträglichkeiten führen würde. Doch wird der Vertrieb von Opium im Einvernehmen mit der chinesischen Regierung allmählich beseitigt.

„Selbstverwaltung auf der Grundlage der Selbsterhaltung", das ist das Ziel, das die Marineverwaltung von Anfang an für das Schutzgebiet im Auge behalten hat. Für das Jahr 1907/08 rechnet der Etat auf eine Einnahme von $1^1/_2$ Million Mark. Die fortdauernden Ausgaben belaufen sich auf 7 Millionen. Dazu verlangen der Hafenbau, Kasernenbauten, Armierungsausgaben, Straßenbau, Wasserwerk, Ausbau der Kanalisation weitere 6 Millionen als einmalige Ausgabe. Somit muß das Reich im Jahr 1907 noch $11^1/_2$ Million zuschießen. Daß dieses Geld schon anfängt, sich gut zu verzinsen, wird das Kapitel über den Handel zeigen.

Der so oft mißverstandene und mißbrauchte Grundsatz: „Gleiches Recht für alle" wird im Schutzgebiete sehr richtig dahin ausgelegt, daß jedem sein Recht werden soll. „Der Buchstabe tötet." Es ist hier keine öde, geistlose und darum unfruchtbare Gleichmacherei. Darum ist die Verwaltung der Angelegenheiten der Chinesen von der der Europäer getrennt. Die „Verordnung betreffend die Rechtsverhältnisse der Chinesen" nimmt auf die tiefeingewurzelten Sitten und Rechtsanschauungen der Chinesen weitgehend Rücksicht. Und doch werden den Chinesen die Wege gezeigt, die zu der der gegenwärtigen chinesischen Kultur überlegenen christlich-germanischen Kultur führen, und werden sie angeleitet, diese Wege zu gehen.

Es gibt im Schutzgebiete keine chinesischen Beamten mehr. Verwaltung und Rechtsprechung auch über die Chinesen liegen ganz in der Hand des Gouverneurs. Dessen besonderer Ratgeber hierbei ist der Kommissar für chinesiche Angelegenheiten, einer der höchsten und wichtigsten Beamten der Kolonie. Es ist dies solange Kiautschou schon besteht, der Wirkliche Admiralitätsrat Dr. Schrameier. Der chinesischen Sprache mächtig und mit den Sitten und der Denkweise des chinesischen Volkes vertraut, unterbreitet der Kommissar dem Gouverneur alle auf die Chinesen des Gebietes bezüglichen Angelegenheiten und bringt die vom Gouverneur erlassenen Maßregeln usw. zur Kenntnis der chinesischen Bevölkerung.

Das Gebiet ist für die Verwaltung der chinesischen Angelegenheiten in einen Stadtkreis Tsingtau und einen Landkreis geteilt. Für jeden ist ein Bezirksamtmann eingesetzt. Das Bezirksamt für den Landkreis hat seinen Sitz in Litsun. In der Stadt wohnen 30000 Chinesen, im Landkreis 80000. Darum sollen noch mehr Bezirksämter eingerichtet werden. Da der Chinese daran gewöhnt ist, daß Verwaltung und Rechtsprechung in einer Hand liegen, so ist der Bezirksamtmann zugleich Bezirksrichter. Nur die Fälle, in denen beide Parteien Chinesen sind, kommen vor den Bezirksamtmann. Ist ein Europäer dabei beteiligt, so ist das Gericht in Tsingtau zuständig. An dieses geht auch die gegen ein Urteil des Bezirksrichters eingelegte Berufung. Die Chinesen scheinen mit dem Tausch, statt ihrer chinesischen Richter jetzt deutsche zu haben, zufrieden zu sein. Wenigstens wurde z. B. beim Bezirksamt in Tsingtau bei 365 bürgerlichen Rechtsstreitigkeiten und 2974 Strafsachen in einem Jahr nur in 1 Zivilsache und in 1 Strafsache Berufung gegen das Urteil des Bezirksamts eingelegt. Dieses Amt stellt ganz besondere Anforderungen: der Amtmann muß fertig chinesisch sprechen und verstehen, muß mit dem lokalen chinesischen Recht vertraut sein, möchte Gerichts- und Verwaltungspraxis besitzen und kolonialrechtlich geschult sein. Lediglich weil es an Leuten fehlte, die dieses alles leisten, haben die noch geplanten Bezirksämter bisher nicht eingerichtet werden können. Um den Eifer für das Chinesischlernen anzufachen, zahlt das Gouvernement allen Militärpersonen und allen Beamten, die sich einem Sprachenexamen mit Erfolg unterziehen, ein paar Dollar monatliche sog. „Sprachenzulage". Namentlich einzelne der Polizeiwachtmänner, die ständig in Wort und Schrift mit chinesischem Volk zu tun haben, haben sich eine recht gute Kenntnis des Chinesischen erworben.

Um in einem schwierigen Rechtsstreite das Rechte zu ermitteln, wurden bisher von Fall zu Fall angesehene chinesische Ortsangesessene befragt. Dafür ist jetzt ein chinesisches Komitee von 12 Mitgliedern eingesetzt worden. Diesem werden streitige chinesische Handelssachen, Sachen des chinesischen Erbrechts, Fragen wirtschaftlicher Natur, Wohlfahrtseinrichtungen und ähnliches zur Begutachtung vorgelegt. Auch sind mit Erfolg diesem Komitee verwickelte Fälle überwiesen worden, in denen es einen Vergleich zustande gebracht hat. Daß in dieser Weise gebildete Elemente der chinesischen Bevölkerung zu Rat und Tat mit herangezogen werden, festigt das Vertrauen der Chinesen zur deutschen Regierung und fördert die gedeihliche Entwicklung der Kolonie.

Die zum Teil grausamen Strafen und „peinlichen" Ermittelungsverfahren des chinesischen Strafprozesses sind natürlich abgeschafft. Neben der Todesstrafe und den Freiheits- und Geldstrafen mußte die Prügelstrafe noch beibehalten werden. Der Chinese würde für ihre Abschaffung noch kein Verständnis haben. Bloße Haft- oder leichte Gefängnisstrafe würde von vielen Kulis kaum als ernste Strafe empfunden werden. Zu schwererer Bestrafung eignen sich aber viele Delikte nicht. Geldstrafe fällt weg, denn wo nichts ist, hat auch der kaiserliche Richter das Recht verloren. So bleibt es bis auf weiteres, angemessen gehandhabt, bei der Prügelstrafe. Es gibt zwei Gefängnisse für Chinesen, eins in Tsingtau und eins in Litsun. Die meisten Gefangenen werden bei Erdarbeiten beschäftigt. Dabei werden sie durch eine Kette an den Füßen nicht an der Bewegung, aber doch am Ausreißen verhindert.

Vizeadmiral Truppel,
Gouverneur seit 1901

Als Steuern entrichten die Chinesen dieselbe Grundsteuer, die sie schon vor der deutschen Herrschaft an ihre alten Herren entrichteten. Auch müssen sie natürlich die Gebührnisse für Konzessionen, Gewerbescheine usw. bezahlen.

An das Schulwesen der Chinesen hat das Gouvernement bisher wenig gerührt. Es bestehen noch die alten von den Familien eines Ortes unterhaltenen Schulen fort. Das Gouvernement überläßt es im wesentlichen den Missionen, sich der chinesischen

Schulen anzunehmen. Nur in Tai tung tschen und Fa hai sy hat es versuchsweise eine Elementarschule eingerichtet. Der Unterricht ist unentgeltlich. Er umfaßt nur Chinesisch Lesen und Schreiben, Rechnen und etwas Geographie. Die Schüler sollen nur lernen, sich in ihrer Muttersprache mündlich und schriftlich klar auszudrücken. Der Lehrer an jeder dieser Elementarschulen ist selbstverständlich ein Chinese.

Alte Gouverneurs-Villa

Überall arbeitet, wie wir sehen, die Marineverwaltung auf die „Selbstverwaltung" von Tsingtau hin. Dem scheint es nun auf das schroffste zu widersprechen, daß der oberste Beamte der Kolonie ein aktiver Offizier ist. Der Vorwurf des „Militarismus" in der Verwaltung Kiautschous ist darum mehr wie einmal erhoben worden. Und doch hatte der Vertreter der Zivilgemeinde in Tsingtau recht, als er bei einem dem Gouverneur Truppel zu Ehren gegebenen Festmahle sagte: „Wenn mit dem militärischen Regiment der Ausdruck eines starken Willens gemeint ist, der im Gefühle seiner Kraft das mit Energie durchführt, was unter Mitwirkung der Beteiligten als das richtige erkannt wird, so lassen wir uns das militärische Regiment gern gefallen." Und der Gouverneur hatte recht, als er in seiner Erwiderung diese Worte unterstrich. So groß die Machtvollkommenheit des

Gouverneurs ist, so wenig absolutistisch wird sie gehandhabt. So hat der Gouverneur aus allen Teilen der einzelnen Ressorts sich einen Gouvernementsrat gebildet, den er bei allen Neuerungen hört, der alle aus der Mitte der Kolonie laut werdenden Wünsche und Vorschläge durchprüft. Gerade auf dies letztere, auch die Zivilbevölkerung zu Worte kommen zu lassen, wird besonderer Wert gelegt. Darum hatte die Zivilgemeinde von Anfang an drei Vertreter, deren einen der Gouverneur, deren zweiten die im Tsingtauer Handelsregister eingetragenen Firmen, deren dritten die Grundbesitzer zu wählen hatten. Es wurde nichts, was Handel und Verkehr anlangte, beschlossen, ohne daß vorher diese Vertreter der Zivilgemeinde gehört wurden. So wird verhütet, daß Tsingtau nur vom „grünen Tisch" aus regiert wird. Und doch war es für die stetige Entwicklung der Kolonie gerade in ihren jungen Jahren gut, daß nicht der wetterwendische Majoritätsbeschluß eines vielköpfigen Kollegiums, sondern der Wille eines einzelnen den Ausschlag gab. Und daß sich Tsingtau ohne die enge Verknüpfung mit der Marine, wie sie in der Person des Gouverneurs gegeben ist, sich besser entwickelt haben würde, dürfte schwer zu beweisen sein. Gewiß mögen Mißgriffe vorgekommen sein. Sind die aber etwa bei anderen Kolonien nicht vorgekommen? Gewiß mögen einzelne Interessentengruppen zeitweilig sich beengt gefühlt haben. Aber wo wäre das nicht der Fall! Dazu kommt, daß gerade der derzeitige Gouverneur, Vizeadmiral Truppel, gleichsam mit der Kolonie groß geworden ist, also bis in die kleinsten Einzelheiten hinein mit der Verwaltung vertraut ist.

Die Art und Weise, wie Kiautschou bis jetzt verwaltet worden ist, hat sich, wie der Augenschein zeigt, bewährt. Es ist also nur zu wünschen, daß die Zügel der Verwaltung von Kiautschou noch lange in den Händen der Männer bleiben, die Tsingtau auf seine jetzige Höhe gebracht haben.

Das Leben der Europäer in Tsingtau

Es sei zunächst gleich der Irrtum berichtigt, daß es in Tsingtau „furchtbar heiß" sei. Seltsamerweise denken wir Deutschen uns ein fernes Land, wenn es sich nicht zufällig um „Sibirien" handelt, immer auch sehr viel heißer als unsere Heimat. Wir meinen, es müsse in einem fernen Lande durchaus alles anders sein als bei uns, also auch das Klima. Oder kommt diese Vorstellung von den Reisebeschreibungen und Robinsonaden unserer Jugend her, deren Schauplatz mit Vorliebe die Tropen sind? Das dritte Kapitel hat schon vom Klima in Tsingtau berichtet. Im großen und ganzen ist's dasselbe wie bei uns daheim. Daß der Winter nicht ganz so lange dauert und nicht ganz so kalt ist, wie bei uns, ist den meisten Menschen nicht unlieb. Daß in unseren Sommermonaten Juli und August dort „Regenzeit" ist, ist weniger angenehm. Doch ist auch diese Zeit gar nicht so schlimm, wie viele sie sich denken. Es regnet gar nicht jeden Tag. Fast jede Woche hat ihre zwei oder drei, oft nur durch einen kurzen Gewitterschauer gestörten, ebenso oft auch ganz regenfreien schönen Tage. Da in der dann sehr feuchten warmen Luft Leder- und Wollzeug leicht schimmelt, so wird dieses am besten gleich in Kisten mit Zinkeinsatz verlötet. Sonst muß man jeden schönen trockenen Tag benutzen, die Sachen in die Sonne zu legen, bzw. gründlich trocken zu reiben. Eine sehr nützliche Einrichtung im Hause während dieser Monate ist eine heizbare „Trockenkammer".

Die Kleidung im Winter ist dieselbe wie in Deutschland. Im Sommer tragen die meisten Leute Anzüge aus weißem Köper mit weißem oder braunem Schuhwerk. In Gesellschaft wird der bequeme Smoking bevorzugt; auch weißer Smoking wird zu schwarzen Beinkleidern getragen. Praktisch für Herren und Damen sind die in ganz Ostasien viel getragenen Anzüge aus Rohseide (Bastseide), jenem gelbgrauen dünneren oder derberen Seidenstoff, einer Spezialität Schantungs.

Alles, was zum Tagesbedarf und zum wünschenswerten Komfort des Lebens gehört, kann man jetzt in den Läden von Tsingtau kaufen. Die meisten größeren Geschäfte sind kleine Warenhäuser, so daß man in jedem so ungefähr alles, was man braucht, bekommen kann. Vieles freilich wird auch noch aus der Heimat oder aus Schanghai bezogen, nicht weil es nicht in Tsingtau auch zu haben wäre, aber weil, wie es scheint, die Tsingtauer Kaufleute bei der Preisberechnung ihr Risiko und ihre vermehrten Spesen etwas allzu hoch bewerten. Auch der Umstand, daß seit 1906 alle auch in Tsingtau selbst verbrauchten Waren dem Zoll unterliegen, rechtfertigt noch nicht die Höhe aller Preise. Schlimm ist für die Kaufleute, daß sie oft lange auf ihr Geld warten müssen. Es wurde im ersten Kapitel gezeigt, wie vor allem der Offizier und Beamte vom wechselnden Dollarkurs betroffen wird. In Zeiten, wo der Dollar hoch steht, hält nun jeder gern mit Zahlen seiner Rechnung zurück und hofft, daß er bald bei fallendem Kurs dieselbe Rechnung mit weniger Verlust wird begleichen können. Und gerade Offiziere und Beamte sind doch augenblicklich die hauptsächliche Kundschaft der Kaufleute. Wenn sich erst der chinesische Kaufmann auch in das europäische Geschäft und in europäische Warenkunde mehr eingearbeitet haben wird, wird der europäische, bzw. amerikanische Kaufmann alle Kraft zusammennehmen müssen, um sich gegen seinen bezopften Konkurrenten zu behaupten. Auch die japanische Konkurrenz wird sich wenigstens in leichterer Ware je länger je empfindlicher bemerkbar machen. Schließlich geht jeder doch dorthin, wo er die Ware am preiswertesten zu bekommen meint, und ein Appell an das nationale Herz wird außer in Zeiten nationaler Hochspannung immer leicht von der Mahnung des Geldbeutels übertönt werden. Außer der Bestreitung des europäischen Komforts machen auch die Mieten bedeutende Ansprüche an den Geldbeutel. Der Grund und Boden ist ja billig, die Bodenrente also ist gering, aber die allgemeine Verteuerung aller Preise steigert auch die Mieten. Die Einnahmen des Kaufmanns, auch des kaufmännischen Angestellten, nehmen an der Preissteigerung eines Platzes teil. Die des Offiziers und Beamten bleiben die gleichen. So empfindet namentlich der verheiratete Offizier und Beamte die hohen Mieten recht drückend. Aber in Tsingtau haben es die Menschen, was die Mieten anlangt, immer noch viel besser, als beispielsweise in Schanghai oder Hongkong, wo die Bodenspekulation ihre Wucherzinsen fordert.

Als Handwerker, Schuster und Schneider, Schlosser und Tischler arbeiten auch für den Bedarf der Europäer Chinesen. Auch in den von Europäern geleiteten Werkstätten sind chinesische Arbeiter tätig. Doch läßt die chinesische Arbeit noch an Solidität zu wünschen übrig und empfiehlt sich vor der europäischen nur durch die größere Billigkeit. Aber es ist nicht einzusehen, weshalb gerade als Handwerker der Chinese, dieser Meister in aller Handfertigkeit, es nicht im Laufe der Zeit seinem europäischen Lehrherrn gleichtun sollte.

„Schuster Pille“ in Tsingtau

In Essen und Trinken braucht sich in Tsingtau niemand etwas abgehen zu lassen. Das vortrefflichste Gemüse und allerlei Früchte sind reichlich und billig zu haben. Auch vieles, was früher in China selten war, wie Kartoffeln, Spargel und heimisches Obst, wächst jetzt im Lande selbst. Was etwa noch fehlt, spendet die Konservenbüchse, die ultima ratio der modernen Hausfrau. Für den nötigen „Stoff“ in „Hell“ und „Dunkel“ sorgt die Germania-Brauerei in Tsingtau. Auch „Echtes“ wird natürlich verschänkt. Sehr gut ist es, daß man für ein paar Cent auch eine Flasche sehr wohlschmeckendes Mineralwasser bekommen kann. Der Tsingtauer „Iltisbrunnen" gibt dem weltberühmten „Apollinaris" an Geschmack und Bekömmlichkeit wenig nach, ist aber beträchtlich wohlfeiler. Er sagt unserem Geschmack mehr zu als die japanischen Mineralwässer. Natürlich wird auch in Tsingtau das in Ostasien so vielgeliebte „Whisky-Soda" getrunken, bekanntlich eine Mischung von Sodawasser irgendwelcher Art und Whisky. Jeder mischt sich das Getränk nach eigenem Bedarf. Der Neuling nennt den Geschmack „bitter", das Getränk „gemein". Aber unter der suggestiven Macht der allgemeinen Sitte, und da es bisher schwierig war, jederzeit ein Glas leichtes Bier zu bekommen, wurde die anfängliche Abneigung bald überwunden. Man hört oft, daß „ein gewisses Quantum Alkohol" für das Klima von Tsingtau ganz dienlich sei. Jedenfalls aber steht es für Tsingtau, wie für jeden anderen Platz auf der Erde fest, daß dieses „gewisse Quantum" um so dienlicher ist, je homöopathisch kleiner es ist. Auf die Diät achtzugeben hat man vor allem in der Regenzeit, während der der Körper besonders für Dysenterie disponiert ist. Die Gefahr hierfür war sehr viel größer, solange die Wasserverhältnisse noch nicht genügend geregelt waren, solange noch das Trinkwasser durch die Nähe chinesischer Ansiedlungen und durch unhygienische Gewohnheiten der Chinesen der steten Gefahr der Infektion ausgesetzt war. Seit Tsingtau mit reinem, völlig einwandsfreiem, unter steter, strenger ärztlicher Kontrolle stehendem Wasser reichlich versorgt ist, ist diese Gefahr ganz bedeutend geringer geworden, und haben die in den ersten Jahren häufigen Fälle von Ruhr von Jahr zu Jahr abgenommen. Jetzt sind es noch die in den Sommermonaten zahlreichen Fliegen, von denen die Gefahr der Krankheitsübertragung droht. Die landläufige Bezeichnung für Magen- und Darmverstimmungen ist „dudse buhau". Dudse ist auf chinesisch der Bauch, bu hau heißt schlecht. Wenn man weiß, daß es gewagt ist, das Obst ungeschält zu essen, dann schält man es eben. Und wenn ich weiß, daß mir Gurkensalat schlecht bekommt, so esse ich halt keinen. Wer solche einfachen Vorsichtsmaßregeln nicht beobachtet, der ist an seinem dudse buhau selbst schuld. Das ist in der ganzen Welt so und ist keine Eigentümlichkeit Tsingtaus. Wenn also auch die Gefahr der Dysenterie zurzeit noch nicht ganz hat beseitigt werden können, so darf doch gesagt werden: Tsingtau ist heute der gesündeste Platz an der ganzen chinesischen Küste. Und es wird noch gesünder werden, wenn der Wald noch höher herausgewachsen sein wird, und wenn die sehr umsichtigen sanitären Vorschriften erst allgemein auch von den Chinesen innegehalten werden. Im Gouvernementslazarett sowohl wie in der privaten Krankenpflege sind Schwestern vom Roten Kreuz tätig. Die Marineärzte sind natürlich auch für die Zivilbevölkerung mit da. Zurzeit ist auch ein Zivilarzt in Tsingtau ansässig.

Die Dienstbotenfrage ist in Tsingtau leicht gelöst. Chinesische Dienstmädchen gibt es nicht. Alle Hausarbeiten werden von männlichen Dienstboten verrichtet. Nur die Bewachung und Besorgung der kleinen Kinder wird meist von einer älteren Chinesin besorgt. Die „Ama" heißt diese Kinderfrau. Das Lob, das die „Briefe, die ihn nicht erreichten", den chinesischen Dienstboten zollt, verdienen sie. Es gibt nichts Angenehmeres, als von einem gut erzogenen chinesischen „Boy" bedient zu werden. Lautlos geht er auf seinen Filzsohlen im Hause umher. Willig nimmt er auch auf kleine Gewohnheiten seiner Herrschaft Rücksicht. Freilich darf man von den allermeisten kein selbstständiges Denken erwarten. Hat man ihm gesagt, er solle jeden Tag früh um 7 Uhr Feuer machen, so macht er jeden Tag Feuer, auch wenn es unterdes Sommer geworden ist. Es liegt etwas Automatisches, Unpersönliches in der Art seines Dienens. Aber es ist nicht zu leugnen, daß diese Art eigentlich bequemer und angenehmer ist und mehr Ruhe in die Hausordnung bringt, als Selbstständigkeit der Dienstboten und die damit leicht verknüpften Meinungsverschiedenheiten und Überraschungen. Jede Haushaltung braucht als Dienstpersonal wenigstens einen Koch, einen Boy und einen „Kuli", der die grobe Arbeit tut und Wege geht. In einfacherer, kleinerer Haushaltung tut wohl auch ein einziger besonders dienstwilliger Chinese die Arbeit allein.

Der Koch kocht natürlicher nach europäischer Art. Es ist bezeichnend für die Anstelligkeit der Chinesen, daß es keine Schwierigkeit macht, Leute zu bekommen, die europäisch kochen können. Der Chinese ist allerdings der geborene Kochkünstler und in allem, was die Küche und das Essen angeht, ein großer Sachverständiger. Die Behauptung, der man oft begegnet, daß der Chinese wenig wählerisch in seinem Essen sei und die unglaublichsten Dinge, wie z. B. Regenwürmer, äße, beruht einfach auf Unkenntnis der Verhältnisse.

Bei der Frage über das, was gut schmeckt, spielt die Gewohnheit eine große Rolle, und wer sich darüber entsetzt, daß die Chinesen z. B. „Vogelnester" essen, weiß erstens nicht, wie ausgezeichnet eine „Vogelnestsuppe" schmeckt, und weiß zweitens nicht, daß dazu gar nicht etwa das „Nest", in dem der Vogel sitzt, verwendet wird, sondern nur eine blätterteigähnliche Masse, die eine Schwalbenart aus einer speichelartigen Absonderung herstellt, und auf der, wie auf einem Untersatz, ihr Nest ruht. Es ist bewunderungswürdig, wie schnell ein Chinese europäisch kochen lernt, und wie verständnisvoll er auf entsprechende Anordnungen, den Küchenzettel betreffend, eingeht. Der Lohn für einen Koch schwankt zwischen 12 und 30 $ monatlich; das sind bis 60 M. Ein Boy bekommt je nach seinen Leistungen ungefähr ebensoviel, ein Kuli, sowie ein Mafu (Pferdewärter) 8 bis 12 $.

Die chinesische Dienerschaft eines Hauses wohnt allermeist nicht mit im Hause ihrer Herrschaft selbst, sondern in einem der Nebengebäude. Dort haben sie sich nach ihrer Art selbst eingerichtet, schlafen in Decken gewickelt auf ihren Holzpritschen und schmücken sich ihre Kammer nach eigenem Geschmack. Nur über die Sauberkeit dieser Räume hat der Herr des Hauses andauernd und energisch zu wachen. Für ihr Essen sorgen die Leute selbst. Entweder beschaffen sie es sich aus einer nahe gelegenen chinesischen Garküche, oder sie haben die Erlaubnis, sich ihr „Chinesen tschau tschau" in der Küche ihrer Herrschaft zuzubereiten. Bedingung dabei ist, daß sie keine Sachen kochen, die besonders auffällig riechen, und daß sie keinen Knoblauch verwenden. Knoblauch zu essen wird den Leuten, von denen die Europäer dauernd umgeben sind, schlechtweg untersagt.

Reiter und Mafu

Nämlich überall, wo Chinesen wohnen, hat die Luft, sozusagen der Atem der Gegend, einen bestimmten, allen Ostasienreisenden genügend bekannten Geruch. Dieser rührt mit daher, daß alle Chinesen, wenn sie es irgend haben können, täglich zu ihren Mahlzeiten Knoblauch essen. Wie an alles in der Welt, kann man sich natürlich auch an diesen Geruch gewöhnen, der eine leichter, der andere schwerer; der gute Wille und die Einsicht in den Zusammenhang der Dinge spielen auch bei dieser Gewöhnung eine Rolle. Trotzdem ist es ganz gut, daß z. B. auch den Rickschakulis in Tsingtau das Knoblauch-Essen, jedenfalls das nach Knoblauch riechen polizeilich verboten ist, und daß jeder Fahrgast ohne weiteres seiner Rickscha den Laufpaß geben kann, wenn er merkt, daß der Rickschamann seine alte Nationalliebhaberei nicht hat lassen können.

Die chinesischen Dienstboten sind im allgemeinen ehrlich. Diebe gibt es überall, sogar in China. Freilich kauft der chinesische Koch einen Fisch vielleicht für 30 Cent, schreibt aber 35 seinem Herrn auf die Rechnung. Aber das ist, wenigstens nach chinesischer Auffassung, keine Unehrlichkeit seinem Herrn gegenüber, sondern der Koch hat den Fisch um diese fünf Cent heruntergehandelt und steckt die so verdienten fünf Cent als Provision ein. Würde der Europäer selbst sich auf den Fischhandel begeben, würde er den Fisch niemals für 35, sondern sicher nicht unter 40 Cent bekommen. Ein anderes Beispiel: Die Wäsche wird allgemein aus dem Haus gegeben. Waschmänner aus Taitungtschen oder Tapautau besorgen sie. Jedes Stück ohne Unterschied der Art und Größe kostet 5 Cent. Von den Waschmännern, die sich

um die Wäsche in einem Hause bemühen, schlägt der Boy seinem Herrn nun den vor, der vielleicht für $4^1/_2$ Cent waschen will. Den halben Cent steckt der Boy ein. Jene Preisdifferenzen sind also das Ergebnis von Privatgeschäften der Dienstboten, die dem Herrn gleichgültig sein können, da sie ihm ja keinen Schaden bringen. Es gehört dies zu dem System des „Squeeze". In China versucht männiglich, hoch und niedrig, zu squeezen, d. h. einen Betrag über oder unter dem Taxwert einer Ware oder einer Arbeitsleistung als Vorteil für sich „herauszuquetschen". „Die Konjunktur ausnutzen" nennt man es anderwärts. Dort tut das auch der Rikschakuli und der Boy von Fall zu Fall. Auch dort reguliert die Konkurrenz den Squeeze. Bei jedem Geschäft, klein oder groß, noch eine besondere Provision verlangen: das ist der Squeeze.

Wie in ganz Ostasien tun sich auch in Tsingtau unverheiratete Europäer, die für sich keinen eigenen Hausstand haben, zu „Messen" zusammen. Wie die Mitglieder einer Schiffsmesse bestreiten sie dann die gemeinsamen Mahlzeiten und den sonstigen gemeinsamen Aufwand aus einer gemeinschaftlichen Kasse. So haben häufig die jungen Leute einer Firma oder die unverheirateten Beamten eines Ressorts ihre eigene Messe.

An allen Auslandsplätzen spielt die Post natürlich eine viel größere Rolle als in der Heimat. An mehreren bestimmten Tagen der Woche treffen Dampfer von Süden und von Norden mit der Post an Bord ein. Oft bringen auch noch gelegentlich fahrende vertrauenswürdige Dampfer die Post mit. Sobald ein Dampfer in Sicht ist und durch eine bestimmte Flagge anzeigt, daß er Post an Bord hat, wird auf der Signalstation auf dem Signalberge ein Dreieckszeichen geheißt, — Spitze nach unten heißt: Post von Süden, Spitze nach oben: Post von Norden. Seit der russisch-japanische Krieg beendet ist, geht die Post aus Europa wieder über Sibirien und fährt nur noch das letzte Stück ihrer Reise über See. Darum ist für die meisten Leute in Tsingtau jetzt das mit der Spitze nach oben weisende Dreieck ein besonderes Freudenzeichen. Von Berlin bis Tsingtau braucht die Post über Sibirien nur 21 Tage, zur See um Indien herum 6 Wochen. Das Porto ist bekanntlich nach allen Schutzgebieten dasselbe wie innerhalb Deutschlands. Da Tsingtau durch Kabel mit Schanghai und Tschifu verbunden ist, weiß man dort das Neueste aus aller Welt ebensoschnell wie in Berlin. In seinen „Tsingtauer Neuesten Nachrichten" liest es der Bürger am nächsten Tage, wenn nicht ein Extrablatt eine besonders wichtige Nachricht gleich nach ihrem Eintreffen bekannt gegeben hat. Neben den „Tsingtauer Neuesten Nachrichten" ist für die Deutschen Tsingtaus und ganz Ostasiens die Hauptquelle politischer Belehrung und der Platz für öffentliche Diskussion allgemein interessierender ostasiatischer Verhältnisse der in Schanghai erscheinende „Ostasiatische Lloyd". Das Blatt in seinem gelben Umschlag wird sehr bald Lehrer und Orakel jedes nach Ostasien kommenden Deutschen. Der Horizont der chinesischen Bevölkerung des Schutzgebietes und seines Hinterlandes wird durch die regelmäßig erscheinende „Kiautschou-Pau" — Pau heißt Zeitung — erweitert. Damit kein gefährlicher Unfug hineingeschrieben wird, werden die Artikel, wenigstens soweit sie politischen Inhalts sind, vorher vom Chinesenkommissar des Gouvernements durchgesehen.

Die Postverbindung mit Tsingtau ist also so günstig wie bei keinem anderen unserer Schutzgebiete. Kein anderes auch erfreut sich einer gleich entwickelten, öffentlichen Organisation in Verwaltung, Verkehr und Presse.

Von der Schule gilt dasselbe. Der eine und andere hat sich schon abhalten lassen, sich um einen Posten in Tsingtau zu bewerben, weil er um den Unterricht seiner Kinder und um ihr späteres Fortkommen besorgt war. Diese Sorge ist unbegründet. Die Schule in Tsingtau steht so hoch, wie irgend eine ihrer Schwestern in Deutschland. Es ist die einzige deutsche Staatsschule außerhalb Deutschlands. Es gibt eine Knabenschule und eine Mädchenschule. Die Knaben-

Alte Knabenschule

schule ist ein Reformrealgymnasium. Die Schule beginnt mit drei Vorschulklassen. Die Unterklassen Sexta bis Quarta sind lateinlos. Dafür beginnt in Sexta gleich das für Ostasien wichtige Englisch, in Quarta Französisch. In Untertertia setzt dann erst das Latein ein. 1907 haben die ersten Schüler die Untersekunda durchgemacht und damit die Berechtigung zum Einjährig-Freiwilligen-Dienst erlangt. Diesen Realgymnasialklassen gehen noch lateinlose Realklassen parallel für solche Schüler, deren Begabung oder sonstige Verhältnisse sie mehr auf einen vorwiegend praktischen Beruf hinweisen. Ende 1906 hatte die Schule 78 Zöglinge, einschließlich 5 Mädchen in der Vorschule. Das Lehrerkollegium besteht zurzeit aus 4 Oberlehrern und 3 seminaristisch gebildeten Lehrern. Der älteste Oberlehrer hat den Titel Professor und leitet die Schule.

Doch nicht nur Tsingtauer Kinder besuchen die Schule. Auch aus Hongkong, Swatau, Ningpo, Schanghai, Tschifu, Peking und Niutschwang schicken Deutsche ihre Kinder nach Tsingtau auf die Schule.

Die meisten von diesen auswärtigen Zöglingen wohnen in einem vom Gouvernement erbauten und von einem der Lehrer geleiteten Alumnat. Das neue, erst 1907 bezogene Schulgebäude hat 12 Klassenzimmer, Aula, Physikzimmer, Zeichensaal und entspricht allen Anforderungen, die man an ein modernes Schulgebäude stellt. Die einzige Sorge ist, daß es bald wieder zu klein sein wird. Aber darüber können wir uns ja freuen, wie ein Vater sich freut, der sieht, daß seinem Jungen sein Anzug schon wieder zu kurz wird, wenn er auch mit einem Seufzer an die neue Ausgabe denkt. Vielleicht wird der Besuch aus Tsingtau selbst vorerst nicht größer; vielleicht ist Tsingtau erst einmal bei einer Periode des Stillstands seiner äußern Entwicklung angekommen. Aber der Zuzug von außen wird sehr wahrscheinlich in Zukunft stetig zunehmen. Die Mädchen, auch die evangelischen, wurden bisher von den Nonnen des katholischen Klosters (Franziskanerinnen, Missionarinnen Mariens) unterrichtet. Das Bild auf Seite 126 zeigt die Mädchenschar vor den schönen Schulräumen des Klosters. Ende 1906 waren in Tsingtau 70 Mädchen in schulpflichtigem Alter. Die um des Unterrichts willen von auswärts gekommenen Mädchen wohnen zum größten Teil in einem ebenfalls vom Kloster errichteten Pensionat.

Es muß eine Freude sein, in Tsingtau Schüler oder Lehrer zu sein! Die Klassen sind nicht allzu groß, so daß der Lehrer jeden Schüler genau kennt. Auch die so wünschenswerte Fühlung zwischen Schule und Haus ist hier noch leicht festzuhalten. Das ist der Vorzug der „Kleinstadt“. Und in der Tat sind die Schüler in Tsingtau ganz besonders vergnügt, und das gegenseitige Interesse zwischen Schüler und Lehrer ist lebendiger und wärmer, als man es sonst im allgemeinen zu sehen gewohnt ist.

Kein lustigeres Bild, als wenn in Tsingtau die Schule aus ist. Da stürmt's heraus in weißen Anzügen und Kleidern. Die sonnverbrannten Hände und bloßen Knie heben sich kräftig von dem Hell der Anzüge ab. Und die blitzenden Augen gucken verwegen unter den breitrandigen Strohhüten oder den grün gefütterten leinenen Tropenhüten, deren Weiß die verschiedensten Schattierungen aufweist, hervor. Die meisten trollen sich mit den üblichen Umwegen und Unterwegs belustigungen zu Fuß nach Haus. Andere sausen mit dem Rade davon oder werden mit einer Rickscha abgeholt. Gesattelte Ponys und Esel warten auf ihre kleinen Herren. Chinesenjungen haben die Tiere gebracht, oder diese haben geduldig die ganze Schulzeit über schläfrig an der heißen Wand des Schulhauses gestanden. Oft sitzen auch zwei hintereinander auf dem Familiengrautier, oder gar ein Dritter klemmt sich noch hinten dem Esel aufs Kreuz, und sie reiten wie die Haimonskinder davon. Hier werden ein paar von einem niedlichen Ponyfuhrwerk abgeholt. Dort stelzt eine Ama armschlenkernd auf ihren verkrüppelten Füßen hinter ihren kleinen Schutzbefohlenen her.

Mit der Schule in Tsingtau ist neben der deutschen Schule in Schanghai eine zweite Quelle deutscher Bildung im fernen Osten erschlossen worden. Diese Schulen sind keine bloß allgemeinen Lehrinstitute, sondern werden in nationalem Geiste geleitet. Und das mit Recht. Wie der Mensch nur aus der Gebundenheit des Gehorsams in seiner Jugend zur Freiheit der Selbstbestimmung in seinen reifen Jahren heranwächst, so kann sich auch nur auf dem Grunde einer ernsten nationalen Gesinnung ein gesunder, fruchtbarer Internationalismus entwickeln. Die Familie und das Vaterland — wer möchte es wagen, in einem anderen Boden als in diesem wirklich gleichstarke Wurzeln der Kraft für die Bildung des Charakters zu erhoffen! Ein enges Gewissen gegenüber der eigenen angestammten Art und ein weites Herz gegenüber allem Andersfarbigen und Andersartigen: das wird das Ziel der Erziehung gerade im Auslande sein müssen.

Überall, wo Europäer unter Farbigen wohnen, fühlen die Europäer sich freier als zu Hause. Ein Herrengefühl hebt sie. Das macht sich auch im Leben der Kinder an solchen Auslandsplätzen bemerkbar. Die Kinder wachsen freier auf als zu Hause. Der Sport ist allgemeiner. Die meisten Kinder haben ihr Pony, ihren Esel oder ihr Zweirad. Einen Esel wenigstens kann sich in Tsingtau fast jeder halten. Kein Wunder, daß viele Kinder, namentlich Jungens, Heimweh nach Tsingtau haben, wenn sie mit ihren Eltern nach Deutschland zurückkehren müssen.

Eine Gefahr allerdings wird oft zu wenig beachtet. Sie liegt eben darin, daß auch die Kinder sich nur allzu rasch und entschieden als Herren fühlen den Chinesen gegenüber. Der Boy, der Kuli, der Mafu, mit dem uns nicht das gemeinsame Volksbewußtsein verbindet, wie mit unseren europäischen Dienstboten, dessen Sprache wir nicht sprechen, dessen ganze Kultur wir als viel tieferstehend ansehen als die unsere, — zu leicht hat das Verhältnis des chinesischen Dienstboten zu seinem Herrn etwas von Sklaverei an sich. Auch der Ton, in dem vielfach Europäer mit ihren chinesischen Dienstboten verkehren, auch wenn's im Grunde nicht bös gemeint ist, ist meist viel herrischer und unfreundlicher als europäischen Leuten gegenüber. Dazu kommt die Schwierigkeit der Verständigung, eine gewisse nervöse Gereiztheit,

Mädchenschule der katholischen Mission

wie sie seltsamerweise das Leben im Ausland so leicht mit sich bringt, — selbst mancher, dem es zu Hause nie in den Sinn kommen würde, jemand zu schlagen, kann sich oft nur mit Mühe beherrschen, seine Reitpeitsche auch mal bei Menschen zu gebrauchen. Und dies Gefühl, einfach deshalb etwas Besseres zu sein, weil man ein Europäer ist, teilt sich ganz von selbst auch den Kindern mit. Aber Rassenbewußtsein, das nicht von einem starken Gefühl für Verantwortlichkeit begleitet wird, wird zum Rassendünkel und beeinflußt die Charakterbildung ungünstig. Wirkt man namentlich bei einem Mädchen dem nicht entgegen, daß der Rasseninstinkt sich brutal geltend macht, so wird dies für ihren Charakter leicht noch verhängnisvoller als für den des Knaben.

Es gehört zu den ernstesten Pflichten der Eltern in den Kolonien, diesen Rassendünkel bei ihren Kindern nicht ins Kraut schießen zu lassen, und durch Belehrung und vor allem durch eigenes Beispiel sie nicht zu tyrannischen Herren und Herrinnen, sondern zu älteren Brüdern und Schwestern ihrer farbigen Mitmenschen zu erziehen.

Die kirchlichen Verhältnisse in Tsingtau sind so geordnet, daß Militär und Zivil eine Gemeinde bilden. Für den evangelischen Teil ist ein evangelischer Gouvernementspfarrer angestellt. Dieser erteilt auch den Religionsunterricht an der Gouvernementsschule. Von den anderen Plätzen in Ostasien, in denen Deutsche wohnen, hat nur noch Schanghai einen eigenen evangelischen Geistlichen. Dort hat die deutsche Gemeinde auch neben ihrer Schule ihre eigene Kirche. Die Deutschen in Hongkong, wie die in Tokio und Yokohama werden von Missionaren deutscher Missionsgesellschaften bedient. Auch für Tsingtau waren seine Pastoren in den ersten Jahren die Missionare. In Hongkong hat die evangelische deutsche Gemeinde den Leiter des chinesischen „Berliner Findelhauses“ zu ihrem Seelsorger gemacht. In Tokio ist ein Missionar des Evangelisch-protestantischen Missionsvereins zugleich als Gesandtschaftsprediger angestellt. An anderen Plätzen werden die Amtshandlungen, Taufen und Beerdigungen, wenn kein deutscher Missionar in der Nähe wohnt, von englischen oder amerikanischen Missionaren vollzogen. Zu Trauungen begeben sich die, welche in Ostasien heiraten, meist an einen der Plätze, wo ein deutscher Geistlicher ist. Hier und da warten kleine deutsche Kinder auch auf den Pfarrer des Kreuzergeschwaders, um sich von ihm taufen zu lassen, wie dieser auch überall im Ausland, wo Deutsche verstreut wohnen, diese, wo er mit irgend einem Schiff des Geschwaders hinkommt, zum Gottesdienst an Bord einlädt. Leider scheint die Zeit noch fern zu sein, wo die Pflege des religiösen Lebens in Unterricht und Praxis von jedermann als selbstverständliche Pflicht angesehen wird. Noch bedürfen die Menschen allermeist dazu nicht nur eines Jugendunterrichts, sondern dauernder Anleitung. Darum wäre zu wünschen, daß auch deutsche evangelische Gemeinden des Auslandes, wie die englischen es tun, viel mehr darauf bedacht wären, in einer eigenen Kirche mit eigenem Geistlichen sich einen Mittelpunkt für geistliche und auch geistige Interessen zu schaffen. Die nächste deutsche Gemeinde, die in eigenem wohlverstandenen Interesse sich entschließen wird, trotz der pekuniären Opfer, die es erfordert, sich auch kirchlich zu organisieren, wird wohl die von Hankau sein.

Die Katholiken sind in der günstigen Lage, in der ganzen Welt die Messe hören zu können. In Tsingtau und Umgebung werden sie von den Patres des Klosters geistlich versorgt.

Die Pflege der geistigen Interessen in der Kolonie läßt sich ein „Verein für Kunst und Wissenschaft" angelegen sein. Er sorgt für musikalische Darbietungen und veranstaltet Theateraufführungen, bei denen mimisch begabte Mitglieder sich selbst und der Mitwelt einen heiteren Abend schaffen. Zu den Vorträgen, die der Verein veranlaßt, tragen Herren aller Stände und Berufe, Offiziere, Kaufleute, Missionare, Beamte aus dem Schatze ihrer beruflichen Kenntnisse, ihrer Erfahrungen und Erlebnisse das Ihre bei. Ebenso sorgt für Bildung und Unterhaltung die Kiautschou-Bibliothek. Schon 1899 ist diese wertvolle Bibliothek von einem Kiautschou-Bibliothek-Komitee hinausgeschickt worden. Durch freiwillige Beiträge, namentlich auch von Buchhändlern, ist sie zusammengekommen. Der Wunsch, den die vom Kaiser genehmigte Stiftungsurkunde ausspricht, ist nicht vergeblich gewesen: „daß die Bibliothek, als geistige Aussaat Deutschlands in den Boden Chinas gesenkt, dazu beitrage, Deutschlands Ansehen zu mehren, seine dortigen Kulturaufgaben zu fördern und den dort lebenden Deutschen eine Mahnung an ihre Pflicht gegen das Vaterland, sowie ein lebendiges Band mit den geistigen Interessen der deutschen Heimat zu sein."

Eine besondere Rolle im Leben von Tsingtau spielt der Sport. Zweierlei begünstigt ihn in Tsingtau wie fast überall in den Kolonien. Der Mensch sucht nach einer Anregung, die außerhalb seiner Berufstätigkeit liegt. Theater gibt es nicht, eine Bildergalerie auch nicht. Die Abwechslung im Programm einer Militärkapelle hat auch ihre Grenzen. Wenn die aus Europa kommenden Zeitungen ihre Betrachtungen über politische Tagesgeschehnisse bringen, hat die Sache allermeist schon an aktuellem Interesse verloren; oft ist die Besprechung in den Zeitungen durch neuere Telegramme schon überholt. Die „belebenden Elemente" in den Gesellschaften sind immer wieder dieselben und büßen dadurch an Reiz ein. Sich für sich allein ernstlich mit einer Kunst oder einem wissenschaftlichen Gegenstand zu beschäftigen, dazu fehlt es bekanntlich den meisten Menschen an den nötigen Gaben oder am nötigen Trieb. So entsteht die Gefahr, daß die Menschen in allem, was nicht Beruf ist, geistig stumpf werden. Oder es findet in der Zeit, die durch nichts anderes ausgefüllt ist, und in den Gedanken, die mit nichts Besserem beschäftigt sind, der Klatsch eine Stätte. „Küstenklatsch" — in jedem Kolonialprozeß kehrt das Wort wieder. Auch Ostasien hat seinen Küstenklatsch. So lernt man bereits in Hongkong im Spiegel der Mitwelt und ihres Urteils Menschen kennen, die man erst in Tsingtau oder Tientsin zu Gesicht bekommt. Es ist traurig, aber wahr, daß fast überall, wo Menschen regelmäßig zusammenkommen, die öffentliche Meinung lieblos zu Gericht sitzt. Und das tut sie auch dort in den Klubs, wo des Mittags oder Abends an der Bar die Männer sich von der Arbeit in der „Office" erholen, und bei den five o'clock teas, zu denen die Damen sich besuchen. Irgendwie muß eben die freie Zeit ausgefüllt werden. Wehe aber namentlich den jungen Leuten, wenn sie dazu zur Whiskyflasche oder zum Knobelbecher und zu den Karten greifen! Wohl ihnen, wenn sie es mit dem Sport versuchen! Der Sport wird in der Tat für viele ein Ersatz für fehlende geistige Anregung, gewiß ein schwacher Ersatz, aber wirklich nicht der schlechteste.

Das andere, was den Sport begünstigt, ist seine Bedeutung für die Gesundheit. Ein kranker Mensch ist auch in der best eingerichtetsten Kolonie eben doch sehr viel schlechter daran als daheim. Dort, wo alles darauf zugeschnitten ist, zu arbeiten, um vorwärtszukommen, wo es nur rastloses Erwerben, kein ruhiges Genießen und Verzehren des Erworbenen gibt, da fühlt es naturgemäß der Kranke mehr, wie er sich selbst und anderen zur Last ist. Und darum hat es draußen eben um so mehr zu bedeuten, immer gesund und frisch zu bleiben. Und darum treibt mancher dort Sport, dem es zu Hause nie einfallen würde, sich auf ein Pferd zu setzen oder mit dem Tennisschläger herumzuspringen.

Ein Reitpferd sich zu halten, ist in Tsingtau nicht nur den sehr bemittelten Leuten möglich. Es werden, wie schon berichtet, nur Ponys geritten. Für 300—400 M. bekommt man schon ein recht tüchtiges Tier. Wer nur gewohnt war, richtige Pferde zu reiten, dem kommt das Ponyreiten zuerst seltsam und nicht so recht ernsthaft vor. Aber unter nicht zu schwerem Gewicht springt das Pony ausgezeichnet, klettert hervorragend und ist ungemein ausdauernd. Bei Reisen abseits von der Bahnlinie haben wir die Wahl zwischen dem langweiligen Tragstuhl, dem knochenmordenden Maultierkarren und dem Reiten auf Pony oder Esel. Von diesen Beförderungsmitteln ist das Pony von weitem das angenehmste, und es hat für jeden, der nur etwas Passion für das Reiten hat, einen großen Reiz, tagelang zu Pferde durchs Land zu traben.

Der höhere Reitsport entfaltet sich auf dem Rennplatz von Tsingtau. Die ausgesuchten Ponys, die bei Rennen geritten werden, sind natürlich teurer. Die Rennen in Tsingtau sind, was die ausgesetzten

Preise und darum auch das Pferdematerial anlangt, noch ziemlich bescheiden. An die Rennen in Tientsin und Hankau oder gar an die in Schanghai und Hongkong kommen die von Tsingtau noch lange nicht heran. Aber das hat eben den großen Vorteil, daß hier, wo die Rennen nicht um der hohen Preise willen, sondern lediglich zum

Rennen in Tsingtau

Vergnügen geritten werden, dieser schneidige Sport nicht das Vorrecht nur eines ganz kleinen Kreises ist. Mancher Leutnant auch von der Marine, dem das „Rennenreiten“ so fern lag wie der Gedanke, sich an einer Luftschiffwettfahrt zu beteiligen, hat jetzt auf seinem Tische einen silbernen Becher stehen, einen Rennpreis, der ihn immer wieder an schöne Stunden auf dem grünen Rasen in Tsingtau erinnert. Ein Poloklub pflegt das Polospiel, bei dem bekanntlich mit langstieligen Hämmern vom Sattel aus ein Ball nach einem Ziel geschlagen werden muß.

Wem die Rennen zu kostspielig sind, aber wer doch gern in herzhaftem Galopp seine und seines Ponys Kraft und Gewandtheit mit anderen messen möchte, dem bleiben dann immer noch die allherbstlich in Tsingtau in jeder Woche veranstalteten Jagdreiten. Zwanzig und mehr Herren und Damen sind beim Rendezvous zur Stelle. Es sind Fuchsjagden, bei denen ein gewiegter Reiter mit dem Fuchsschwanz auf der Schulter das jagdbare Wild vorstellt. In fröhlichem Galopp geht es dann querfeldein über Gräben und durch Ravinen, wobei die von niedrigen gemauerten Terrassen durchschnittenen kleinen Ackerstücke eine ganz besondere Aufmerksamkeit des Reiters erfordern.

Jagdlich ist die Umgebung von Tsingtau nicht hervorragend, bietet aber doch Gelegenheit zu regelmäßiger Ausübung des edlen Weidwerks. Das Gelände innerhalb des Weichbildes der Stadt bildet die Gouvernementsjagd. Hier wird nur bei den vom Gouvernement veranstalteten Jagden und nur von den dazu Eingeladenen gejagt. Außerhalb der Gouvernementsjagd, in den Prinz-Heinrich-Bergen und im Lauschan, darf jeder jagen, der vom Gouvernement für 20 $ einen Jagdschein erworben hat. Außerhalb der Schutzgebietsgrenzen auf chinesischem Gebiet ist die Jagd ganz frei. Es werden hauptsächlich Hasen geschossen. In den niedrigen Dickungen in nächster Nähe von Tsingtau stecken sie in großer Zahl. Sehr ergiebig ist die Jagd auf Schnepfen und Wachteln. In der Zeit, wo sie streichen, kann einer leicht hundert an einem Tage schießen. Mühsamer ist die Wasserjagd. Auf den weiten Watten der Kiautschoubucht treibt sich eine Unzahl von Wasservögeln, namentlich Reihern, Wildgänsen und Enten, herum. Wer es versteht, sich heranzupirschen, oder wer besonderes Glück hat, erlegt wohl auch mit der Kugel im freien Felde eine Wildgans oder eine Trappe. Wenn sich mit fortschreitender Aufforstung die Wasserverhältnisse bessern, wird bald auch der Fasan häufiger vorkommen.

Für die Radfahrer reicht das Vergnügen nur so weit, wie die schönen Straßen im Schutzgebiet reichen. Jenseits der Grenze gehört zuviel Geduld dazu, um sich zu entschließen, auf chinesischen Landstraßen eine Radtour zu unternehmen. Aber Radrennen auf einer besonders hergerichteten Rennbahn fehlen auch in Tsingtau nicht. Auch das elegante und gesunde Tennisspiel wird von Offizieren und Bürgersleuten fleißig betrieben und bietet Gelegenheit, wenn der Gegner eine angenehme Person des andern Geschlechts ist, mit den Bällen auch manchen bedeutsamen Blick und manches scherzend-ernste Wort über das Netz hinüberzuwerfen.

Und wo wären in der Welt ein paar hundert Deutsche angesiedelt, und es strebte nicht die von geübter Hand geworfene Kugel mit polterndem Rollen zum kegelstürzenden Ziele?

Daß Turnverein und Gesangverein nicht fehlen, ist selbstverständlich. In Kriegerverein und Marineverein halten auch dort kaisertreue Leute kameradschaftlich zusammen und helfen sich mit Rat und Tat. Der Bergverein sorgt für Wege und Wegemarken im Schutzgebiet. Was ist das wert, daß man im Sommer an einem oder zwei Tagen die schönste Bergpartie machen kann? Entweder wir fahren eine halbe Stunde mit der Eisenbahn und wandern dann

Bergtour im Lauschan

drei Stunden, oder wir vertrauen uns fünf Stunden einem Pony oder einem Wagen an, — und wir sind mitten in den Bergen. Mit Rad oder Auto schaffen wir's in noch kürzerer Zeit. Einsame Spaziergänge, fröhliche Picknicks, Besteigungen des Lauting und anderer Höhen: je besser man die Berge um Tsingtau kennen lernt, desto mannigfaltigere Schönheiten offenbaren sie.

Das Leben in Tsingtau erhält auch dadurch ein besonderes Gepräge, daß Tsingtau Badeort ist. Im mittleren und südlichen China, in Schanghai und Hongkong, und selbst im Norden, im Innern des Landes, wie z. B. in Tientsin, ist es im Sommer unangenehm heiß. Früher ging dann, wer es irgend konnte, in diesen Monaten nach Japan oder in das Seebad Tschifu am Golf von Tschili. Da kam Tsingtau. Es vereinigt ungefähr alles, was man von einem Seebade verlangt. Tsingtau ist einer der gesundesten Plätze an der ganzen Küste. Alle sanitären Einrichtungen sind auf der Höhe, wie nirgends sonst. Der Badestrand an der Auguste-Viktoria-Bucht ist unvergleichlich viel größer und schöner als der von Tschifu. Die Stadt selbst neu und schmuck und sauber; eine Umgebung, die von Jahr zu Jahr durch die wachsende Bewaldung reizvoller wird; der Lauschan mit seinen Bergpartien vor den Toren Tsingtaus; Verwaltung und Bürgerschaft wetteifernd, daß der Platz auch als Seebad dem deutschen Namen Ehre mache; dazu findet, wer das sucht, in Tsingtau als Garnison und als Sitz einer zahlreichen Beamtenschaft auch ein reges gesellschaftliches Leben: so ist Tsingtau von Jahr zu Jahr als Seebad immer mehr in Aufnahme gekommen. Im Sommer 1904 zu 1905 wurde es von 546 auswärtigen Badegästen zu längerem Aufenthalt besucht. Darunter waren 78 Kinder; ist doch Tsingtau geradezu ein Kinder-Dorado. Schon von Juni an zeigt dann der Badestrand das bunte Bild fröhlichen Lebens, wie es in allen netten Badeorten dasselbe ist. Im Unterschied von anderen Seebädern hat Tsingtau keine Badekarren, auch keine egal gebauten kleinen Zellen, die stundenweise ermietet werden müssen, sondern jede Familie baut sich oder mietet sich für die ganze Saison ein eigenes Bretterhäuschen, das mehrere Kammern enthält. Hier werden die Badeanzüge, Strandstühle, Kinderspielzeug, wohl auch eine kleine Erfrischung oder Erwärmung aufgehoben.

Für vergnügliche Abwechslungen des Badelebens sorgt eine Badekommission. Die Kapelle des Seebataillons spielt regelmäßig ihre Strandkonzerte oder ladet des Abends in eins der Hotels zu höheren musikalischen Genüssen ein. Jedes Jahr erfreut sich auch ein Kinderfest großer Beteiligung von Kleinen und Großen, und jugendliche Sportsmen erringen hier in Wettlauf, Springen, Sackhüpfen, Eierlaufen, Wettrennen auf Ponys oder Eseln ihre ersten Siege.

Eierlaufen beim Kinderfest

Quartier finden die Fremden in den Hotels. Außer den bereits genannten Hotels, dem Prinz Heinrich-Hotel am Kaiser Wilhelm-Ufer, mit 40 Zimmern, mit prächtiger Terrasse und luftigen Veranden, und dem neuen Strandhotel an der Auguste Viktoria-Bucht, giebt es noch das Zentral-Hotel, ebenfalls am Kaiser Wilhelm-Ufer, das Hotel Zur deutschen Eiche in der Tirpitzstraße und die Familienpension Luther in der Irenestraße. Der Preis beträgt bei voller Pension 3—5 $ für den Tag. Bei längerem Aufenthalt und bei Familien ermäßigt sich der Preis natürlich.

Die längste Zeit des Badeaufenthaltes sind von den Badegästen die Frauen und die Kinder allein in Tsingtau. Die Männer müssen allermeist noch in des Wortes wahrster Bedeutung im Schweiße ihres Angesichts in ihren Geschäften tätig sein. Kaum daß sie es ermöglichen können, ein paar Wochen, oft nur ein paar Tage, mit den Ihren zusammen sich zu erholen.

Wer von den Tsingtauern sich nach einer Luftveränderung sehnt, zieht einmal ein paar Tage auf das Mecklenburg-Haus hinauf oder er quartiert sich mit Kind und Kegel, mit Koch, Boy, Ama und sonstigem Zubehör in einem chinesischen Kloster ein, etwa im Taoistenkloster Ta lau kuan im Lauschan oder im prachtvoll in den Bergen auf chinesischem Gebiet gelegenen Buddhistenkloster Hua yen an.

Um zu zeigen, wie rege das Leben in Tsingtau ist und nach wie vielen Seiten die Bürgerschaft ihr Gemeinwesen schon ausgebaut hat, genügt es, die Vereine und Gesellschaften Tsingtaus aufzuzählen. Es sind dies: Handelskammer Tsingtau; Freiwillige Feuerwehr; Verein »Faberkrankenhaus«; Deutscher Frauenverein für Krankenpflege in den Kolonien, Abteilung Tsingtau; Kriegerverein »Kiautschou«; Marineverein »Prinz Adalbert von Preußen«; Deutscher Techniker-Verein Ostasien; Abteilung Tsingtau der deutschen Kolonialgesellschaft; Verein für Kunst und Wissenschaft; Musikverein »Harmonie«; Tsingtau-Klub; Bergverein Tsingtau; Sportklub Tsingtau; Tsingtau-Rennverein; Deutscher Turnverein Tsingtau; Schützenkorps »Kiautschou«; Radfahrklub »Pfeil«; Verein Germania; Katholisches Kasino; Japanischer Verein.

Der Europäer sind jetzt schon zuviel, als daß sie noch alle eine Gesellschaft bilden könnten, wie das wohl in den ersten Jahren der Kolonie der Fall war. Jetzt schließen sich schon die Kreise der Kaufleute, der Offiziere und der Beamten mehr in sich selbst zusammen. Doch sie stehen untereinander in viel engerer Fühlung als daheim. Die Lebensbedingungen sind für alle mehr die gleichen als daheim. Das beste Zeichen für das Leben, für die Arbeit und den Dienst in Tsingtau ist, daß die meisten gern so lange dort bleiben, als sie können, und daß viele, die draußen gewesen sind, froh sind, wenn sie wieder nach Tsingtau geschickt oder kommandiert werden.

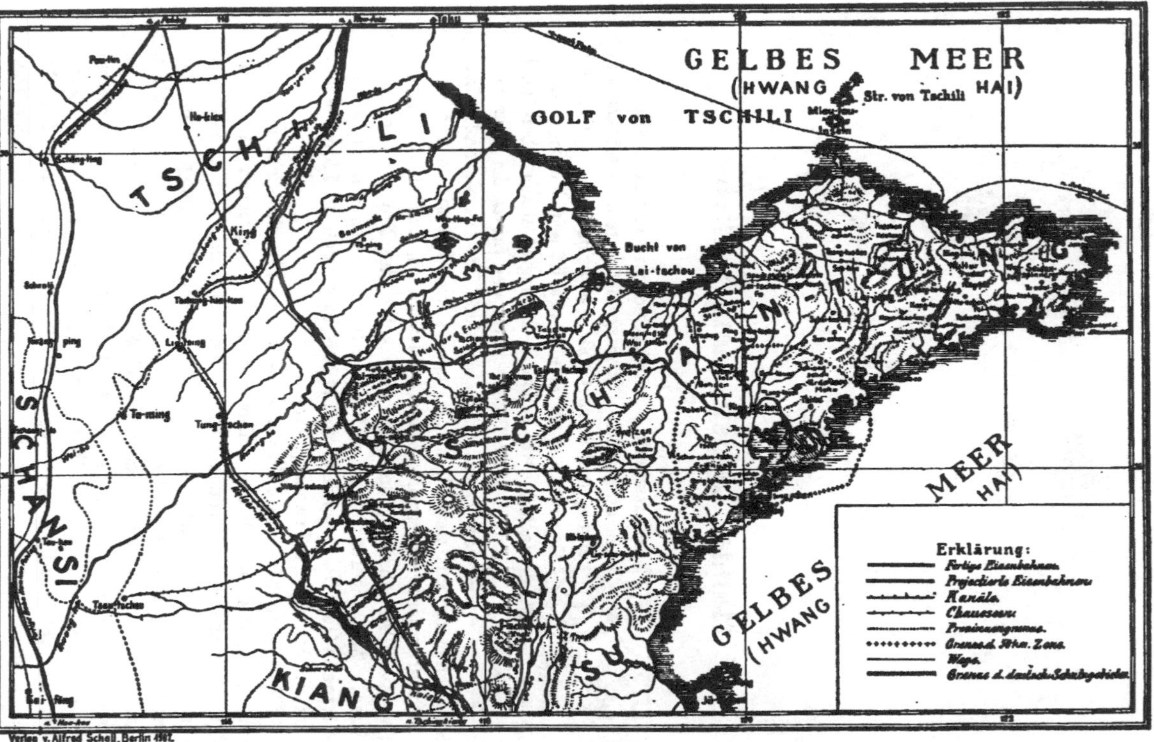

Karte von Schantung

Handel, Industrie und Verkehr

Unser asiatisches Schutzgebiet unterscheidet sich von den afrikanischen Schutzgebieten sehr wesentlich dadurch, daß seine Größe gar keine Rolle spielt. Im Gegenteil: seine Kleinheit ist sein Vorzug. Auch machen, wie schon S. 80 sagte, weder ober- noch unterirdische Bodenschätze den Besitz der paar hundert Geviertkilometer dort für uns wertvoll. Was Kiautschou für uns wertvoll macht, ist erstens, daß wir in ihm einen Flottenstützpunkt in Ostasien haben, und zweitens, daß wir dort an der Tür des Überseehandels und Überseeverkehrs der Provinz Schantung sitzen. Mit anderen Worten: Kiautschou ist kein selbständiges Wirtschaftsgebiet, sondern vorerst, bis es einmal ein Industrieplatz wird, nichts als ein Transitplatz.

Tsingtau als Handelsplatz — davon braucht nicht mehr als von etwas, das möglich oder wahrscheinlich ist, gesprochen zu werden, dafür brauchen keine Gründe mehr zusammengesucht und keine Urteile von Kennern des Landes mehr gehört zu werden. Tsingtau ist ein Handelsplatz; das ist jetzt einfach eine Tatsache. Die Einfuhr allein hat im ersten Vierteljahr 1907 590000 ℳ Zoll ergeben, also für die Kasse des Gouvernements 118000 ℳ. Und da das genau noch einmal soviel ist, wie der mittlere Vierteljahrsertrag des Vorjahres, so sehen wir, daß der Handel gegenwärtig noch rüstig vorwärtsgeht. Der Gesamthandel Tsingtaus betrug nach dem Seezollbericht im Jahre 1906

$30^1/_2$ Millionen Haikwan Taels oder $102^1/_2$ Millionen Mark. Die Provinz Schantung ist eine der wirtschaftlich noch am wenigsten erschlossenen Provinzen Chinas. Schantung ist halb so groß wie Italien, aber doppelt so dicht bevölkert, oder, wie gesagt, zehnmal so groß wie das Königreich Sachsen und annähernd ebenso dicht bevölkert wie dieses. An Schantung grenzen als wirtschaftlich wichtige Nachbarn im Norden die Provinz Tschili, mit der Hauptstadt Peking, so groß wie Österreich und mit drei Viertel soviel Einwohnern wie dieses, und im Westen, nur durch einen schmalen Zipfel der Provinz Tschili von Schantung getrennt, die Provinz Schansi, noch einmal so groß wie Bayern, Sachsen und Württemberg zusammen, eines der ausgedehntesten und reichsten Kohlenreviere der Erde.

Wir haben es zunächst nur mit Schantung zu tun. Schantung gilt nicht als ein reiches Land. Die Chinesen selbst rechnen es zu den ärmeren Provinzen ihres Reiches. Mit dem, was der Boden bringt, ernährt Schantung eben recht und schlecht seine 40 Millionen Menschen. v. Richthofen schildert den großen Unterschied zwischen den schmutzigen, zerlumpten Einwohnern der Provinz Kiangsu und denen des nördlich daran grenzenden Schantung. Er urteilt: „Wer verschiedene Provinzen von China bereist hat, der erhält in Schantung den Eindruck verhältnismäßigen Wohlstandes.“ Aber der Schantung-Chinese hat eben mehr Sinn für Ordnung und Sauberkeit als sein südlicher Landsmann, und so macht sein Land auch leicht den Eindruck größeren Wohlstandes. Daß es unter seinen augenblicklichen Verhältnissen keinen Zuwachs an Bevölkerung mehr zu vertragen scheint, ergibt die Tatsache, daß alljährlich gerade aus Schantung Tausende auswandern. In der Mandschurei sind die meisten der neuen chinesischen Ansiedler Schantung-Chinesen. Diese sind ja auch geborene Ackerkolonisten. Wir sehen, wie die kleinen Äcker mühsam bis an die äußerste Grenze des urbaren Landes an den Berglehnen hinaufklettern. Wir hören, daß ein Bauer bei einer Familie von 4 und 5 Köpfen und bei einem Einkommen, d. h. dem Ertrag seines Gütchens, von 150 Tiau, also etwa 240 M., schon als mittelbegütert gilt. Doch ist dabei nicht zu vergessen, daß diese 240 M. natürlich in einem Lande, wo der Tageslohn 30 bis 40 Pf. beträgt, wofür der Arbeiter sich auch selbst zu beköstigen hat, einen anderen Wert haben, als dort, wo mindestens das Zehnfache als Lohn gezahlt werden muß. Und doch haben die Jahre, seitdem Schantung dem europäischen Handel geöffnet, und ganz besonders die letzten Jahre, seitdem sein wichtigstes Tor, der Hafen von Tsingtau, aufgemacht worden ist, gezeigt, daß diese Provinz sehr wohl imstande ist, mehr hervorzubringen und mehr zu verbrauchen als bisher.

Bisher war Schantung vorwiegend ein ackerbauendes Land. Auch alle Industrie in Holz und Eisen ist fast nur Hilfsindustrie für den Ackerbau. Nur ein kleiner Teil der Bevölkerung ist mit der Herstellung von Seide und Strohgeflechten beschäftigt. Doch war auch der Handel dem Lande von alters her nicht ganz fremd. Schon im 9. Jahrhundert haben die Araber hier Handel getrieben, und war es nachweislich gerade der Hafen in der heutigen Bucht von Kiautschou, den ihre Schiffe anliefen. Was mögen jene Schiffe als Ladung aus Schantung mitgenommen haben? Wohl dasselbe, was eine alte Urkunde aus dem 3. Jahrhundert nach Christi Geburt als Abgaben von Schantung nennt: Seesalz, Hanf, Blei, Fichtenstämme, Grasgewebe, Seide. Es ist sehr wahrscheinlich, daß mit jenen Grasgeweben Strohgeflechte gemeint sind, und dann hätten wir in den Strohborten, zusammen mit der Seide, Artikel, die auch heutigentags noch zu den Hauptgegenständen der Ausfuhr gehören.

Die Zucht der Seidenraupe und die Seidenweberei blüht heute besonders im Norden und Südwesten der Provinz. Vornehmlich ist es ein braungelbes Seidengewebe, als Rohseide oder als Bastseide auch in Deutschland wohlbekannt, von der die meiste in Schantung hergestellt wird. Die leichteren Sorten werden zu Damenkleidern, Staubmänteln,

Seidenspinnerei in Tsangkou

Kissenüberzügen, Vorhängen, die schwereren zu Herrenanzügen benutzt. Die meiste Rohseide nimmt den Weg noch immer über Tschifu, doch ist auch in diesem Artikel die Ausfuhr über Tsingtau von Jahr zu Jahr gestiegen.

An diese in Schantung altheimische Industrie hat nun die „Deutsch-Chinesische-Seiden-Industrie-Gesellschaft" angeknüpft. Anderthalb Stunden von Tsingtau entfernt, in Tsangkou, steht die Seidenspinnerei. 1904 ist der Betrieb aufgenommen worden. Eine große Schwierigkeit bestand darin, für den, vom chinesischen natürlich verschiedenen Betrieb die nötige große Anzahl Arbeiter zu bekommen. Die Gesellschaft löste diese Aufgabe sehr geschickt. Sie wählte unter den auf ihre Aufforderung hin sich meldenden chinesischen Knaben etwa hundert körperlich und geistig besonders gut entwickelte aus. Diese wurden zunächst in einer besonders für sie errichteten Schule in deutscher Sprache, Lesen, Schreiben, Rechnen, etwas Geographie und in chinesischer Literatur unterrichtet. Diese Schüler waren dann monatelang die einzigen Arbeiter, bis sie so weit geschult waren, daß sie nun selbst wieder andere Arbeiter anlernen konnten. Dabei wurde aufs neue die Erfahrung gemacht, daß es nötig ist, den chinesischen Arbeiter fest zu disziplinieren und zu organisieren, wenn man in einem modernen Betriebe, wie dem einer Seidenspinnerei, eine wirklich gute Leistung von ihm erreichen will. Darum ist die Verwaltung des Unternehmens auch daran gegangen, ihre Arbeiterschaft auf Grund fester Arbeitsverträge in der Nähe der Fabrik fest anzusiedeln. So wohnen jetzt in geräumigen Arbeiterwohnungen, nach Geschlechtern getrennt, 900 bis 1000 unverheiratete männliche und weibliche Arbeiter. In jeder Kaserne leben etwa 100 Arbeiter unter der Aufsicht chinesischer Hausväter und Hausmütter. Für die verheirateten Arbeiter ist ein Dorf mit Straßen und Plätzen erbaut; jedes Familienhaus hat einen Garten und etwas Ackerland. Jetzt wohnen hier an 300 Personen. Natürlich entsprechen sämtliche Anlagen allen hygienischen Anforderungen. Ein eigenes Hospital wird von chinesischen, europäisch geschulten Ärzten geleitet. Die Fabrik in Tsangkou stellt nur das Seidengarn her. Verwebt wird dieses zum größten Teil in Krefeld. Die Kiautschou-Seidenstoffe sind anerkannt vorzüglich, sind waschbar und sehr dauerhaft. Sie sind weit besser als die durch viele Knötchen und Unregelmäßigkeiten gekennzeichneten chinesischen Bastseidengewebe. Seltsamerweise schätzt das Publikum zum Teil noch gerade diese Fehler des Gewebes als Zeichen der „Echtheit". Insgesamt sind von Tsingtau 1906 für über $2^1/_2$ Million Mark Seide ausgeführt worden.

Eine größere Rolle als die Seide spielen zurzeit noch im Handel von Tsingtau die Strohborten. Es sind aus Stroh geflochtene Bänder von verschiedener Breite und von verschiedenem Muster. Sie werden hauptsächlich zur Herstellung von Strohhüten benutzt. Scha ho, 150 km nordwestlich von Tsingtau, ist Hauptsitz dieser Industrie. Ein Hauptabnehmer ist Südchina selbst. Doch geht die in Tsingtau verschiffte Ware zum größten Teil nach Amerika und Europa. In kubikmetergroßen Ballen, in Strohmatten eingeschnürt, werden diese Geflechte transportiert. 300 Wagenladungen solcher Strohborte hat die Eisenbahn 1906 nach Tsingtau gebracht. Im genannten Jahre sind hier über 62000 Pikuls, das sind 75000 Zentner, Strohborte im Werte von etwa 14 Millionen Mark ausgeführt worden. Damit ist Tsingtau der Hauptausfuhrhafen Nordchinas für diesen Artikel geworden und wird darin in ganz China nur noch von Schanghai um ein geringes übertroffen.

Karren mit Strohborten

In einem früheren Kapitel wurde schon auf die Konkurrenz aufmerksam gemacht, die dieser Industrie von Japan droht. Auch Italien kommt hier als Rivale in Betracht. Darum bemühen sich jetzt alle an dieser Industrie Chinas Interessierten, voran auch das Gouvernement von Kiautschou, die Qualität des für diese Geflechte verwendeten Strohes zu verbessern, sowie diesen Industriezweig dadurch auf der Höhe zu halten, daß sie neue, namentlich auch dem europäischen Geschmack zusagende Muster einführen.

Beim Gang durch den Hafen fielen uns schon die Bohnenkuchen auf, die dort verladen wurden. Aus Bohnen wird Öl gepreßt. Die Rückstände werden zu scheibenförmigen, knapp handhohen, $^1/_2$ m im Durchmesser großen steinharten Kuchen geformt. In Japan und China wird dieser Bohnenkuchen zu Viehfutter oder meistens zur Düngung benutzt. Auch das aus den Bohnen, ebenso wie das aus den Erdnüssen gewonnene Öl bildet einen Handelsartikel, der in Höhe von mehreren Millionen Mark ausgeführt wird. Weitere Ausfuhrartikel bilden Gemüse, Obst, Melonenkerne, Walnüsse, Felle, Häute und Borsten.

Bisher war der einzige Hafen für den Fremdhandel Schantungs Tschifu, englisch Cheefoo geschrieben, an der Nordküste der Halbinsel, 1863 dem Handel geöffnet. Eigentlich müßte der Ort Yen tai heißen, und so nennen die Chinesen in der Tat Tschifu, denn Yen tai ist der Name des chinesischen Dorfes, an dessen Stelle die Stadt jetzt steht. Ein Dorf Tschü fou in der Nähe dort war zuerst als Ort der Niederlassung ausersehen, wurde aber bald wieder verworfen und eben mit Yen tai vertauscht. Doch wanderte der Name „Tschifu" mit an die neue Stelle. Der Platz lag für eine Handelsniederlassung früher geeigneter als jetzt. Dadurch, daß der Hwang ho seine Mündung verlegt hatte, war der Kaiser-Kanal unbrauchbar geworden. So mußte das reiche westliche Schantung, da die Verbindung mit dem Jangtse nun unterbrochen war, von Norden her versorgt werden. Als der Kanal dann einigermaßen wiederhergestellt war, fiel dieser Vorteil für Tschifu wieder weg. Tschifu liegt im ärmsten Teile der Provinz, mehrere hundert Kilometer von den dichter bevölkerten Gegenden und den Sitzen der Industrie entfernt, durch Gebirge von ihnen getrennt und durch schlechte Straßen mit ihnen verbunden.

Karren mit Bohnenkuchen

Daß auf der Liautunghalbinsel, Tschifu gerade gegenüber, Port Arthur und Dalny entstand, kam ihm sehr zustatten. Tschifu hat keinen Hafen; die Schiffe ankern auf der durch eine Reihe Inselchen und ein Vorgebirge geschützten Reede. Bisher wurde Tschifu von Schanghai und anderen Plätzen aus auch als Seebad aufgesucht, und solange nichts anderes da war, konnte sein schmaler Badestrand bescheidenen Ansprüchen genügen. Ende der sechziger Jahre sollten in der Nähe von Tschifu angeblich reiche Goldlager entdeckt worden sein. Schantung sollte ein zweites

Kalifornien werden. Hunderte von Goldgräbern und Glücksjägern landeten in Tschifu. Nach ein paar Monaten erwies sich die ganze Sache zum Teil als ein grober Irrtum, zum Teil als ein noch gröberer Schwindel.

Bisher beherrschte Tschifu konkurrenzlos den Seehandel Schantungs. Die Ziffern des Zollamtes von Tschifu wuchsen von Jahr zu Jahr. Doch war dies vielmehr ein Zeichen dafür, daß Schantung im allgemeinen fähig und bereit war, sich am Überseehandel zu beteiligen, als dafür, daß gerade nur Tschifu diesen vermitteln konnte. Mit Tsingtau entstand für Tschifu eine gefährliche Rivalin. Tsingtaus Lage in einem viel reicheren Teile Schantungs, in der Nähe der Kohlenfelder, vor allem sein vortrefflich ausgebauter Hafen, seine Eisenbahn ins Innere, alles gab ihm von vornherein ein Übergewicht. Nach dem Seezollbericht überwog 1906 der Handel Tschifus den von Tsingtau nur noch um 13 Millionen Mark. Doch war der Handel Tschifus in diesem selben Jahre um 13 vom Hundert hinter dem des Vorjahres zurückgeblieben, während der Handel

Tsingtaus sich um 37 vom Hundert gehoben hatte. Am Gesamthandel Schantungs, soweit er über die beiden Häfen ging, beteiligten sich Tschifu und Kiautschou in Teilen vom Hundert wie folgt:

	1901	1903	1905	1906
Tschifu	81	72	63	53
Kiautschou	19	28	37	47

Tschifu muß sich mit der Tatsache abfinden, daß für den Handel in Schantung Tsingtau die Führung übernommen hat und behalten wird. Für den Handel im Nordosten der Provinz, für den Handel nach der Liautunghalbinsel, sowie als eine Obstkammer für Ostasien wird Tschifu immer von Bedeutung bleiben. Die reichen Kantonesen, die in Tschifu das Geschäft in Händen haben, wollen durch eine Eisenbahn der Stadt ihren Handel retten. Ist aber erst, was hoffentlich bald geschieht, Scha ho an die Hauptlinie der Schantungbahn angeschlossen, dann wird sich nicht so leicht jemand finden, der das wegen der Gebirge sehr teure Projekt einer Bahn nach Tschifu ausführen will. Vielmehr werden, wie sie jetzt schon angefangen haben, immer mehr chinesische und europäische Firmen ein Zweiggeschäft oder gar das Stammgeschäft von Tschifu nach Tsingtau verlegen.

Schon von Anfang an stand unsere Erwerbung im fernen Osten vor allem unter dem Zeichen der Kohle. Seit den Forschungsreisen v. Richthofens stand es fest, daß Schantung reich an Steinkohle sei, und daß vor allem seine Kohlenfelder nicht allzu fern von der Kiautschoubucht lägen. Freilich klingt der Bericht von dem Kohlenreichtum Schantungs sehr viel bescheidener, als der, den v. Richthofen von den Kohlenfeldern der Provinz Schansi gibt. Es liest sich wie ein Märchen, wenn der Gelehrte berechnet, daß der Kohlenvorrat dieser einen Provinz Schansi imstande sein würde, den gesamten Kohlenbedarf der ganzen Erde für viel länger als tausend Jahre zu decken. Doch berechtigte auch das, was er von der Schantungkohle festgestellt hatte, zu guten Hoffnungen für die Zukunft des Kiautschougebietes. Kohlen und Erz — auch von Erzfunden hatte v. Richthofen berichtet, — Kohlen und Erz in der Nähe von Tsingtau: — und die Phantasie unternehmender Geister glühte. Sie sah vor sich Hochöfen, Gießereien, Maschinenfabriken, Spinnereien und Webereien erstehen, sah in der Talsenke hinter Tsingtau und in der Nähe der Stadt Wei hsiën Schornstein hinter Schornstein, ein Chemnitz oder Essen Nordchinas. Wieviel von diesem Zukunftsbild hat angefangen Wirklichkeit zu werden?

Der Kohlenbergbau in Schantung war alt. Ein Volk wie die Chinesen war natürlich nicht an einem Schatz, wie die Kohle es ist, vorübergegangen. Aber sie hatten doch kein anderes Mittel gefunden, des Wassers in den Gruben, wo es nicht von selbst davonlief, Herr zu werden, als es in ledernen Eimern heraufzuwinden. Dazu kam, daß der Transport der Kohle auf weite Entfernungen nicht lohnte, denn die Menge, die ein Schubkarren oder die zwei Körbe eines Esels fassen, ist gering, und eine andere Beförderung gab es in dem Lande mit den schmalen schlechten Wegen nicht.

Um so energischer ging nun gleich die deutsche „Schantung-Bergbau-Gesellschaft" ans Werk. Sie hatte sich das Recht gesichert, die von der Eisenbahn durchquerten Gegenden bergbaulich auszubeuten. 30 Li, das sind 15 km, rechts und links von der Eisenbahnstrecke ist ihr Bereich. Die von der Natur gewiesene Verbindung zwischen Tsingtau und Tsinanfu am Nordabhang des Berglandes führte gerade durch wertvolle Kohlenreviere. Da die Bergbauunternehmungen und die Eisenbahn gegenseitig aufeinander angewiesen waren, so war es richtig, beide Unternehmungen zu verschmelzen. Sie sind in der Hand eines und desselben Syndikats. Der Sitz der Bergbaugesellschaft ist Tsingtau. Ihr Grundkapital betrug 14 Millionen Mark. Um auch dem kleinen

Mann die Beteiligung zu ermöglichen, wurden Aktien zu 300 M. ausgegeben. Auch den Chinesen stand die Beteiligung an dem Unternehmen offen. So ist z. B. der Gouverneur von Tsinanfu Aktionär der Gesell-

Direktion der Schantung-Bergbau-Gesellschaft in Tsingtau

schaft. Damit, daß Chinesen und namentlich chinesische Beamte finanziell an den Unternehmungen interessiert wurden, mußte der ruhige Verlauf aller Arbeiten um so mehr gesichert erscheinen.

Gleich 1898 wurden die ersten Schienen gelegt und wurde mit den ersten Bohrungen begonnen. Zuerst wurde natürlich das Tsingtau am nächsten liegende Kohlenfeld, in der Nähe von Wei hsiën, in Angriff genommen. Von Tsingtau bis Wei hsiën sind es 184 km Eisenbahn, das ist etwa so weit, wie von Hamburg nach Stendal. Am 30. Oktober 1902 lief, festlich begrüßt, der erste Kohlenzug in Tsingtau ein.

Der jetzt am weitesten ausgebaute Schacht ist der Fangtse-Schacht. Er liegt nicht unmittelbar an der Hauptstrecke. Eine nur 2,4 km lange Zweigbahn verbindet ihn mit dieser. Alle Bauten und maschinellen Anlagen sind im ganzen wie bei unseren heimischen Schächten auch. Daß sämtliche Maschinen aus Deutschland stammen, ist selbstverständlich. Der Schacht begann mit einer Jahresförderung von 38000 t. Leider aber entsprach die Kohle anfangs noch nicht den Erwartungen. Die Kriegsschiffe machten Versuche mit der neuen Kohle, aber der Ingenieur beklagte sich, daß die Kohle zu unökonomisch brenne, die Heizer beklagten sich, daß sie trotz des angestrengten Arbeitens kaum Dampf halten könnten, und der Kommandant beklagte sich, daß die Kohle sein weißes Schiff noch rußiger mache, als selbst japanische Kohle. Das waren zunächst für die Ausfuhr der Kohle schlechte Aussichten. Liegen blieb die Kohle natürlich trotzdem nicht. Die Europäer in Tsingtau und namentlich die Chinesen ringsum verlangten mehr Kohle, als der Schacht vorerst überhaupt leisten konnte. In größerer Tiefe fand sich dann, wie es erwartet worden war, auch bessere Kohle. Außerdem verbessert eine erst 1906 eingerichtete Kohlenwäsche die Güte der Kohle, so daß sie vielleicht auch als Dampfschiffskohle mehr als bisher sich eignen wird. Jedenfalls wurde rüstig weitergebaut. Von 38000 t 1903 hat sich die Jahresförderung auf 162000 t gehoben. Auch Briketts werden fabriziert und finden guten Absatz.

Fangtse-Schacht

Seit 1907 ist in nächster Nähe des Fangtse-Schachtes, mit diesem verbunden ein zweiter Schacht in Betrieb, der Minna-Schacht. Dieser dient zugleich auch als Hauptwetterschacht. In nächster Zeit wird sich zu diesen beiden noch ein dritter, der Annie-Schacht, gesellen. Die Tagesleistung des Annie-Schachtes wird 1500 t sein.

Die Belegschaft im Fangtse-Revier zählt gegen 2000 Köpfe. Da die Chinesen an den Bergbau von alters her gewöhnt sind, macht es keine Schwierigkeiten, Arbeiter zu bekommen. Um aber einen Stamm zuverlässiger Arbeiter zu haben, hat auch hier die Gesellschaft Wohnungen, bis jetzt für 600 chinesische Arbeiter, in der Nähe des Schachtes gebaut. So hofft sie auch, in Zukunft den wiederholt schon vorgekommenen Streiks vorbeugen zu können. Der organisierte Streik ist in China als Kampfmittel übrigens schon viel länger in Gebrauch als bei den westlichen Völkern. Unfallentschädigungen sind genau geregelt.

Ein früherer Marinearzt ist im Dienste der Gesellschaft angestellt. Eine Unterstützungskasse will für den chinesischen Arbeiter sorgen wie daheim für den deutschen.

Zurzeit arbeiten im Fangtse-Revier 50 deutsche Beamte und Vorarbeiter. Sie wohnen in 25 freundlichen, gartenumgebenen Häusern. Da vielen ihre Frau und ihre Kinder gefolgt sind, ist die Kolonie bereits so groß, daß sie ihre eigene Schule hat, die Oktober 1906 mit 15 Kindern eröffnet worden ist. Im Schulhause werden auch zu regelmäßigen Zeiten Gottesdienste abgehalten. Zu diesen kommt der evangelische Pfarrer von Tsingtau heraus. Die katholische Mission hat in Fangtse selbst eine Station.

Minna-Schacht in Fangtse

Gut ein halbmal weiter, 290 km von Tsingtau, also etwa so weit wie von Hamburg bis Berlin, liegt das zweite Kohlenrevier, das von Po schan. Der Ort Po schan liegt südlich von der Hauptlinie, durch eine Zweigbahn von 30 km mit ihr verbunden. 18 km von der Zweigstation entfernt liegt der Schacht Tse tschuan. Auf ihm arbeiten jetzt 1300 Arbeiter unter 24 deutschen Beamten. Der Schacht ist erst seit 1906 in Betrieb. Im letzten Viertel dieses Jahres wurden 6000 t Kohle gefördert. Auch hier ist sogleich ein zweiter Schacht in Angriff genommen worden. Das Po schan-Revier ist sehr viel ausgedehnter, als das von Fangtse und scheint auch eine bessere Kohle geben zu wollen.

Ein drittes großes Kohlenfeld bei I tschou fu im Süden der Provinz wird jetzt nur von Chinesen ausgebeutet. Auf gerader Linie 90 km von der Küste und 200 km (Berlin—Hamburg) von Tsingtau entfernt, fehlt der Gegend zurzeit noch jede Verbindung.

Von Oktober 1905 bis Oktober 1906 sind 66500 t Kohle nach Tsingtau versandt worden. Davon kostete die Tonne besserer Kohle in Tsingtau je nach der Größe der Kohlen zwischen 8—12 Dollar, also der Zentner ungefähr 60 Pf. bis 1,30 M. nach damaligem Dollarkurs.

Um einen Vergleich zu geben, seien die abgerundeten Zahlen für ein größeres Werk des Lugau-Ölsnitzer Kohlengebietes danebengestellt. Dort betrug 1906 die Belegschaft 1700 Mann, die Jahresförderung 350000 t, die durchschnittliche Tagesförderung 1170 t.

Auch wenn sich herausstellen sollte, daß der Handel mit Kohlen nach auswärts keinen großen Umfang annimmt, bleiben die Kohlen Schantungs und alle Arbeit, die für ihren Abbau geleistet worden ist und noch geleistet wird, doch von größtem Wert. Schon jetzt, mehr noch, wenn mehr Zweigbahnen gebaut sind, wenn namentlich auch das Gebiet der Strohflechterei im Norden der Provinz angeschlossen ist, hebt sich die chinesische Industrie dadurch, daß ihr reichlicher und billiger als bisher Kohle zugeführt werden kann.

Der Schantung-Chinese ist nämlich für industrielle Arbeit sehr geschickt. Die alten Industrien des Strohflechtens, der Glas- und Töpferwaren geben Zeugnis davon. Schon Richthofen bemerkte: „Die Knaben sind intelligent und geweckt und erscheinen geeignet, zu einer fortgeschrittenen Generation herangezogen zu werden." Das hat sich durchaus bestätigt. Und ebenso trifft es zu, daß in Schantung eine übergroße Fülle billiger und intelligenter menschlicher Arbeitskraft vorhanden ist. Nur der Mangel an Verkehrsstraßen — der Hwagho und der Kaiser-Kanal waren allzu unzuverlässige Straßen — hat es nicht zu noch weiterer Entfaltung dieser Erwerbszweige kommen lassen. Die Möglichkeit, ausgiebiger Kohlen und damit auch Maschinen verwenden zu können, wird von dem emsigen Volke sehr bald eifrig aufgegriffen werden.

Anni-Schacht in Fangtse mit Beamtenkolonie

Endlich wird dadurch, daß Schantung selbst reichlich mit Kohlen versorgt wird, auch dem früher aus Unverstand betriebenen, jetzt durch die Not gebotenen Waldraub der beste Riegel vorgeschoben: der Waldraub wird überflüssig gemacht. Die Höhen und das Ödland in Schantung werden sich infolgedessen wieder mit Wald überziehen, und davon wird wieder die Landwirtschaft den größten Segen haben, denn „wo Wald, da Wasser", und „wo Wasser, da Wiese", da fruchtbare Äcker und wohlhabende Menschen. Die meisten Aufstände Chinas kamen im Gefolge von Mißernten. Wer nichts zu verlieren hat, ist immer ein unsicherer Kantonist. Auf dem Umwege über den wachsenden Wald helfen die Kohlenbergwerke Schantungs den Frieden in der volkreichen Provinz erhalten.

Die Konkurrenten der Schantungkohle sind, wenn wir von der aus England und Australien bezogenen absehen, die Kohle aus anderen Provinzen Chinas und zurzeit vor allem die japanische Kohle. Von dem Kohlenreichtum der Provinz Schansi hörten wir. Sollte Schansi auf geradestem Wege mit der Küste verbunden werden, so käme als Hafen außer Tientsin ebenfalls Tsingtau in Betracht. Reiche Kohlenlager hat auch das Jangtse Becken. Wichtiger noch für Schantung sind die seit langem schon betriebenen Gruben von Kai ping in der Provinz Tschili. Diese Gruben werden von einer englisch-chinesischen Gesellschaft ausgebeutet. Um sie verschiffen zu können, ist eigens nur für diese Gruben 125 km von ihnen entfernt an der Küste des Golfs von Tschili der Hafen Tsching wan tau angelegt worden. Bis jetzt besteht dieser Hafen allerdings nur aus einer in die See hinausgebauten, mit Gleisanschluß versehenen starken Mole.

Verladen von Schantungkohle

Japan exportiert an Kohle jährlich 3 Millionen Tonnen. Bei weitem die meiste in Ostasien verwendete Kohle stammt aus Japan. An Güte kann sie sich freilich mit der englischen lange nicht messen. Es ist jetzt ungefähr so, daß die japanische Kohle und die Schantungs-Kohle, auch was den Preis anlangt, auf einer Linie stehen. Jedenfalls haben die Bergwerke Schantungs nicht zu fürchten, daß japanische Kohle in die Provinz eingeführt wird.

So bleibt also trotz der Konkurrenz und selbst wenn die Ausfuhr von Kohlen, wie gesagt, in bescheidenen Grenzen bleibt, der rationelle Betrieb des Bergbaus in Schantung jederzeit ein rentables Unternehmen.

In nächster Nähe des Poschan-Reviers, nördlich von der Bahnlinie, findet sich auch Eisen. Die Chinesen selbst nennen den Berg dort Tieschan, d. i. Eisenberg. Es ist Magnet- und Roteisenstein mit einem Eisengehalt von über 65 vom Hundert. Das bis jetzt entdeckte Lager ist 2 km lang in einer Mächtigkeit von 35 m. Da die gütige Natur ganz in der Nähe auch für Kalksteine gesorgt hat, so soll unverzüglich an die Verhüttung des Erzes gegangen werden, sobald aus den nahen Poschan-Werken genug Koks geliefert werden kann.

Block aus Magneteisenstein am Tieschan

Neben der Schantung-Bergbau-Gesellschaft ist noch die Deutsche Gesellschaft für Bergbau und Industrie im Auslande am Werke, die Bodenschätze Schantungs zu erschließen. Von ihren zahlreichen Versuchen scheinen bis jetzt zwei von Erfolg gekrönt zu sein. Bei Tschu tschöng, etwa 100 km südwestlich von Tsingtau, hat sie Glimmer gefunden. 30000 kg und bis zu 1 qm große Tafeln hat sie 1904 ausgeführt. In Ning hai, zwischen Tschifu und Wei hai wei, gräbt sie auch Gold. Auch Silber, Kupfer, Zinn hat sie gefunden, doch hat dies alles bis jetzt noch keinen lohnenden Abbau ergeben.

Von alten Industrien finden wir in Schantung noch Glas-, Ton- und Emaille-Industrie. Gerade Poschan ist einer ihrer Hauptsitze. Fensterglas wird in China bis jetzt noch sehr wenig hergestellt. Die Fenster sind noch immer Holzgitterwerk, mit Papier überzogen. Die Glasindustrie in Poschan hat es auch mehr mit Fläschchen, Gläsern, Glasperlen zu tun, als mit Glasscheiben. Die Glaswaren sind vielfach gemalt, oder die Sachen sind aus farbigem Glasfluß hergestellt. Als Meister der Töpferei ist der Chinese durch sein Porzellan von alters her sattsam bekannt. Doch kommt das Porzellan aus dem Süden. Schantung liefert nur gröbere Töpferwaren. Bekannt ist auch das chinesische émail cloisonné. Auf kupferne Vasen, Teller, Manschettenknöpfe usw. werden Drähte, die zu der Form von Blättern, Blumen und Drachen gebogen sind, aufgelötet und die Zwischenräume mit bunter Emaille ausgefüllt. Wie die Herstellung der guten Lackwaren in Futschau, so gilt auch die Herstellung dieser Glas- und Emaillearbeiten in Schantung und Tschili als Geheimnis einiger Familien. Billige chinesische Cloisonné-Vasen finden jetzt durch unsere Soldaten als chinesische Andenken ihren Weg bis in die entlegensten Dörfer Deutschlands. Auch die Kunst, aus Speckstein allerlei zu schneiden, ist in Schantung zu Hause. Die Schlußvignette des letzten Kapitels zeigt eine aus Speckstein sehr kunstvoll geschnittene Vase.

Auch diese Klein-Gewerbe werden durch den frischeren Zug, der in das ganze Leben von Schantung kommt, gewinnen. Doch ist zu fürchten, daß ihre Arbeit, sobald diese Gewerbe für einen größeren Markt und rascheren Absatz arbeiten, an Güte einbüßt. Das gilt namentlich für das Kunstgewerbe. Stücke alter, guter chinesischer Kunst werden immer teurer und seltener. Und die neuen Sachen reichen an Sorgfalt der Arbeit und Originalität lange nicht an die alten Sachen heran.

ie Einfuhr überwiegt zurzeit die Ausfuhr fast um das Dreifache. Sie betrug 1906 74,7 Millionen Mark. Dabei waren für 56 Millionen Mark Waren nichtchinesischen Ursprungs. Diese letzteren waren, ihrem Wert nach geordnet, baumwollene Waren, Baumwollengarn, Metalle, Zucker, Zündhölzer, Petroleum, Anilinfarben, Nadeln, Kohlen. Von diesen Waren verspricht zunächst Petroleum eine sehr viel höhere Einfuhr. Eine amerikanische Gesellschaft hat bereits ein größeres Gebäude bei Tsingtau erworben, wo sie Tanks errichten wird, und die zahlreichen Petroleumschiffe machen schon einen besonderen Liegeplatz für diese feuergefährlichen Gäste nötig.

Von Waren chinesischen Ursprungs nehmen den Weg über Tsingtau Papier, für 6 Millionen Mark, ferner Rohbaumwolle, Schanghai-Baumwollengarn und Porzellan.

Es ist zweifellos, daß sich die Einfuhr erheblich steigern wird trotz der sprichwörtlichen Bedürfnislosigkeit der Chinesen. Wenn Menschen reicher werden, vor allem, wenn mehr Geld ins Land kommt, erwacht von selbst das Bedürfnis, Haus und Stube und Leben reicher auszustatten und auszugestalten. Durch den größeren Verkehr, durch die Eisenbahn und alles, was sie in ihrem Gefolge bringt, wird das Land reicher. Größerer Reichtum fördert auch immer wieder den Verkehr. Die Sätze sind richtig: „Selbstwirtschaft ist arme Wirtschaft, sie war es zu allen Zeiten. Selbstwirtschaft bei wachsender Bevölkerung ist Hungerwirtschaft, denn je mehr Menschen leben wollen, desto schlechtere Böden müssen bei geschlossener Wirtschaft beackert werden. Wir leben im Zeitalter des Verkehrs, das bedeutet: erst durch den Verkehr wird unser Leben mehr als geringe Daseinsfristung." Ein klassisches Beispiel zu diesen Sätzen ist Schantung. Freilich erhebt sich auch gleich die alte Frage: Wird den Menschen damit etwas Gutes getan, daß man bei ihnen größere Ansprüche weckt und diese dann zufriedenzustellen sucht? Wenn man dem Neger oder dem Eskimo Geschmack am Branntwein beibringt, und wenn dann dadurch, wie es der Fall ist, ganze Stämme ruiniert werden, so liegt das sittlich Verwerfliche solchen Handels mit Branntwein auf der Hand. Ist es mit anderen Gütern der Zivilisation nicht vielleicht ähnlich? Wir wissen, daß die „Glückseligkeit" und die „Unschuld" der Naturvölker eine Sage ist. Und im Kampf für die Befriedigung von mehr und von höheren Ansprüchen werden auch Kräfte des Intellekts und des Willens, werden auch sittliche Kräfte gestärkt. Aber zu welchem Schluß eine solche Reflexion auch kommen mag, und nach der verschiedenen Weltanschauung der Fragesteller wird der Schluß ein verschiedener sein — der Handel geht seinen Weg auch in Schantung und ist auch dort auf eine größtmögliche Steigerung auch der Einfuhr bedacht.

Weniger sicher als diese allgemeine Tatsache ist der Anteil, den die Europäer an diesem Handel haben werden. Es ist klar, daß es vorerst noch geringwertige Waren sein werden, die Aussicht auf einen Massenabsatz haben. Und bei der Herstellung solcher Ware können wir auch bei niedrigsten Löhnen und genauester Kalkulation nicht mit Chinesen und Japanern in Wettbewerb treten. China ist bis jetzt noch nicht in diesen Wettbewerb mit eingetreten. Doch ist das nur eine Frage der Zeit, einer Zeit freilich, die noch nahezu ein halbes Jahrhundert vor uns liegen dürfte, wenigstens wenn man an ganz und gar chinesische Betriebe denkt. Sehr bald aber schon können auch in

Schantung Fabriken entstehen, deren Besitzer Chinesen, deren Betriebsleiter aber Ausländer z. B. Japaner sind.

Ein Land dem Handel erschließen heißt Straßen bauen. Damit sah es gerade in Schantung besonders schlimm aus. Wir sahen: Schantung hat keine einzige wirklich brauchbare Wasserstraße. Der Hwang ho ist es nicht, da er nur für ganz flachgehende Boote das ganze Jahr hindurch auf seinem Unter- und Mittellauf befahrbar ist. Und der berühmte Kaiser-Kanal, seinerzeit zweifellos eins der bedeutendsten Werke der Wasserbaukunst der Erde, ist es auch nicht. Er verbindet oder hat verbunden die große Handelsstadt Hang tschou, südlich von Schanghai, über Tsching kiang (Tschönn kiang) am untern Jangtse und über den Hwang ho hinweg mit der größten Stadt des nördlichen China, mit Tientsin; das ist eine Strecke wie von Berlin nach Genua. Aber jetzt ist er auf große Strecken gänzlich verwahrlost, und ein durchgehender Verkehr ist überhaupt nicht mehr möglich. Nur für den Verkehr auf einzelnen Strecken, so auch dort, wo er die Provinz Schantung schneidet, hat der Kanal noch einige Bedeutung.

Maultierkarren

Es hat in China früher einzelne prachtvolle Straßen gegeben. Als der gewaltige Kublai-Khan, der Gründer der Mongolen-Dynastie, im Ausgang des dreizehnten Jahrhunderts sein Szepter über ein Reich streckte, wie die Erde wenige gesehen, gab er seinem Volke auch Straßen, denen Europa an Ausdehnung und Güte damals kaum eine an die Seite zu stellen hatte. Aus jener alten Zeit stammen auch die beiden großen Straßen, deren eine Peking mit Nanking verband und Schantung von Nord nach Süd durchquerte, deren andere von Tsinanfu über Wei hsiën nach Kiautschou lief. Aber nur hier und da zeigt noch ein Stück davon in den breiten Quadern des Pflasters und den Resten von Brücken etwas von der alten Herrlichkeit. v. Richthofen, Franzius, Hesse-Wartegg, Paul Lindenberg, und wer sonst noch Schantung bereist hat, alle können nicht genug von den unglaublichen Wegeverhältnissen erzählen. Auch die auf den Landkarten ganz schön dick gezeichneten Linien zwischen großen Städten sind nichts als schlimm ausgefahrene Karrenwege. Selbst für die zweirädrigen Maultierkarren ist bei Regenwetter im bodenlosen Schlamm und in unzähligen tiefen Löchern oft kein Weiterkommen. Die meisten Lasten werden auf den Rücken von Ponys, Eseln oder Maultieren oder auf Schubkarren befördert. Dieser Schubkarren — von den Europäern allgemein Wheelbarrow genannt — ist eigentlich ein Wunder einfacher Technik. Sein einziges, $^3/_4$ m hohes Rad hat er in der Mitte. Auf seiner Achse ruhend rund um das Rad herum ein Gestell; zwei nach dem Fahrer zu meterweit auseinandergehende Handhaben: so hat der Fahrer gar nicht, wie er es bei unsern Schubkarren muß, die Last selbst zu tragen, sondern er hat sie nur vorwärtszuschieben. Natürlich muß die Last möglichst gleichmäßig verteilt sein. Besteht sie nur aus einem Stück, so wird sie in die Mitte obenauf über das Rad gelegt, oder ein Stein muß als Ballast auf der andern Seite das Gleichgewicht halten. Auch zur Menschenbeförderung wird, wie unsere Abbildung zeigt, dieses Gefährt gebraucht. Gelegentlich wird wohl auch ein Segel daran aufgespannt, und muß der Wind den Karren schieben helfen. Da weder die Achse noch ihre Lager aus Eisen sind, sich also Holz auf Holz dreht, und dies nicht einmal geschmiert ist, so quietschen diese Karren ganz entsetzlich. Dieser quietschende Wheelbarrow, vor allem wenn eine Kolonne von 10 oder 20 hintereinander kommt, ist ein für chinesische Straßen typisches Geräusch. Nur wo Europäer zu befehlen haben, wie in Tsingtau, dürfen die Wheelbarrows ihr ohrzerreißendes Lied nicht singen. Der vornehme Mann, der den Schmutz der Straße und auch die Unbequemlichkeit der Wagenfahrt vermeiden will, läßt sich in einer schweren

Schubkarren mit Segel

geschlossenen Sänfte von vier Trägern oder im leichteren Tragstuhl von zweien tragen.

Der Pfiff der ersten Lokomotive war das Signal einer neuen Zeit auch für die Verkehrsverhältnisse in Schantung.

Alle Eisenbahnen Chinas sind neueren Datums. Zwar war bereits 1876 Schanghai mit dem Hafenort Wusung an der Mündung des Jangtse durch eine 16 km lange Eisenbahn verbunden. Aber bereits im folgenden Jahre mußte die europäische Gesellschaft, die sie erbaut hatte, sie an die chinesische Regierung abgeben, und diese hatte nichts Eiligeres zu tun, als sie gleich wieder eingehen zu lassen. Nicht weil sie sich etwa nicht rentiert hätte, sondern aus allen möglichen nichtigen Gründen, unter denen wohl einer der wichtigsten die Furcht der chinesischen Beamten war, die durch die Eisenbahn und den damit vordringenden Einfluß der Europäer ihre Willkürherrschaft bedroht sahen. Erst 1898 konnte diese wichtige Bahn wieder eröffnet werden. Im nächsten Jahrzehnt nach diesem ersten gescheiterten Versuch gab es in China nur auf der damals noch chinesischen Insel Formosa eine kleine Bahn. Ende der achtziger Jahre baute dann der bekannte Li hung tschang eine Bahn von den Kohlengruben von Kaiping über den Seehafen Tongku (Taku) nach Tientsin. Anfang der neunziger Jahre wurde diese Linie auf kaiserlichen Befehl bis Schan hai kwan am Golf von Tschili, dem Ausgangspunkt der „Großen Mauer", weitergeführt. Von dort aus hat sie jetzt den Anschluß nach Mukden und damit an die große sibirische Eisenbahn gefunden. Nach der anderen Seite geht sie jetzt bis ins heilige Peking hinein.

Karren mit Frauen

Daß China seinen alten Widerstand gegen Eisenbahnen endgültig aufgegeben hat, beweist die große Bahn im Herzen Chinas, die 1200 km lange Eisenbahn von Peking nach Hankau. Sie ist das Werk eines belgisch-französischen Syndikats. Diese Bahn ist seit 1904 auf der ganzen Strecke in Betrieb. Ihre Fortsetzung weiter nach Süden, nach Kanton, ist schon in Angriff genommen. Damit wird China wie von West nach

Ost vom Jangtse, so von Nord nach Süd von dieser Eisenbahn durchschnitten. Diese große Eisenbahn ist für China hundertmal wichtiger als die berühmte Große Mauer es je gewesen ist, die niemals viel mehr als ein ungeheures Denkmal war, und von der die Ausländer viel mehr Wesens gemacht haben als die Chinesen selbst. Im Bau sind jetzt noch Eisenbahnen von Schanghai nach Nanking und von Peking nach Norden, nach Kalgan.

Ein weiterer Faden des Netzes von Eisenbahnen, das einst auch über China gespannt sein wird, ist die Schantung-Eisenbahn. Die Schantung-Eisenbahn-Gesellschaft wurde mit einem Kapital von 54 Millionen Mark gegründet. Ihr Sitz ist Tsingtau und Berlin. Am 23. September 1899 tat Prinz Heinrich, der damals in Kiautschou war, die

Der erste Zug

ersten Spatenstiche. „Möge dieses Werk", so lautete dabei sein Wunsch, „dem Deutschen Reiche zur Ehre gereichen und dazu beitragen, sowohl deutsche Kultur wie deutsche Pflichttreue zu verbreiten, als auch die bereits bestehenden guten Beziehungen zwischen dem Deutschen und dem Chinesischen Reiche zu fördern und zu befestigen." Am 1. Juni 1904 konnte die ganze Bahn bis Tsinanfu samt der Zweigstrecke nach Poschan eingeweiht werden. 435 km sind es. Zwölf Stunden fährt man von Tsingtau bis Tsinanfu.

Die Bahn ist eingleisig mit Normalspurweite, es wurde aber gleich so viel Gelände festgelegt, daß Platz für ein Doppelgleis ist. Der Erwerb des nötigen Grund und Bodens erforderte, wie alles Handeln mit Chinesen, Geschick und Geduld. Innerhalb des Schutzgebietes wurde der Gesellschaft einfach der nötige Platz vom Gouvernement für den ortsüblichen Preis abgetreten. Schwieriger war der Bodenerwerb jenseits der Grenze. Nichts ist verwickelter als chinesische Eigentumsverhältnisse. Aber mit Hilfe der chinesischen Ortsbehörden und bei dem Entgegenkommen, das die meisten chinesischen Beamten auf höheren Wink von Tsinanfu her zeigten, wickelte sich auch dies Geschäft schließlich glatter ab, als man anfänglich gefürchtet hatte. Auch die berühmte Gräberfrage erwies sich als nicht gar so ängstlich. Die Geister der Toten beruhigten sich offenbar sehr schnell, wenn sie sahen, daß ihre lebenden Nachkommen mit dem Geld zufrieden waren, das für ein Grab bezahlt wurde, und waren dann damit einverstanden, an einer anderen Stelle ihre Ruhestätte angewiesen zu bekommen. Sehr wertvoll war, daß der Leiter des Eisenbahnbaues, Baurat Hildebrand, früher schon lange Jahre in gleicher Tätigkeit in China zugebracht hatte, und daß sein Name bei den Chinesen einen guten Klang hatte. Besonders dankbar wurde es von der chinesischen Bevölkerung empfunden, daß die Deutschen auch darauf ihr Augenmerk gerichtet hielten, daß der Kaufpreis möglichst bald in der vereinbarten Höhe in die Hand des Verkäufers selbst gelangte und nichts davon etwa auf dem Umwege über chinesische Mittelspersonen sich verkrümelte. So erschienen denn auch eines Tages zehn Älteste der Stadt Kiautschou unter Führung ihres Kreisvorstehers vor den Betriebsdirektoren in Tsingtau, um feierlich den Dank der Bewohner dafür zu überbringen, daß sie gerecht und freundlich behandelt worden wären. So trat vom ersten Tage an die Eisenbahn eben auch durch diese vorbildliche Gerechtigkeit als ein Erzieher in der chinesischen Provinz auf. Daß im weiteren Verlauf des Baues dann einzelne Angestellte trotz sorgsamer Belehrung und ernster Warnung ihrer Vorgesetzten aus Roheit oder aus Mangel an Selbstbeherrschung auch mal höchst ungerecht und gewalttätig waren, blieb nicht aus. An der Tatsache des erzieherischen Wertes der Eisenbahn ändert das nichts.

Gerade der Anfang des Eisenbahnbaues fiel in die besonders bewegte Zeit des sog. Boxeraufstandes 1900. „Die Faust des Patriotismus und des Friedens", — das war der eigentliche Name dieses Geheimbundes der „Boxer“, — hatte bekanntlich als ihr Ziel „Fremdenvertreibung und Erhaltung der Mandschudynastie“ erklärt. Diese Faust spürten auch die, die dort an dem Bahnbau arbeiteten. Die Pfähle der Vermessung wurden ausgerissen und die chinesischen Arbeiter angegriffen, weil sie für die Fremden arbeiteten. Da leider der Gouverneur Yü hsiën in Tsinanfu die Boxerbewegung begünstigte, hatten die Bauleiter der chinesischen Bevölkerung gegenüber einen schweren Stand. Die bereits bis Kaumi vorgeschobene Strecke mußte verlassen werden, die Angestellten mußten unter Lebensgefahr flüchten. Zwei Kompagnien des III. Seebataillons stellten dann die Ruhe wieder her. Sie fanden aber die sonst so friedliche Bevölkerung von den Boxern derart aufgehetzt, daß es nötig war, das Dorf Ti tung mit stürmender Hand zu nehmen. Allerdings viel weniger die ansässige chinesische Bevölkerung, als vielmehr zahlreiche große Räuberbanden waren es, die das Land unsicher machten. Das war im Sommer 1899. Um so energischer wurden nun in dieser Zeit die Arbeiten auf der Linie von Tsingtau bis Kiautschou gefördert.

Zum Glück wurde der fremdenfeindliche Mandschu Yu hsiën abberufen und durch den energischen klugen Gouverneur Yuan schi kai ersetzt. Yuan schi kai, jetzt einer der bedeutendsten Führer der chinesischen Nation, ist zwar ein viel zu guter Patriot, um gerade ein Freund der Fremden zu sein, aber er ist klug genug, vorerst sich mit den Fremden gut zu stellen, und hat Macht genug, seinen Ansichten auch eine praktische Folge zu geben. Aber selbst er war doch nicht ganz imstande, den Schutz der Eisenbahn zu übernehmen, oder war ihm politisch das nicht bequem, jedenfalls nahm im nächsten Jahre, 1900, als die fremdenfeindliche Bewegung von neuem und stärker auflohte, das Gouvernement in Tsingtau die Bewachung der Eisenbahn und ihrer Arbeiten selbst in die Hand. Es legte eine starke Abteilung des Seebataillons nach Kiautschou und nach Tsimo. Diese letztere Abteilung konnte bald wieder zurückgezogen werden. Im Einverständnis mit dem Gouverneur in Tsinanfu wurde dann auch Kaumi von den Deutschen besetzt und die Umgegend, zum Teil in blutigen Scharmützeln, von den Räubern gesäubert. Ende 1900 konnten die Arbeiten an der Bahn wieder in vollem Umfange aufgenommen und von da an ungestört zu Ende geführt werden.

Die technischen Schwierigkeiten waren nicht allzu groß. Es war auf der ganzen Strecke wenig Fels zu bewältigen. Die Bahn läuft meist in der Ebene oder am Fuße des Berglandes hin. In den Über-

Eisenbahnbrücke über den Tse ho

schwemmungsgebieten mußten die Böschungen, die auch auf ihrer ganzen Länge bepflanzt wurden, durch Steinbelag oder Pflasterung besonders befestigt werden. Es mußten 856 eiserne Brücken mit 984 Öffnungen gebaut werden. Davon sind größere Brücken die über den Litsunfluß, über den Grenzfluß Pai scha ho, den Schi kia ho den Tse ho und den Ta ku ho. Die größte ist die Pai scha ho-Brücke mit acht Öffnungen zu 30 m.

Das Verlegen des Gleises, ebenso wie ein großer Teil der Erd- und Mauerarbeiten, wurde an chinesische Unternehmer vergeben. Diese zeigten sich als durchaus leistungsfähig und bei genügender Aufsicht auch als zuverlässig. Zeitweise waren 20—25000 Chinesen am Bahnbau gleichzeitig beschäftigt. Die Baugeschichte stellt den chinesischen Arbeitern das Zeugnis aus, daß sie während der ganzen Bauzeit den Ruf der Arbeitsamkeit, Bedürfnislosigkeit und Abhärtung, der dem chinesischen Landarbeiter seit alter Zeit zur Seite steht, durchaus bewährt haben. Nur bei Regen haben sie gestreikt. Und es ist ja den armen Kerlen nicht zu verdenken, daß sie ihr einziges Kleidungsstück sich nicht durchweichen lassen wollen. Chinesischer Rheumatismus tut ebenso weh wie deutscher. An den Gebrauch europäischer Werkzeuge haben sie sich sehr schnell gewöhnt. Die Verständigung zwischen dem deutschen Aufsichtspersonal und den chinesischen Arbeitern fand in dem schon Eingangs erwähnten famosen Pidschen, jenem schönen Gemisch von Englisch, Chinesisch und Deutsch, statt.

Anfänglich machten zahlreiche Diebstähle von Eisenbahnmaterialien der Bauaufsicht viel zu schaffen. Unser Bild zeigt, wie solche Diebe bestraft wurden. Mit diesem höchst unbequemen „Kragen" wurden sie auf der Bahnstation aufgestellt. Die aufgeklebten Zettel sagen, wofür die Diebe bestraft sind, und warnen so männiglich vor gleichem Frevel.

Bestrafte Diebe

Da die Bahn durch dichtbevölkerte Gegenden geht, und da der Chinese sehr gern auf der Eisenbahn fährt, so hat die Bahn nicht weniger als 56 Stationen, das ist je eine Station auf 7,2 km. Bei jeder Haltestelle ist ein Überholungsgleis, bei allen größeren Stationen die nötige Anzahl von Nebengleisen. Alle Empfangsgebäude, Güterschuppen und Wärterhäuschen sind aus Stein gebaut.

Das Wagenmaterial umfaßt jetzt 690 Güterwagen, 107 Personen- und Gepäckwagen und 27 Lokomotiven. Die Namen einiger Lokomotiven: ‚Rosendahl", „Jaeschke", „Dr. Ferdinand von Richthofen",

Bahnhof in Tschoutsun

„Adolph von Hansemann" (Gründer der Schantung-Eisenbahn-Gesellschaft) vergegenwärtigen ein Stück Geschichte des Bahnbaues. Hochstehenden Persönlichkeiten und den Herren des Direktoriums steht ein Salonwagen zur Verfügung.

Es gibt Personenwagen 1. und 2. Klasse, und solche 3. Klasse für chinesische Reisende, denen die beiden ersten Klassen zu teuer sind. Diese Chinesenwagen sind nicht offen, wie auf der Pekinger Bahn; sie sind wie unsere alten Wagen 4. Klasse ohne Bänke. Jetzt entsprechen die Klassen unserer 2., 3. und 4. Klasse. Im Anfang wollte man nur 1., 2. und 3. Klasse-Wagen fahren. Wie sehr aber die billigere 4. Klasse den Bedürfnissen der chinesischen Bevölkerung entspricht, geht aus der Beförderungsziffer hervor, die mit dem Einstellen dieser billigen Klasse sofort von monatlich 4000 auf 16000 sprang.

Der Fahrpreis beträgt in den drei Klassen 3, 2 und 1 Cent für 1 km, also gegenwärtig etwa so viel wie in unserer 1., 2. und 4. Klasse, ohne die Fahrkartensteuer.

Die Reparaturwerkstätten der Eisenbahn liegen bei Sy fang. Sie umfassen Kessel- und Maschinenhaus, Schmiede, Sägewerk, Magazine, Lokomotivschuppen, Bureau, Beamtenwohnungen, Chinesenwohnhaus.

Die deutsche Industrie hat für 25 Millionen Mark Eisenbahnmaterial nach Kiautschou geliefert. Die Beförderung dieser viel tausend Tonnen Material hat der Lloyd und die Hapag besorgt. Ehe der Hafen fertig war, war das Löschen der Ladungen, das Übernehmen der schweren Stücke in die Leichter, ein schweres Stück Arbeit, bei der auch mancher Schaden an Schiff und Ladung unvermeidlich war.

Von den über 600 Angestellten sind neun Zehntel Chinesen. Im Verwaltungsdienst sind Chinesen Sekretäre und Assistenten, im Stations- und Außendienst Stationsvorsteher, Stationsassistenten, Telegraphisten, Weichensteller, Wagen- und Rangiermeister, Zugführer, Schaffner, im technischen Dienst Lokomotivführer. Alle chinesischen Angestellten, die nicht nur für Handlangerdienste als Wagenwärter, Schmierer, Wächter usw. verwendet werden, sondern zum Teil auch, wie wir sehen, sehr verantwortungsvolle Posten innehaben, sind in einer Eisenbahnschule vorgebildet worden. Diese wird von der katholischen Mission geleitet. In dem einjährigen Kursus lernen die jungen Leute etwas deutsch lesen und schreiben, etwas rechnen, telegraphieren und Eisenbahndienst. Werden sie dann in den Dienst der Eisenbahn eingestellt, so zahlt die Eisenbahn für diesen Unterricht an die Mission eine Vergütung.

Daß Schantung auf diese Eisenbahn gewartet hat, zeigt der bedeutende Verkehr. Es fahren täglich 16 Züge. Ein durchgehender gemischter Zug täglich geht von Tsingtau nach Tsinanfu und ebenso einer in umgekehrter Richtung. Er braucht, wie berichtet, 12 Stunden bei einer mittleren Geschwindigkeit von 45 km in der Stunde. Ebenso fährt jeden Tag ein durchgehender Güterzug zwischen beiden Endpunkten. Ferner verkehren als Lokalzüge je ein Zug täglich in jeder Richtung zwischen Kaumi—Tsingtau, Kaumi—Wei hsiën, Tschang tiën—Fangtse und Tschang tiën—Tsi nan fu, auf der Zweiglinie je zwei Züge in jeder Richtung zwischen Tschang tiën und Po schan. Im Jahre 1906 wurden wöchentlich 15800 Personen befördert. Es sind nur drei Haltestellen, wo die Zahl der angekommenen, und nur eine, wo die Zahl der abgegangenen Personen in diesem Jahre unter 1000 betrug.

Dasselbe erfreuliche Bild zeigt der Güterverkehr. Es machte erst einige Mühe, die Chinesen von ihren altgewohnten Karrenwegen abzubringen und die Güter an die Bahn heranzuziehen. Hierzu war es nötig, allenthalben Zufahrtsstraßen zu schaffen. Zum Teil baute die Eisenbahn-Gesellschaft selbst solche Wege, oder sie wußte den chinesischen Kreisbeamten und Ortsvorstehern die Nützlichkeit und Notwendigkeit solcher Wege so einleuchtend zu machen, daß diese selbst in ihrem Bezirk für Zufahrtsstraßen sorgten, oder auch die Eisenbahn-Gesellschaft baute die Straßen und die chinesischen betreffenden Ortsgemeinden bezahlten sie.

Es sind im Jahre 1906 368000 t (279740) Güter befördert worden. (Die in Klammern stehenden Zahlen sind die des Vorjahres.) Davon stehen Kohlen und Koks mit 13716 (6442) Wagenladungen an erster Stelle. Weiter wurden aus dem Inneren nach Tsingtau befördert — und damit zieht ja zugleich ein Bild des Handels vor unserem Auge vorüber —: 2950 (1742) Wagenladungen Bohnen, 246 (443) Wagenladungen Öl, 146 (80) Wagenladungen Baumwolle, 119 (14½) Wagenladungen Obst, 75 (52) Wagenladungen Getreide, 34 (38) Wagenladungen Tabak. Die Industrie Schantungs schickte mit der Eisenbahn nach Tsingtau: 351 (196½) Wagenladungen Töpfer- und Glaswaren, 284 (237½) Wagenladungen Strohgeflechte und Strohmatten, 100 Wagenladungen Besen, 36 Wagenladungen eiserne Töpfe, 36 (11) Wagenladungen Watte, 7 Wagenladungen Seife. Aus Tsingtau brachte die Bahn in das Innere 1006 (555) Wagenladungen Bau-, Brenn- und Grubenholz, 698 Wagenladungen Baumwollgarn, 647 Wagenladungen Tuch, 388 Wagenladungen Eisen, Eisenwaren und Maschinen, 382 Wagenladungen Papier, 310 (115) Wagenladungen Petroleum, 229 (1400) Wagenladungen Sammelkaufmannsgut, 225 Wagenladungen Zucker, 103 Wagenladungen Indigo. Die Wagenladung ist zu 15 t gerechnet. Unter Sammelkaufmannsgut war früher Baumwollgarn, Tuch und Eisen mit inbegriffen; daher der Unterschied der Zahlen.

Lange hat es gedauert, ehe die Chinesen auch ihre Viehtransporte der Eisenbahn anvertrauten. Erst im letzten Jahre ist es gelungen. auch hier ihr Vorurteil zu brechen. Nun zeigt dieser Transport auch gleich ganz gute Zahlen. Es wurden im letzten Jahre über 5000 Stück Rinder befördert, ferner Esel, Pferde, Schweine, Maultiere und Schafe.

Da die chinesische Landbevölkerung sich noch nicht so recht in die Bestimmungen der Güterabfertigung hineinfinden kann, haben südchinesische Agenturen auf den Stationen Sammelstellen eingerichtet, wo sie den chinesischen Bauern die Beförderung ihrer Güter besorgen. Es zeigt sich hier der charakteristische Unterschied zwischen Nord und Süd in China.

Um die Zufahrt zur Eisenbahn zu fördern, hat jetzt die Eisenbahnverwaltung nach einigen abseits von der Bahn gelegenen Hauptplätzen regelmäßige Karrenfahrten ins Leben gerufen, nach nahegelegenen Orten täglich, nach ferner gelegenen einen Tag um den anderen. Da ein solcher Maultierkarren auch auf schlechtem Wege bis 600 kg aufnimmt und damit täglich 40—60 km zurücklegt, so lohnt dieser Betrieb. Auch ist zu hoffen, daß das gute Beispiel der Straßenbauten wirkt und bald eine Gemeinde nach der anderen sich davon überzeugt, daß schlechte Wege eine große Verschwendung von Zeit und Geld bedeuten. Dann würden immer mehr die Straßen zu Nebenflüssen für den Hauptstrom, die Eisenbahn, werden. Wie diese in ihrer nächsten Nähe gleich neues Leben weckt, zeigen die um die Stationen herum zusehends wachsenden oder neu erstehenden Ansiedlungen von chinesischen Händlern, Fuhrleuten, Arbeitern, Handwerkern und Krämern.

Der beste Beweis für den Nutzen der Bahn nach jeder Seite hin ist ihr finanzielles Ergebnis. Die Bahn hat im Jahre 1905, dem ersten Jahre, in dem sie voll in Betrieb war, eine Tageseinnahme von 12000 M. zu verzeichnen gehabt. Das ganze Jahr ergab einen Reingewinn von über 3800000 M. Davon konnte sie bereits nach diesem ersten Jahre $1^{3}/_{4}$ Million in Gestalt einer Dividende von $3^{1}/_{4}\,\%$ verteilen.

Die Zukunft muß an dem hier so schön Begonnenen weiterbauen. Die nächste Bahn dürfte wohl eine in das Strohbortengebiet nach Scha ho sein. Längst geplant, auch zum großen Teil bereits vermessen, ist die Bahn, die den alten Kaiser-Kanal ersetzen soll, von Tiëntsin über Tsinanfu nach Tschingkiang am Jangtse. Es wird eine chinesische Staatsbahn werden. Und zwar soll die Strecke von Tiëntsin bis an die Südgrenze der Provinz Schantung von den Deutschen, die Strecke von da bis Tschingkiang von den Engländern gebaut werden. Die vorläufigen Verträge sind auch mit der chinesischen Regierung abgeschlossen, aber es steht noch die endgültige Bestätigung aus. Die Schantung-Eisenbahn hat in Tsinanfu drei Stationen: Ost, Nord-West und West. Davon ist Tsinanfu-West schon als Durchgangsstation für die Nord-Südbahn gedacht. Daß dann die Waren aus dem Innern Schantungs direkt zum Jangtse und nicht mehr über Tsingtau gingen, ist kaum zu befürchten, da es von Tsinanfu nach Tschingkiang fast noch einmal so weit ist, wie nach Tsingtau. Durch die Bahnverbindung mit Tiëntsin und Peking würde die Bedeutung Tsingtaus als des nördlichsten stets eisfreien Hafens Chinas noch größer werden, zumal in strengen Wintern, wo Tiëntsin mit über einer Million Einwohnern und die Hauptstadt Peking mit 600000 Einwohnern auf die Zufuhr von Land her angewiesen sind. Freilich ist nicht zu verkennen, daß mit der fortschreitenden Besiedelung der Mandschurei und mit dem Ausbau der Bahn, die von Peking aus nach Norden den Anschluß an die sibirische Bahn sucht, ein großer Teil des Überlandhandels den Weg von Norden her nehmen wird. Dann könnten wir auch via sibirische und mandschurische Bahn und über Tiëntsin und Tsinanfu mit der Eisenbahn von Berlin nach Tsingtau fahren. Das Eisenbahnnetz Chinas wird nicht allzulange auf sich warten lassen. Es wird hiermit gehen wie mit den Telegraphenlinien auch. Anfänglich beschwerte sich das Volk, der Schatten der Drähte, der auf die Gräber fiele, sei den Geistern unangenehm. Dauernd wurden auch der Draht und die Telegraphenstangen gestohlen. Jetzt ist ganz China von Nord nach Süd, von Ost nach West von Telegraphen durchzogen, und diese bleiben so ungestört und arbeiten so sicher wie bei uns zu Hause.

Im Jahre 1906 haben 439 Schiffe, 438 Dampfer und 1 Segler, Tsingtau angelaufen. Von diesen Schiffen fuhren drei Fünftel unter deutscher Flagge. Der Tonnenzahl nach beteiligten sich am Schiffsverkehr Deutschland mit 58 vom Hundert, England mit 24, Japan mit $9^1/_2$, Norwegen mit $4^1/_2$, China mit $1^1/_2$, Amerika und Rußland mit 1 und Schweden mit $^1/_2$ vom Hundert. Gelegentlich kommt wohl auch noch einmal ein französisches und ein dänisches Schiff nach Tsingtau, doch sieht man diese Flaggen überhaupt in den nordchinesischen Gewässern selten. Die Schiffe stellen etwa $^1/_2$ Million Registertonnen dar. Das sind natürlich kleine Zahlen im Vergleich zu denen des Hafens von Hongkong oder Schanghai. In Schanghai liefen 1906 mehr als 8000 Dampfer und mehr als 14000 Segelschiffe ein mit zusammen $8^1/_2$ Million Tonnen. Aber erstens wird der Vergleich Tsingtaus mit Hongkong oder Schanghai im Schlußkapitel ausführlicher zurückgewiesen werden, und zweitens ist Tsingtau jetzt erst zehn Jahre alt, die Eisenbahn,

die Voraussetzung der Handelsschiffahrt in Tsingtau, erst seit vier Jahren, der Hafen selbst in allen Teilen gar erst seit zwei Jahren fertig.

Am Schiffsverkehr im Tsingtauer Hafen ist in erster Linie die Hamburg-Amerika-Linie beteiligt. Sie unterhält auch mit ihren für diese Strecke besonders gebauten Postdampfern die regelmäßige Verbindung zwischen Tsingtau und Schanghai und zwischen Tsingtau und Tiëntsin. So ist zwischen Tsingtau und Schanghai zwei auch dreimal wöchentlich Post- und Fahrgelegenheit. Alle 14 Tage geht der Hapag-Dampfer „Hoang ho" nach Kobe in Japan. Ebenfalls alle 14 Tage fährt ein japanischer Dampfer denselben Weg. Der Dampfer „Taksang" der Indo-China Steam Navigation Compagny verkehrt einmal wöchentlich zwischen Schanghai und Tsingtau. Außerdem laufen nach Bedarf englische Dampfer der Linie Schanghai-Tiëntsin Tsingtau an.

Den Verkehr zwischen den kleinen chinesischen Plätzen der Küste besorgen nach wie vor chinesische Dschunken. In Tsingtau und den an der Küste des Schutzgebietes liegenden Häfen werden jährlich über 4000 Dschunken abgefertigt. Die von Dschunken beförderten Waren hatten 1906 einen Wert von 17 Millionen Mark. Ein solcher Hafen mit großem Dschunkenverkehr ist das in der Nordwest-Ecke der Bucht gelegene Ta pu tou. Ta pu tou ist der Hafen für die Stadt Kiautschou. Ehe Tsingtau entstand, liefen hier die Karrenwege aus dem Inneren zusammen. Und selbst als schon die Bahn ging, schickten die Chinesen ihre Waren mit der Bahn nur bis Kiautschou und benutzten von da bis Tsingtau den billigeren Wasserweg. Erst als die Eisenbahn für die Strecke Kiautschou-Tsingtau einen besonderen billigen Tarif einführte, änderte sich dies.

Chinesische Dschunke vor Tsingtau

Vom Wachsen des Handels in Tsingtau gibt auch die Post Zeugnis. Von der Post ist im sechsten Kapitel schon erzählt worden. Das Kaiserlich

Deutsche Postamt in Tsingtau leitet das Post- und Telegraphenwesen auch in der 50-km-Zone. Hier unterhält es Postagenturen in Kiautschou und Kaumi. Auch Litsun im Schutzgebiet hat eine eigene Postagentur. Im Genesungsheim „Mecklenburghaus", in Syfang, Taputou, Tsangkou und Tsingtau-Tapautau sind Posthilfsstellen.

Im Jahre 1906 hatte die Post 3 Millionen Briefsendungen zu erledigen. Davon ist die Hälfte im Schutzgebiet aufgegeben, die Hälfte angekommen. Pakete waren es 13000, Telegramme 32000. Das Fernsprechamt hatte täglich über 1300 Gespräche zu vermitteln. Dabei hat das Gouvernement noch seine eigene Fernsprechanlage.

Die chinesische Post hat in Schantung 46 Postämter, 199 Postagenturen und 66 Markenverkaufsstellen. Zwischen Tsinanfu und der Peking-Hankau-Bahn werden die Briefe durch Kuriere besorgt. Diese durchlaufen die Strecke von 280 km in 48 Stunden. Bis 1905 war die chinesische Post die billigste der Welt. Seitdem hat sie das Porto verdoppelt, und kostet jetzt durchs ganze weite Reich ein Brief 4 Cent, eine Karte 2 Cent, also gegenwärtig nur halb soviel wie in Deutschland.

Eine Sprosse an der aufsteigenden Leiter Tsingtaus ist auch die Gouvernementswerft. Auch sie will, wie alle Maßnahmen des Gouvernements, einen Anstoß geben, daß Handel und Verkehr in Tsingtau in Gang kommen. Neben der Gouvernementswerft arbeitet noch die Werft von Franz Oster mit 300 Leuten. Gerade die Werften können für Tsingtau noch einmal von größter Bedeutung werden, wenn China erst anfängt, selber moderne Schiffe zu bauen. Die Anlagen auf der Werftmole sollen in erster Linie natürlich für unsere Kriegsschiffe da sein. Doch bleibt Zeit und Platz genug, um auch Aufträge für Handelsschiffe oder Kriegsschiffe anderer Nationen auszuführen. Früher konnten sich die Arbeiten der jetzt zur Werft ausgebauten Gouvernementswerkstatt weder an Schnelligkeit der Ausführung noch wohl auch an Zuverlässigkeit mit den eingearbeiteten, sehr viel besser ausgerüsteten alten Werften in Hongkong-Kaulun, in Schanghai oder in Japan messen. Darum sind die auf der Tsingtauer Werft hergestellten Reparaturen bis vor kurzem unseren Schiffen auch kaum billiger zu stehen gekommen, als auf den englischen oder japanischen Werften, zumal diese sich, durch den Wettbewerb gedrängt, schon genötigt gesehen hatten, mit ihren Preisen herunterzugehen. Von Jahr zu Jahr aber sind die maschinellen Einrichtungen der Tsingtauer Werft vermehrt und vervollkommnet worden. Vor allem aber — und das ist die Hauptsache — ist jetzt ein Stamm geschulter Arbeiter herangewachsen. Mit 80 Knaben hat die Werkstatt 1902 den Betrieb begonnen. Daß sich damals am Tage der Aufnahme 500 Knaben aus besseren Kreisen der Bevölkerung meldeten, zeugt auch von dem Sinn des Schantung-Chinesen für industrielle Arbeit. Jetzt arbeitet die Werft mit 1000 geübten Leuten. Mit der immer besseren Ausbildung der Arbeiterschaft, an der

Werft und 150-t-Kran

auch die Lehrlingsschule der Werft ihr großes Verdienst hat, sind auch die Leistungen der Werft von selbst gewachsen und befriedigen jetzt schon höhere Ansprüche. Einen 150-t-Kran, so groß wie der große Kran der Kruppschen Werft in Kiel, und ein eisernes Schwimmdock von 16000 t hat in ganz Ostasien nur die Tsingtauer Werft. Auch das Kohlennehmen ist in keinem Hafen Ostasiens so bequem wie an den breiten Molen Tsingtaus.

Tsingtau liegt nicht an einer großen Dampferstraße. Aber eben um der guten Gelegenheit willen, bequem und schnell kohlen und docken und ausbessern zu können, ist zu erwarten, daß immer mehr Schiffe, trotz des kleinen Umweges, Tsingtau anlaufen werden. Vom Verkehr im Seebad Tsingtau ist auch schon berichtet worden. Allein in Tsingtauer Hotels haben im Sommer 1906 400 Badegäste von auswärts gewohnt.

Auch für die Badegäste Tsingtaus, mehr aber noch für die in Tsingtau Ansässigen, sowie für allen Handel und Verkehr ist von Bedeutung die erst 1907 erfolgte Ausgabe von Papiergeld. Bisher mußte man sich mit den sehr unhandlichen Dollarstücken und ihren Teilmünzen schleppen, hatte die Taschen voll solcher Silberstücke und hatte doch kaum 50 M bei sich. Oder aber: Man bezahlte mit Schuldscheinen, sog. Chits. Gerade für kleine Ausgaben, z. B. in Restaurants war dies Zahlungsmittel sehr bequem. Zu bequem, denn zu leicht verlor einer dabei die Übersicht über sein Credit und Debet, und wurde zu Ausgaben verleitet, die er bei Barzahlung wohl unterlassen haben würde. Dafür ist nun von der Deutsch-Asiatischen Bank Papiergeld in 1-, 5-, 10-, 25- und 50-Dollar-Noten ausgegeben worden. Gleichzeitig hat dieselbe Bank in Tiëntsin, Schanghai, Hankau und Peking, wo sie ebenfalls Niederlassungen hat, ebenfalls Banknoten ausgegeben, dort aber, entsprechend der im Handelsverkehr jener Plätze herrschenden Währung, neben den obengenannten Dollarnoten, auch 1-, 5-, 10- und 20-Tael-Noten. Die Scheine sind in der Reichsdruckerei hergestellt worden. Wenn es auch kein staatliches Papiergeld ist, so ist die Sicherheit dieses Papiergeldes doch schon dadurch außer Zweifel, daß die Ausgabe der Banknoten der Aufsicht des Reichskanzlers untersteht. Die Staatskasse geht auch nicht leer aus: 1 Prozent vom Jahresdurchschnitt des täglichen Notenumlaufs fällt als Abgabe an die Kasse des Gouvernements Kiautschou, soweit Dollarnoten, und an die Legationskasse des Auswärtigen Amts, soweit Taelnoten in Betracht kommen.

Was nun bei einem jährlichen Handelumsatz von gegenwärtig 103 Millionen Mark verdient wird, fließt aber durchaus nicht alles nur in europäische oder gar etwa nur in deutsche Taschen. Das war auch weder erhofft noch beabsichtigt. Nach dem rühmlichen Vorgange Englands ist Tsingtau ein offener Platz für jeden Handel ohne Ansehen der Flagge, unter der er fährt. Ein großer Teil des Geschäfts liegt schon in chinesischen Händen. Das wird in Zukunft noch mehr der Fall sein. Die Zahl der in Tsingtau ansässigen chinesischen Firmen vermehrt sich von Jahr zu Jahr. In Tapautau sieht man den Wohlstand der chinesischen Kaufmannschaft zusehends wachsen. Der Chinese hat eine ausgezeichnete Witterung dafür, ob es irgendwo etwas zu verdienen gibt oder nicht. Würden etwa in Tsingtau jetzt nur deutsche Kaufleute sitzen und das Geschäft allein machen, so wäre das ein schlechtes Zeichen für den Platz. Die rege und immer wachsende Beteiligung der Chinesen ist das sicherste Zeichen für einen gedeihlichen Fortgang des Handels in Tsingtau.

Wie überall in China, dringt auch in Kiautschou der Japaner als Händler vor. Baumwolle, Kattun und Streichhölzer, also Hauptgegenstände der Einfuhr, kommen zum größten Teil aus Japan. Es ist die billige, japanische Ware, dazu der kurze Transportweg, die dem Japaner ein Übergewicht verschaffen. Dazu ist ganz China überschwemmt von japanischen Agenten, die die Handelsgelegenheiten auskundschaften und mit politischen Ideen, die sie den Chinesen bringen, und mit denen sie ihren älteren gelben Bruder zu kirren suchen, auch ihre Waren an den Mann bringen. In Tsingtau waren 1906 unter den 1441 dort lebenden Nichtchinesen 207 Japaner; sie machten also über 14 vom Hundert der nichtchinesischen Einwohner aus. Zurzeit können wir die japanischen Preise nicht unterbieten. Trotzdem liegt kein Grund vor, zu fürchten, daß der japanische Handel den europäischen tot macht. Man hat behauptet, die billigere japanische Ware in Schantung sei nur ein Vorläufer der besseren deutschen. Vielleicht. Wichtiger ist, daß es dem Japaner bis jetzt viel schwerer geworden ist, die europäische Kaufmannschaft als das europäische Kriegshandwerk nachzuahmen. Soldat zu sein, liegt ihm vielmehr im Blut, als Kaufmann zu sein. So gut der Ruf des Chinesen als Kaufmann ist, so schlecht ist der des Japaners. Der chinesische Großkaufmann in Schanghai oder Kanton gilt als durchaus zuverlässig — aber freilich auch nur der Großkaufmann, der gelernt hat, daß seine Zuverlässigkeit ein großes Stück Credit bedeutet. Über die Unzuverlässigkeit des japanischen Kaufmanns hört man allenthalben klagen. Auch hier ändert eine historische Betrachtungsweise zwar nichts an der Tatsache, sie läßt sie aber gerechter beurteilen. In China ist von altersher der Kaufmannsstand der angesehenste nach dem des Gelehrten, des Literaten. Dafür wird in China der Soldat bis zum heutigen Tage ziemlich gering eingeschätzt. Ein Verwaltungsbeamter z. B. geht stets einem mit ihm in gleichem Range stehenden Offizier vor. In Japan war bis vor wenig Jahrzehnten der Stand der Ritter, der Samurai, der erste des Staates. Noch unter dem Bauer und Handwerker stand der Kaufmann. So hat der heutige japanische Kaufmann keine besonders wertvolle Tradition, ganz im Gegensatz zum chinesischen. So zeigt auch die Standesehre einen ziemlich niedrigen Grad. So etwas macht sich aber nicht so geschwind nach. Darum wird noch für voraussichtlich lange Zeit im kaufmännischen Wettbewerb der Japaner kein sehr gefährlicher Gegner werden.

Auch auf dem Gebiete der Industrie brauchen wir wohl nicht allzu schwarz zu sehen. Mit Nachmachen allein ist es auf die Dauer eben doch nicht getan. Wer nicht von sich selbst aus Fortschritte machen kann, Verbesserungen, Erfindungen, bleibt hinter den anderen immer zurück. Hier fällt wohl auch in die Wagschale, daß der Asiate viel weniger leistet, körperlich, als der Europäer. Man wird dreist behaupten dürfen, daß im Durchschnitt drei Asiaten kaum so viel Arbeit leisten können wie zwei Europäer. Dafür haben die Gelben die Masse für sich. Aber der japanische Arbeiter wird nicht immer der anspruchslose Geselle bleiben, der er bis jetzt noch war. Schon jetzt zeigt sich vielfach seine Begehrlichkeit. Auch dort werden die Löhne steigen, vielleicht rascher und für das nicht reiche Land verhängnisvoller als bei uns.

Für einige Zeit, wie gesagt, werden wir schwer dem Japaner im wirtschaftlichen Kampfe die Spitze bieten können. Im weiteren Verlaufe wird auch hier der Tüchtigere obsiegen.

Als Konkurrent neben dem Chinesen und dem Japaner steht für uns auf dem Wirtschaftsmarkte in Schantung zurzeit noch der Amerikaner. Wie für den amerikanischen Missionar ist auch für den amerikanischen Kaufmann Schantung ein altes Arbeitsfeld. Des Engländers Hauptgebiet ist der Süden Chinas und das Jangtsetal.

Die Hauptsache für uns ist, daß überhaupt in Kiautschou Handel und Wandel vorwärtsgeht. Ist es dem deutschen Kaufmann bis jetzt gelungen, mit seiner Arbeit und seinem Wagemut im freien Wettbewerb mit anderen Völkern seinen Anteil am Gewinn sich zu sichern, auch dort, wo er erst als zweiter und dritter auf dem Platze erschienen ist, so wird ihm dies erst recht dort gelingen, wo er selbst als erster ein Geschäft eingerichtet hat.

Nach heimischem Vorbild und auch nach dem Vorbild anderer Küstenplätze Chinas ist auch in Tsingtau eine Handelskammer gebildet worden, die die gesamte europäische Kaufmannschaft umfaßt. Die Handelskammer nimmt die allgemeinen Interessen des Handels, der Industrie und des Gewerbes wahr, sucht Übelstände zu beseitigen, macht auf neue Erwerbsquellen aufmerksam, vermittelt schiedsrichterliche Entscheidungen und hilft das kaufmännische Gewohnheitsrecht gesund fortzubilden. Das schon bei der Verwaltung erwähnte Chinesische Komitee leistet für die chinesische Kaufmannschaft denselben Dienst.

Gewiß recht nützlich ist eine 1906 begründete dauernde Gewerbe- und Industrie-Ausstellung. Dort finden die Chinesen alles, was ihnen nützen kann und was wir ihnen gern verkaufen wollen, beieinander und können es sich in Muße ansehen.

Überschauen wir dies Kapitel noch einmal: In zehn Jahren ist aus einem elenden Fischerdorf eine vornehme Fremdenniederlassung, eine wohlhabende chinesische Stadt und ein großer Handelsplatz gemacht geworden. Der Handel Kiautschous stieg, wie nebenstehende Zeichnung veranschaulicht, in diesen Jahren stetig wie auf einer Treppe aufwärts. Unter den 36 Vertragshäfen Chinas stand Kiautschou, Hongkong mitgerechnet, 1906 an elfter Stelle. 1904 stand es an fünfzehnter. Es ist also „ganz hübsch heraufgekommen.“ Von den ihm zunächst liegenden Häfen wird es im Handel noch übertroffen, und zwar von Tschifu nur um wenige Millionen Mark, von Tientsin beinahe um das Vierfache, von Schanghai beinahe um das Sechsfache. Der Handel ist sogar schneller vorwärts gekommen, als die, die für die Wahl Kiautschous seinerzeit eingetreten waren, es selbst erwartet hatten. Die Berechnungen der wirtschaftlichen Möglichkeiten Schantungs und seiner Eingangspforte Kiautschou haben sich bis jetzt somit als richtig erwiesen. Von der Kohle hatte man zwar nicht bestimmt erwartet, aber doch gehofft, daß sie auch für die Ausfuhr in Betracht käme. Auch das ist bis jetzt, wenn auch in bescheidenem Maße, eingetroffen. Es wird Kohle nach Hongkong und anderen Plätzen ausgeführt. Die von den großen Dampferlinien und der Marine angestellten Versuche, die Schantungkohle als Schiffskohle zu verwenden, haben bis jetzt noch nicht befriedigt. Ein Schade ist daraus aber, wie wir sahen, für das Unternehmen nicht erwachsen. Auch steht der Bergbau doch noch in seiner Anfangsentwicklung, und es wäre ungerecht und unklug, über ihn ein

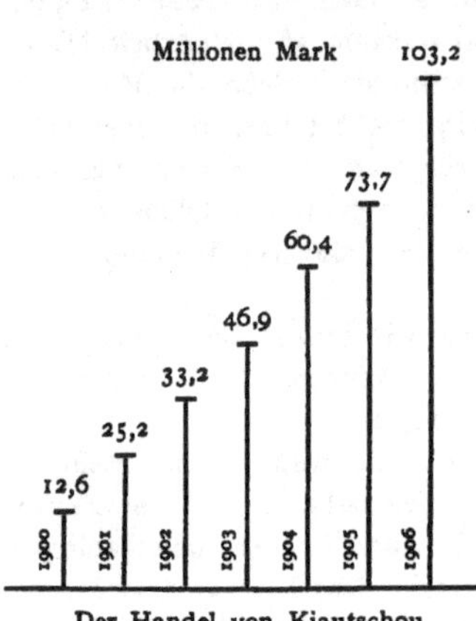

Der Handel von Kiautschou

absprechendes Urteil zu fällen. Die Industrie hat eingesetzt; für ihren Weiterbau sind die Wege geebnet. Das Zollabkommen vom 1. Dezember 1905 hat die Zollschranke zwischen dem Schutzgebiet und dem Hinterland niedergerissen. So hat vor allem eine im Schutzgebiet beginnende Industrie freie Bahn. Wege ebnen — kann man von einem Unternehmen, wie der Niederlassung in Kiautschou, in seinen zehn ersten Jahren viel mehr verlangen? Und in Kiautschou ist mehr geleistet worden! Das Hauptverdienst am aufblühenden Handel haben der Hafen und die Eisenbahn. Kein anderer Platz weder in China noch in Japan kann sich in seinen Hafenanlagen mit Tsingtau messen, wo die größten Frachtdampfer am Kai unmittelbar in die Eisenbahn überladen können. Für die Bahn spricht ihr Erfolg beredter als alle Worte.

Da nicht anzunehmen ist, daß Schantung schon nach 10 Jahren auf der Höhe seiner Leistungen angekommen ist, so darf darauf gerechnet werden, daß sein Handel und damit der Tsingtaus noch weiter wächst, auch wenn dies vielleicht nicht mehr in solchen regelmäßigen, großen Schritten geschieht wie bisher. Entschließt sich dann Schantung, in größerem Maßstabe in der Industrie sich zu versuchen, und die Provinz ist wie wenige andere dafür geeignet, so wird es wieder Kiautschou-Tsingtau sein, das hier die Wege finden hilft.

So mag dies Kapitel mit dem Grundsatz schließen, der für unsere ganze Kiautschou-Politik bisher maßgebend war und es unbedingt bleiben muß: niemals gegen die Chinesen, auch nicht ohne die Chinesen, sondern nur mit den Chinesen und für sie!

Glücksgott

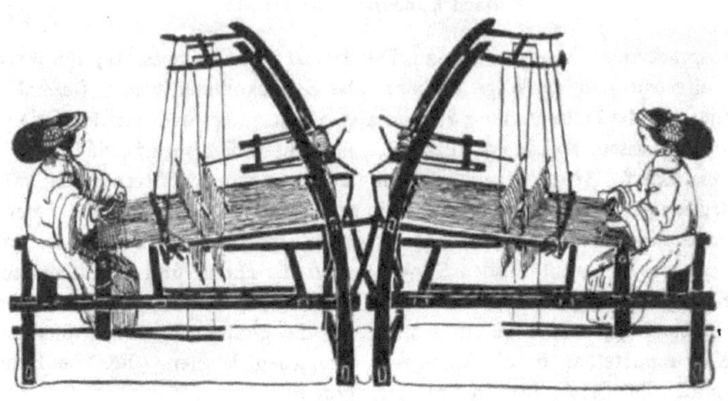

Der Vorteil Tsingtaus für die Chinesen

an spricht viel von den *Kulturaufgaben*, die wir in China und, seit wir Kiautschou haben, im besonderen in Schantung zu erfüllen hätten. Dabei denken die meisten Menschen an Eisenbahnen und Telegraphen, an Maschinen und neue Lehrbücher über Geographie und Physik, an Kruppsche Geschütze und eine Volksvertretung. Ist das nicht ein Mißbrauch des Wortes Kultur? Alles das Genannte ist *Zivilisation*. *Kultur im eigentlichen* Sinne ist etwas ganz anderes. Kultur erfaßt den Menschen in der Tiefe, in seinem Kern, in seinem Wesen. Kultur hat es mit dem Menschen als Persönlichkeit zu tun. Zivilisation ist nur ein Kleid, das wir tragen. Der Mensch dahinter ist das, was Kultur aus ihm gemacht hat. Wer Zivilisation und Kultur gleichsetzt, gleicht einem Menschen, der im Ernste meint, daß Kleider Leute machen. Was H. St. Chamberlains vielgelesene „Grundlagen des neunzehnten Jahrhunderts" so wertvoll macht, ist eben dies, daß darin Zivilisation und Kultur jedes für sich gewürdigt wird, und daß sie immer als zwei ganz verschiedene Dinge scharf auseinandergehalten werden. So zeigt uns Chamberlain sehr klar, daß in der römischen Kaiserzeit die europäische Welt bei größter Steigerung der Zivilisation einen ebenso großen Niedergang der Kultur, bis zur nackten Bestialität erlebt hat. Und wie eine ernste Warnung an unsere so oberflächlich

denkende Zeit klingt es: „Nichts dürfte für das Menschengeschlecht gefährlicher sein, als Zivilisation ohne Kultur."

Wenn man sagt: „China ist seit Jahrhunderten stehen geblieben", so gilt das zunächst von allem, was Zivilisation ist. Da hat China die Fortschritte, die die Völker des Westens gemacht haben, nicht mitgemacht. Wir haben oft wirklich das Gefühl, durch eine europäische Stadt im Mittelalter zu gehen, wenn wir heute durch eine, von westlicher Zivilisation noch unberührte chinesische Stadt gehen. Die hohen Mauern, die tiefen Tore mit ihren schweren, eisenbeschlagenen Türen, die engen winkligen Straßen, der Schmutz, die mangelhafte oder meist ganz fehlende Straßenbeleuchtung, der primitive Hausrat, die Unsicherheit von Leben und Eigentum — alles so wie bei uns vor 500 Jahren.

Als die Ausländer nach China kamen, begann für China eine neue Zeit. Jetzt steht es im Übergang von seinem Mittelalter zu seiner Neuzeit. Dort in Schantung haben wir ihm dabei von Kiautschou aus ein tüchtiges Stück vorwärts geholfen.

Zunächst durch den Handel. Es ist nicht etwa so, daß Tsingtau nur Tschifu seinen bisherigen Handel abgenommen hätte. Der Handel Tschifus ist nur wenig zurückgegangen, er wird sich in Zukunft mindestens auf der gleichen Höhe halten, wahrscheinlich noch steigen. Die 103 Millionen Mark, die bis jetzt jährlich durch Tsingtau durchgehen, sind ganz neu in Bewegung gesetzte Handelswerte. Und dieser Handel wird noch beträchtlich größer werden. Schantung wird in nochmal zehn Jahren ein sehr viel wohlhabenderes Land sein, als zu der Zeit, da am Strande von Tsingtau nichts zu sehen war, als ein paar Lehmhütten und ein paar Netze, die in der Sonne trockneten.

So wie die wenigen industriellen Anlagen im Schutzgebiete jetzt schon viele tausend fleißige und geschickte Hände beschäftigen, wird die von hier weiter sich verbreitende Industrie noch viele bis jetzt noch schlummernde Kräfte in Schantung wecken. So werden gewiß z. B. elektrische Anlagen zu Beleuchtungszwecken und für Maschinen im Kleinbetrieb bald viel begehrt werden. Hier muß aber noch für einige Zeit hinaus der Ausländer die Sache in die Hand nehmen. Nicht nur, weil es vorerst noch keine technisch weit genug geförderten Leute gibt, die das könnten. Aber der Chinese würde auch noch kaum wagen, sein Geld in größeren chinesischen Unternehmungen anzulegen, über die er keine Kontrolle haben könnte. Auch wird es noch lange schwer halten, von Privatleuten größere Summen zu bekommen, die sich nur langsam und jahrelang erst einmal gering verzinsen würden.

Straßenbild des chinesischen Tsingtau 1897

Das größte Geschenk, das Kiautschou seinen chinesischen Wirten und ihrer Zivilisation macht, ist die Eisenbahn. Sie bringt erst Bewegung in die schwerfällige Masse eines großen ackerbauenden Landes, wie es Schantung ist. Die Eisenbahn rückt das Hinterland an die See heran und läßt es so an den Vorteilen der Küstenplätze teilnehmen, setzt es in den Stand, über See Handel zu treiben und die Auslandswaren aus erster Hand zu beziehen. Besonders haben auch die chinesischen Kohlengruben von der Eisenbahn schon großen Gewinn gehabt. Ein großer Teil der mit der Bahn versandten Kohle entstammt Gruben, die Chinesen gehören. Wie schnell die Eisenbahn den Leuten aller Stände unentbehrlich geworden ist, zeigt die hohe und immer wachsende Ziffer der Reisenden.

Wege und Brücken ergänzen ebenso den Nutzen der Eisenbahn, wie sie auch für sich allein Handel und Wandel fördern. Zum Weg- und Brückenbau werden die chinesischen Kreis- und Ortsvorsteher und ihre Gemeinden teils unmittelbar von der Eisenbahnverwaltung angehalten, indem sie auf Grund getroffener Vereinbarungen die Zufahrtsstraßen zur Bahn instand zu halten haben, teils wirkt der nun offen zutage liegende Vorteil guter Wege anfeuernd. Zeigt sich jetzt nach wenigen Jahren schon trotz der Schwierigkeiten, denen jede einschneidende Neuerung in einem Volke begegnet, und trotzdem bis jetzt nur die der Bahn zunächst liegenden Landesteile in den größeren Verkehr hineingezogen sind, ein solcher Aufschwung, wie wird das erst sein, wenn noch mehr Eisenbahnen und ein Netz guter Straßen fertig sein werden! Wie das gute Beispiel schon anfängt, Frucht zu tragen, zeigt Folgendes: 1904 war eine große Überschwemmung im Pei scha ho-Tal. Das Bezirksamt zu Litsun hielt, soweit sein Machtbereich ging, die Bauern streng an, die Dämme sofort sachgemäß auszubessern. Sogleich sorgte auch, ganz gegen sonstige allgemeine chinesische Gepflogenheit, der Kreisbeamte von Tsimo dafür, daß auch in seinem Kreis in derselben Weise ans Werk gegangen wurde.

Straßenbild des chinesischen Tsingtau 1907

Durch alles das wird in Schantung ganz anders als bisher Geld in Umlauf kommen. Es bedeutet das dann auch für diesen Teil Chinas den Übergang von der alten Naturalwirtschaft zur modernen Geldwirtschaft und damit von einer niederen zu einer höheren Zivilisation.

Vom allergrößten Segen, wie in einem früheren Kapitel schon erwähnt wurde, wird es für das ganze Land sein, wenn die im deutschen

Schutzgebiete mit so vieler Mühe und so gutem Erfolg betriebene Bepflanzung der kahlen Höhen weitere Nachahmung findet. Das Schutzgebiet wird die große Baumschule und sozusagen Forstakademie für ganz Schantung werden. Nicht aus ästhetischen Gründen wird der Chinese nun auch wieder Wald haben wollen, wohl aber, weil ihm der Nutzen des unmittelbaren Ertrags und vor allem der Nutzen, den das übrige Land vom Walde hat, sehr bald einleuchten wird. Freilich wird für die Erstanpflanzungen wohl der Gouverneur in Tsinanfu mit Staatsmitteln und mit Staatsgewalt, oder es werden wohlhabende Gemeinden mit öffentlichen Mitteln dafür sorgen müssen. Daß der Chinese auch als Gärtner von uns noch allerlei lernen kann, hat er jetzt bereits eingesehen.

Hof des Bauunternehmers Li chang tsching in Tapautau

Auch unsere Ärzte draußen arbeiten zunächst einmal im Dienste der Zivilisation. Ein chinesischer Doktor alten Stils scheint nach allem, was man darüber liest und sich erzählen läßt, der schrecklichste der Schrecken zu sein. Gänzliche Unwissenheit, schauerlicher Aberglauben, verblendeter Dünkel und schamlose Gewinnsucht treiben da vereint ihr Spiel mit Menschenleben. In diese Finsternis tragen unsere Ärzte jetzt das menschenfreundliche Licht ihrer Wissenschaft und ihrer Kunst. In Tsingtau sind sie an den beiden vom Evangelisch-protestantischen Missionsverein und der katholischen Mission unterhaltenen Chinesen-Hospitälern tätig. In Litsun ist eine Poliklinik und ein Hospital. Als in Kiautschou und Kaumi noch deutsches Militär lag, haben Tausende von Chinesen die Hilfe des deutschen Arztes in Anspruch genommen. Dieselben Ärzte halfen den Missionen auf ihren Stationen in der 50-km-Zone Hospitäler einrichten und waren für sie mit Rat und Tat jederzeit zur Hand. Das Bild zeigt, wie ein alter Tempel zu einer Klinik umgewandelt ist und die Götzen grimmig auf die Arzneiflaschen herunterschauen, als spürten sie den Feind, der ihnen auch hier in der modernen Zivilisation erwächst. In Tsinanfu leitet seit mehreren Jahren ein Marinearzt eine Poliklinik, die namentlich von Augenkranken viel besucht wird. In der Provinz werden von Marineärzten jetzt nicht weniger als neun Polikliniken geleitet bzw. beaufsichtigt. Bis nach Yen tschou fu tief im Innern, dem Hauptsitz der katholischen Mission in Schantung, wo ebenfalls ein Hospital eröffnet wurde, reicht die segensreiche Wirksamkeit der deutschen Ärzte.

Beim Veredeln

Die deutschen Missionen müssen fast alle an ihren Hospitälern, weil sie leider nicht überall europäische Ärzte dafür bekommen können, sich mit chinesischen Ärzten und Heilgehilfen begnügen. Es sind das gebildete Chinesen, die meist von der amerikanischen presbyterianischen Mission ärztlich ausgebildet worden sind. Im Jahre 1905 hat der Verfasser in Canton ein von sämtlichen evangelischen Missionen unter beträchtlichen Zuwendungen der europäischen Firmen und reicher Chinesen gegründetes medical college mit eingeweiht, wo junge Chinesen mit der nötigen Vorbildung von englischen und amerikanischen Ärzten zu Ärzten herangebildet werden. 1907 ist in Schanghai aus deutschen privaten und Reichsmitteln eine eben solche medizinische Schule nebst der nötigen Vorschule errichtet worden. Es wäre schön, wenn auch in Tsingtau einmal eine solche segensreiche Medizinschule errichtet werden könnte.

Es gibt schon jetzt eine ganze Anzahl europäisch geschulter tüchtiger und gewissenhafter chinesischer Ärzte. Aber was ist das für 400 Millionen! Das Vertrauen der chinesischen Bevölkerung zu den deutschen Ärzten in Schantung ist immer größer geworden. Mehrere hundert Li weit kommen sie hergepilgert, um in der deutschen Poliklinik Heilung zu suchen.

Auch was die von moderner Zivilisation gar nicht zu trennende Hygiene anlangt, gehen die Chinesen bei uns in Tsingtau in die Schule. In Tapautau erfahren sie es am eigenen Leibe, daß Ordnung und Reinlichkeit auf den Straßen, Sauberkeit in den Häusern und ein gesundes Trinkwasser doch eine gute Sache ist. Wir gehören nicht zu denen, die es der modernen Hygiene zum Vorwurf machen, daß sie der „weisen Mutter Natur" in den Arm fiele und die von ihr vorgesehene „natürliche Auslese" künstlich verhinderte, und die meinen, daß eine tüchtige Epidemie von Zeit zu Zeit dem Menschengeschlecht heilsamer sei als alle Prophylaxe. Das Stück Kultur, das in unserer Zivilisation steckt, macht ihr diese rohe Ansicht unannehmbar. China kennt das, was wir Hygiene nennen, alle diese hunderterlei öffentlichen und privaten Veranstaltungen, um das Krankwerden der Menschen zu verhüten, bis jetzt so gut wie noch gar nicht. Die außerordentlich zähe Natur, die diesem Volke eigen ist, zusammen mit der einfachen Lebensweise, zu der die große Masse des Volkes bis jetzt gezwungen war, hat es mit sich gebracht, daß trotz — nicht infolge — aller fehlenden Hygiene das chinesische Volk wie bekannt, ein gesundes und widerstandsfähiges Volk geblieben ist.

Einst Tempel, jetzt Poliklinik

Durch das Militär und die Befestigungen in Tsingtau werden wir von selbst für die Chinesen zu Lehrern auch hierin. Ob es freilich für alle Ausländer in China nützlich oder nicht vielmehr bedenklich ist, wenn sich die Chinesen auch hierin als allzu gelehrige Schüler zeigen, das steht auf einem anderen Blatt. Für den zivilisatorischen Fortschritt Chinas ist gleichwohl seine zunehmende militärische Rüstung von Vorteil. Die Volkswirtschaft belehrt uns, wie einerseits ein Volk infolge der bedeutenden Mehrausgaben, die die Landesverteidigung erfordert, auf neue Geldquellen bedacht sein muß und so zu größeren Anstrengungen auf wirtschaftlichem Gebiete gezwungen ist. „Der Heeresbetrieb erzieht finanziell und technisch ein Volk." China hat stets natürlich „ein Heer" gehabt. Aber es ist zu bezweifeln, ob auch nur eins der alten „Banner", in die sein Heer eingeteilt war, je in irgend einer Provinz die Sollstärke erreicht hat. Auch waren die Besoldung, die Beschaffung von Waffen, Munition und Ausrüstung und die Verpflegung der Truppen ebensoviele Quellen der Bestechung und der unrechtmäßigen Bereicherung. Dementsprechend war auch der Zustand und diesem entsprechend die Leistung dieses alten chinesischen Militärs. Da eine moderne Landesverteidigung für ihre Bauten, ihre Waffen und ihre Schiffe auf das engste mit der Technik im Bunde sein muß, so sind Heer und Marine für die Technik ebenso ein steter Ansporn zu besonderen Leistungen, wie sie ihr gute Abnehmer und sichere Zahler sind. So zu rechnen, liegt natürlich für China noch im weiten Felde. Aber China rechnet weit in die Zukunft hinein. Sollen wir es nicht auch tun? Gerade der Norden scheint für die militärische Zukunft Chinas besonders bedeutungsvoll werden zu sollen. Jeder Vizekönig hält nämlich seine eigene Armee. Neben den Leuten der Provinz Honan gilt nun der Schantungese als der beste Soldat in China. Der gegenwärtige Gouverneur der Provinz Tschili, Yuan schi kai, der aus Honan stammt, ist gegenwärtig einer der bedeutendsten Männer Chinas. Mit großer Energie hat dieser Mann in kurzer Zeit in Tschili eine modern bewaffnete und exerzierte Armee von weit über 100000 Mann geschaffen, die zum großen Teil aus Schantungleuten besteht. Da Yuan schi kai seine Reformen vorwiegend mit japanischer Hilfe betreibt, so dient natürlich auch eine große Anzahl Japaner als Offiziere und Unteroffiziere in seinen Regimentern. 1905 konnte er bereits Vertreter der fremden Nationen zu seinen großen

Yuan schi kai

Manövern einladen, und was unsere Tsingtauer Offiziere, die daran teilgenommen hatten, davon berichteten, klang ganz achtunggebietend. Allerdings ist dabei nicht zu vergessen, daß das Benehmen der Leute in Manöverschlachten schwer einen Schluß auf ihr Benehmen im Ernstfall zuläßt, und daß die hierfür nötigen moralischen Eigenschaften sich nicht ebenso schnell anlernen lassen, wie die im Exerzierreglement und der Felddienstordnung angegebenen Bewegungen. Für die Friedensausbildung des Heeres und die schon daraus für China sich ergebenden, oben angedeuteten Vorteile käme das ja aber nicht in Betracht. Und ob wir wollen oder nicht, wir helfen durch das, was die Chinesen in Tsingtau von uns sehen, sie wehrfähig machen und schieben sie damit auf dem Wege der Zivilisation vorwärts.

azu aber, China ein neues Gesicht zu geben, tragen am allermeisten die Schulen bei. China ist ja von altersher daran gewöhnt, sein Heil von der Schule zu erwarten. Ist es doch das gelobte Land der Gelehrsamkeit. Je gelehrter, desto geehrter, heißt es dort. Daß in China allein die Schule und ihre Examina die Leiter zu Rang und Würden, zu allen Stellen der Verwaltung ist, ist bekannt. Freilich, wie so vieles in diesem seltsamen Lande durch übertriebene Ehrfurcht vor dem Überlieferten und Altbewährten im Laufe der Jahrhunderte verknöchert ist, so auch sein Schulwesen. Die möglichst umfassende Kenntnis der „klassischen Schriften" bildete die Grundlage aller Examina. Aus diesem längst vor Christi Geburt abgeschlossenen Kanon allein wurden die Themata der Prüfungsarbeiten genommen. Aber ja nicht etwa zu kritischer Behandlung oder sinngemäßer Anwendung auf gegenwärtige Verhältnisse, sondern nach genau ebenso überlieferter Auslegung mußten die Prüflinge ihre Aufgaben behandeln. Das Ganze war somit lediglich auf das Gedächtnis aufgebaut, also auf eine recht brauchbare, aber doch keineswegs so besonders hochstehende Eigenschaft des menschlichen Geistes. Das Ergebnis dieser jahrhundertelang fortgesetzten Schulzucht ist der gegenwärtige Chinese: ein Mensch mit einem geradezu erstaunlich ausgebildeten Gedächtnis und mit einer ebenso erstaunlich geringen Erfindungsgabe. Alles, was man heute in China etwa an Werkzeugen usw. als Erfindung bezeichnen könnte, das haben jahrhunderteweit zurückliegende Geschlechter für die Gegenwart besorgt. Schon seit sehr langer Zeit ist dem Chinesen nichts Neues mehr eingefallen. Die Methode des alten chinesischen Unterrichts, wie sie sich allmählich herausgebildet hatte, ist z. B. dadurch gekennzeichnet, daß der chinesische Junge — Mädchen bekamen nur in den seltensten Fällen Unterricht — jahrelang Sätze schreiben, lesen und auswendig lernen mußte, von deren Sinn er kein Wort verstand, die hoch über das kindliche Fassungsvermögen hinausgingen, bei denen es dem Lehrer auch nicht von fern einfiel, sie etwa dem kindlichen Verständnis irgendwie nahe zu bringen. Es war das ödeste Einpauken, das sich denken läßt, und der Bakel in Gestalt eines handfesten Bambus spielte dabei eine große Rolle.

Auch auf der Schwelle der Zivilisation

Ursprünglich war die alte Examensordnung in China ja geradezu ideal. Von unten an sollte nur immer der Tüchtigste aufrücken, fast ohne Ansehen der Herkunft. Neunmal gesiebt, im eigentlichen Sinn des Wortes, sollten die sein, die endlich an der Spitze standen, die wahre Elite des Volkes. Und der, der am besten in den alten als Norm für das ganze Leben angesehenen klassischen, ja geradezu heiligen Schriften bewandert war und sie beherrschte, schien am tauglichsten zu sein, die anderen zu regieren. Für ganz einfache und patriarchalische Verhältnisse mag das denkbar sein. Für verschlungenere Verhältnisse reicht das nicht aus, da kommt es auf rasches Überschauen aller Möglichkeiten und auf energisches Zugreifen meist mehr an als auf Gelehrsamkeit. So wurde das alte System von selbst in sich unwahr. Aber infolge der für alles Chinesische so charakteristischen Beharrlichkeit blieb es noch immer als zu Recht bestehen. In Wirklichkeit war es längst unwirksam. In Wirklichkeit war das System der Examina einfach ein System der Bestechungen geworden. In Wirklichkeit brachte die nirgends so wie in China entwickelte Kunst der Intrigue den anschlägigen Kopf auf seinen Posten und mußte s i e ihm seinen Platz sichern. Da alles Intriguieren ein ganz Teil Scharfsinn, geistige Beweglichkeit und Energie erfordert, so waren es auch auf diesem Wege nicht die Dümmsten, die sich heraufarbeiteten. „Gegangen" ist es auch so, wie die Geschichte zeigt, und zweifellos wäre es auch noch Jahrhunderte so weiter gegangen, wenn man die Chinesen unter sich gelassen hätte.

Da kamen aber die Westvölker, kam die moderne Zivilisation mit ihrer Technik und ihrem Völkerverkehr. Überall, wo China mit diesen ernstlich aneinander geriet, sah es, daß es den kürzeren zog. Es sah, daß einer ein vollendeter Bogenschütze sein konnte und doch gegen einen Mann mit einem Gewehr nichts ausrichtete. Und so überall. Wollte es sich gegen das ihm immer mehr auf den Leib rückende Ausland behaupten, so mußte es versuchen, ihm mit gleichen Waffen zu begegnen.

Dieses Streben, das Ausland womöglich mit seinen eigenen Waffen zu schlagen, ist eine der Haupttriebfedern für die „Reformen" in China. Ganz richtig setzt nun China gleich an den Wurzeln, an den Schulen, ein. Das kaiserliche Edikt vom 2. September 1904 bedeutet einen Wendepunkt in der Geschichte des 400-Millionen-Reiches. Dies Edikt schafft die alte Examensordnung ab. Es bestimmt, daß der staatlich anerkannte Rang eines Gelehrten und der damit verbundene Befähigungsnachweis zur Bekleidung öffentlicher Ämter künftig von den nach westlichem Muster eingerichteten modernen Hochschulen verliehen wird. „Si hok" „westliche Wissenschaft," lautet nun die Parole für die Schule in China. Aber freilich ist solch ein Edikt leichter erlassen, als durchgeführt. Schüler für si hok sind genug da, aber woher die Lehrer nehmen? Und wieder sieht sich China auf das Ausland angewiesen. Einzelne Vizekönige hatten schon längst an ihren höheren Schulen und Universitäten Ausländer für die fremden Sprachen und die westlichen Wissenschaften angestellt. Jetzt soll aber die Volksschule einen modernen Unterrichtsplan bekommen. Natürlich lenkt sich der hilfesuchende Blick Chinas nach Japan hinüber. Japanische Hilfe ist stets die nächste und die billigste. Tausende von jungen und alten chinesischen Lehrern und solchen, die es werden wollen, gehen nach Japan, machen dort einen oft nicht einmal

Im Zeichen des Fortschritts

ein halbes Jahr dauernden Kursus durch und kehren als „Lehrer für westliche Wissenschaft" in die Heimat zurück. Übergangszeiten!

Hier sind nun auch wir an unseren Teil in Kiautschou berufen, den Chinesen die allerwertvollsten Dienste zu leisten. Und wir haben uns dieser Aufgabe nicht entzogen. Wohl hat das Gouvernement den Grundsatz, auch in den Grenzen des Schutzgebietes die Chinesen in ihren internen Angelegenheiten, zu denen auch ihr Schulwesen gehört, ganz wie bisher frei schalten und walten zu lassen. Die Denkschrift von 1906 enthält eine sehr interessante Darstellung der chinesischen Schulverhältnisse im Schutzgebiet, die ungefähr in ganz China dieselben sind. Wo aber die Chinesen selbst unsere Hilfe begehrten, ist sie ihnen bereitwillig gewährt worden.

Schon die wirtschaftliche Entwicklung führte zu einem geordneten Schulunterricht. Wir hörten schon von der Lehrlingsschule der Gouvernementswerft. Der Verfasser hat einer Prüfung der Zöglinge beigewohnt.

Lehrlingsschule der Gouvernementswerft

Es war ein Vergnügen, zu sehen, wie die Schüler, die im Alter von 15 bis 18 Jahren standen, deutsch schrieben und rechneten. Kopfrechnen ist gerade des Chinesen schwache Seite. Er ist gewohnt, alles auf der Rechenmaschine zu rechnen. Das kann er allerdings mit einer erstaunlichen Schnelligkeit und Sicherheit. Für den modernen Industriearbeiter ist aber Kopfrechnen unerläßlich nötig.

In gleicher Weise haben die Eisenbahn und die Seidenspinnerei ihre eigenen Lehrlings- und Vorbereitungsschulen.

Das Gouvernement hat, und zwar nur zur Probe, im Kloster Fa hai sy, im Norden des Schutzgebietes, und in Taitungtschen chinesische Elementarschulen eröffnet. Der Unterricht umfaßt chinesisch Schreiben und Lesen, Rechnen nach europäischer Art und etwas Geographie. Der Stoff ist auf fünf Schuljahre verteilt. Die Lehrer dieser Schulen, Chinesen, sind besonders vorgebildet. Der Unterricht ist zurzeit frei, auch die Lehrmittel werden unentgeltlich geliefert. Der Unterricht im Chinesischen unterscheidet sich dadurch von der alten chinesischen Lehrweise, daß die Schüler, wie in deutschen Schulen, zugleich mit dem mechanischen Erlernen der Schriftzeichen verstehen lernen, was sie lesen und schreiben, und angeleitet werden, das Gelernte fürs praktische Leben zu gebrauchen. Diese Schulen werden von Jahr zu Jahr von mehr Schülern besucht.

An dem, was in Kiautschou für moderne Zivilisation getan wird, nehmen in hervorragender Weise die Missionen teil.

Im Schutzgebiete haben drei evangelische und eine katholische Missionsgesellschaft ihren Sitz aufgeschlagen: die „Gesellschaft zur Beförderung der evangelischen Missionen unter den Heiden“, kurz „die Berliner Mission“ genannt; der „Allgemeine evangelisch-protestantische Missionsverein“; die amerikanische evangelische „Presbyterian Mission“; die katholische Mission der „Gesellschaft des göttlichen Wortes zu Steyl“. Die deutschen evangelischen Missionen haben ihr Heim, wie wir auf unserm Rundgang im dritten Kapitel sahen, im Norden der Stadt. Als wir vom Hafen nach der Stadt fuhren, grüßten uns von der Höhe herab ihre stattlichen Gebäude. Die stolze Front der ausgedehnten Baulichkeiten der katholischen Mission mit ihrem Mädchenpensionat und ihrer Druckerei, ihrem Waisenhaus und ihrer Schule bewunderten wir auf der Grenze zwischen Tapautau und Tsingtau. Die amerikanische Mission hat in Tsingtau keine große Anstalt. Ihre Schulen und Hospitäler liegen im Innern Schantungs, namentlich in Wei hsiën.

Diese Missionsgesellschaften sind schon seit den ersten Monaten der Erwerbung Kiautschous dort tätig. Als Dolmetscher und als Vermittler, als Berater und stets bereite Helfer haben die Missionare gerade in den ersten schwierigen Jahren dem Gouvernement wertvolle

Dienste geleistet. Der Bund zwischen dem Gouvernement und den Missionaren fand auch darin seinen Ausdruck, daß diesen unentgeltlich und abgabenfrei Grund und Boden für ihre Niederlassungen zur Verfügung gestellt wurde, und sie sich dafür verpflichteten, auch solchen Bestrebungen ihre Hilfe angedeihen zu lassen, die zunächst nur der Zivilisation zugute kommen und nicht unmittelbar mit der Heidenbekehrung zusammenhängen.

Die Berliner Mission (Berlin I) arbeitet bereits seit 1867 in China. In Kanton ist ihr Hauptsitz.

Der Allgemeine evangelisch-protestantische Missionsverein ist in China gegenwärtig nur in Kiautschou tätig. Der in Tsingtau verstorbene Missionar Faber gehörte ihm an.

Die katholische Mission nennt sich nach dem holländischen Ort Steyl. Die Steyler Mission hat in allen Erdteilen Niederlassungen.

Katholische Mission mit Heiligen Geist-Kloster

Nach Süd-Schantung wurde sie durch den verstorbenen Bischof Anzer im Jahre 1882 verpflanzt. Ihr Hauptsitz ist hier Yentschoufu, wo der Bischof seinen Sitz hat. Demselben sind natürlich auch die Anstalten der Mission in Tsingtau unterstellt. Die katholische Mission in Nord-

und Ost-Schantung wird von den Franziskanern geleitet. Bis 1891 stand die ganze katholische Schantung-Mission unter dem Schutze der Franzosen. Auf Betreiben des Bischofs Anzer übernahmen ihn von da an für Süd-Schantung die Deutschen.

Die amerikanische Mission der Presbyterianer ist seit 1861 in Schantung tätig. Ihr stehen reiche Geldmittel aus der Heimat zur Verfügung. Der Amerikaner, ebenso wie der Engländer, der die Mission mit Geld unterstützt, weiß, daß er damit auch seinem Vaterlande dient. Haben die Bewohner unzivilisierter oder halbzivilisierter Länder zu den Missionaren Vertrauen gefaßt, so sind sie geneigt, auch deren Landsleuten mit Vertrauen entgegenzukommen, auch wenn diese ihnen statt Lehrbüchern und Neuen Testamenten Maschinen und Wollgewebe zum Kauf anbieten. Daß dieser praktische Gedanke bei den amerikanischen und englischen Missionsfreunden nur gelegentlich nebenhergeht, und daß sehr viel aus reiner Liebe zum Missionswerk getan wird, ist selbstverständlich.

Die Missionsgesellschaften unterscheiden sich untereinander — um dies gleich hier nur mit ein paar Strichen anzudeuten — in der Art, wie sie ihre Aufgabe auffassen und anfassen.

Die evangelische Berliner Mission treibt Mission in der Art, wie seit alters Mission getrieben wird. Ihre Missionare suchen durch persönlichen Verkehr und durch Liebestätigkeit, namentlich durch Schulen und Hospitäler, an das Herz der Leute heranzukommen, reden zu ihnen vom lebendigen Gott, der Himmel und Erde geschaffen, suchen in den Menschen die Erkenntnis ihrer Mangelhaftigkeit und ihrer Schuld gegenüber Gott wachzurufen und zeigen ihnen in Jesus den, der die Schuld bezahlt hat, der uns durch seine auf Golgatha vollbrachte Versöhnung zu Gottes Kindern und damit frei von aller Furcht vor Gegenwärtigem oder Zukünftigem gemacht hat. Heiden, die Christen werden wollen, werden dann als Taufbewerber in einem meistens ein Jahr dauernden Taufunterricht über die Hauptstücke des Katechismus belehrt, und nach einer Prüfung, und nachdem sie ihren Glauben vor der Gemeinde bekannt haben, getauft. Alle Getauften gehören zu einer kirchlich organisierten Gemeinde. Diese steht unter Leitung eines Missionars. Ihm zur Seite stehen eingeborene ordinierte Pastoren, die zum Teil in theologicis ganz tüchtig bewandert sind, und eingeborene Gehilfen, die predigen und Katechismusunterricht erteilen.

Auch das Ziel der katholischen Mission ist, auf der Grundlage des Bekenntnisses und in Anlehnung an die überlieferten Formen ihrer Kirche christliche Gemeinden zu gründen.

Das Ziel auch der amerikanischen Missionare ist kein anderes. Nur überlassen sie schneller und in weiterem Umfange als jene erstgenannten Missionen die Leitung der von ihnen ins Leben gerufenen Christengemeinden eingeborenen Predigern. Sie bleiben für ihre Person mehr im Hintergrund, sind literarisch tätig, erziehen und bilden in ihren Seminaren und Hospitälern chinesische Christen zu Predigern, Lehrern und Ärzten und lassen dann diese die missionarische Arbeit möglichst allein tun. Die Zentralleitung in Amerika läßt ihrer Mission und deren Gemeinden größere Freiheit darin, wie sie ihr kirchliches Leben einrichten wollen. Rühmenswert ist die echt christliche Weitherzigkeit, mit der presbyterianische Christen ihre Kraft auch andern Missionsgesellschaften zur Verfügung stellen und ihr als Prediger, Lehrer und Ärzte dienen.

Wesentlich unterscheidet sich von allen diesen Missionen der Allgemeine evangelisch-protestantische Missionsverein. Er

Evangelisch-Protestantischer Missionsverein   Berliner Mission

Evangelische Missionen

verzichtet in China überhaupt vorerst ganz darauf, christliche Gemeinden zu bilden. Seine Missionare sehen ihre Aufgabe nicht darin, zu taufen. Sie beschränken sich gegenwärtig ganz darauf, möglichst gute und hochstehende Schulen zu unterhalten und das Hospitalwesen in China zu fördern. Diese Mission ist der Ansicht, daß es nicht von großem Wert sei, die Lehren des Christentums, wie sie sich bei den westlichen Völkern entwickelt haben, oder gar ihre kirchlich-kultischen und

Gemeindeformen auf die so ganz andere Rassenart und Kultur Chinas aufzupfropfen. Sie will vorerst die Chinesen durch guten Unterricht nur aufklären. Dadurch will sie allem auf Unwissenheit und irrigen Vorstellungen beruhenden Aberglauben den Lebensnerv durchschneiden. Außerdem ist sie bestrebt, die Chinesen mit ernsten, christlich gereiften Persönlichkeiten in Berührung zu bringen. Sie hofft, daß dann der christliche Geist dieser Männer die für eine christliche Weltanschauung reifen Geister in ihrer Umgebung anziehen und zu eigenem Weiterfragen und Suchen anregen soll. Gleichzeitig sucht sie, worauf auch der erfahrene Missionar Faber als auf den für China besonders geeigneten Weg der Missionierung hingewiesen hatte, durch Übersetzung des Besten der europäischen und amerikanischen Literatur und durch Verbreitung solcher Bücher die Gedanken der christlichen Wahrheit in das Volk hineinzutragen. Durch Bücher kann man mit einem Male an Tausende und Abertausende und namentlich auch an die oberen, gebildeten Klassen Chinas herankommen. Wollten wir die verschiedenen Missionsarten kurz bezeichnen, so könnten wir von einer Bekehrungsmission und einer Belehrungsmission sprechen. Selbstverständlich wird in den Schulen des Allgemeinen evangelisch-protestantischen Missionsvereins neben der Geschichte und den Errungenschaften der westlichen Völker auch von deren wichtigstem Besitz, ihrer Religion, berichtet. Aber eben nur referierend, ohne die bewußte Absicht, damit Propaganda für irgend eine bestimmte christliche Gemeinschaft zu machen. Ist die Zeit für China erfüllt, dann wird es, so ist die Hoffnung dieser Mission, auch selbst die seiner Eigenart entsprechenden Formen finden, um den neuen Geist, von dem es sich ergriffen sieht, irgendwie lehrhaft zu fassen und ihm zur Betätigung im äußeren Leben zu verhelfen.

Auch abgesehen nun von jeder unmittelbaren oder mittelbaren christlichen Beeinflussung haben die Chinesen von den Missionen im Schutzgebiete den größten Nutzen eben durch die Schulen, welche sämtliche Missionen unterhalten. Diese Schulen kann jedermann, der das Schulgeld bezahlt, besuchen. Dies ist für das, was dort gelehrt wird, außerordentlich niedrig. Beispielsweise zahlen die Zöglinge in der Berliner Mission, die ganz dort wohnen, einschließlich Kost und Wohnung jährlich nur 64 M. Die Schüler sind in überwiegender Zahl Heiden. Sie müssen am Religionsunterricht teilnehmen, sind aber nicht gezwungen, sich taufen zu lassen. Viele benutzen darum auch die Missionsschule lediglich als Schule für „westliche Wissenschaft“ und gehen weg, wenn sie meinen, genug davon gelernt zu haben. Die Missionsschulen geben ihren Zöglingen zuerst eine ausreichende Grundlage im Chinesischen, in chinesisch Lesen, Schreiben und einiger Kenntnis der chinesischen Klassiker. Dazu kommt Unterricht in Deutsch und Naturlehre, Rechnen, Physik, Geschichte und Geographie, auch in Turnen und Gesang. Die befähigtsten Schüler gehen nach Ablauf dieses fünf- bis siebenjährigen Kursus nach Tsinanfu, um dort durch eine Prüfung einen chinesischen „literarischen Grad" zu erwerben, z. B. den eines Siu tsai, zu deutsch: „blühendes Talent". Einzelne gehen dann auf die chinesische Universität in Tsinanfu über oder nehmen eine Lehrerstelle in ihrer Heimat an oder kehren zur weiteren Fortsetzung ihrer Studien noch einmal in die Schule zurück, wo sie dann wohl schon als Hilfslehrer mit zum Unterrichten herangezogen werden. Einige treten in das theologische Seminar der katholischen bezw. der Berliner Mission ein, um zu Predigtgehilfen und zu Pastoren und Priestern ausgebildet zu werden.

Ein besonderer Festtag für die Schüler ist, wenn einmal gelegentlich seiner Anwesenheit in Tsingtau der Gouverneur der Provinz ihre Schule besucht, wie der frühere Gouverneur Tschu fu und der jetzige Yang schi siang. Dann gibt es weise, wohlwollende und aufmunternde Worte aus dem Munde des hohen Würdenträgers und Preise in klingenden Dollaren für die Musterschüler. Außerhalb des Stadtgebietes werden von der Berliner Mission in Litsun, von der katholischen Mission auf der Insel Yin tau, Schulen unterhalten, außerdem in der 50-km-Zone von der katholischen Mission in der Stadt Kiautschou, von der Berliner Mission in der Stadt Tsimo und vom Evangelisch-protestantischen Missionsverein in der Stadt Kaumi. Großartig sind die Schulanstalten, die die Presbyterianer in Wei shiën und die Katholiken in Yentschoufu haben. Wie dankbar die Chinesen die ihnen in Tsingtau gebotene Gelegenheit, etwas Tüchtiges zu lernen, ergreifen, und wie weithin sich seine Missionsschulen eines guten Rufes erfreuen, zeigt die Tatsache, daß z. B. 1906 unter den mehr als 100 Schülern des Evangelisch-protestantischen Missionsvereins 30 aus anderen Provinzen stammten und zum größern Teil Söhne chinesischer Beamten waren.

Sehr wichtig für die Chinesen ist es, daß die Missionen sich auch der Mädchenbildung annehmen. Alle drei deutschen Missionen haben in Tsingtau auch eine chinesische Mädchenschule. Ebenso fleißig wie ihre Brüder sind die Mädchen, chinesich Lesen und Schreiben, chinesische Literatur, biblische Geschichte, Deutsch, Rechnen, Geographie, Naturlehre, Handarbeiten, Zeichnen und, wo die Gabe dafür vorhanden ist, auch etwas

Musik zu lernen. Eine der Leiterinnen berichtet von ihren im Alter von 13—20 Jahren stehenden Schülerinnen: „Es braucht immer einige Zeit, bis sie erfaßt haben, was lernen ist und wie man lernt. Ist ihnen aber das einmal aufgegangen, und das kommt manchmal ganz plötzlich, dann ist wie eine Wand durchbrochen, und mit Riesenschritten gehen sie vorwärts." Verlassen dann die Mädchen die Schule, so heiraten

Chinesische Mädchenschule des Evangelisch-protestantischen Missionsvereins

sie. Die meisten sind schon verlobt, d. h. von ihren Eltern versprochen, Sie werden die Frauen von Lehrern oder von anderen gebildeten Chinesen. Die eine und andere bleibt auch als Lehrerin an der Schule. Den Schülerinnen, die mit geschnürten kleinen Füßen kommen, werden mit Erlaubnis ihrer Eltern die Füße aufgebunden. Die Füße wachsen dann noch einigermaßen in die normale Form. Das ist auch ein Stück Fortschritt, daß die im Norden noch mehr als im Süden übliche barbarische Unsitte der „kleinen Füße" zu schwinden anfängt.

Ganz in den Dienst der Zivilisation stellen sich die Missionare dort, wo sie sogar an chinesischen Schulen Unterricht erteilen. In Tsimo, in Kiautschou, in Kaumi gibt es chinesische Kreisschulen. Hier geben die Missionare in chinesischer Sprache Rechnen und Geographie und wahlweise auch Unterricht in der deutschen Sprache.

Diesen Unterricht bekommen sie von dem chinesischen Schulvorstande bezahlt. Vielfach werden die Missionare auch von den chinesischen Behörden um Rat und Hilfe angegangen, wenn eine neue Schule eingerichtet werden soll, wenn neue Lehrpläne aufzustellen sind, Lehrbücher und Lehrmittel beschafft werden müssen. An Lehrmitteln und Lehrbüchern ist in China für seine reformierten Schulen ja noch nichts vorhanden. Hier haben sich die Missionare das allergrößte Verdienst erworben. Sie haben mit den Lehrbüchern, die sie verfaßt haben, überhaupt erst die von der chinesischen Regierung verfügte Schulreform möglich gemacht. An dieser Arbeit sind auch unsere Missionare in Tsingtau rege beteiligt.

Der Vorteil Tsingtaus für die Zivilisation der Chinesen ist, wie wir sehen, in Zahlen und Tatsachen leicht nachzuweisen. Schwerer ist es, zu zeigen, daß auch die Kultur der Chinesen von Tsingtau aus segensreich beeinflußt wird. Wir verstehen unter Zivilisation die Vervollkommnung der äußeren Lebensbedingungen, unter Kultur die Vervollkommnung des persönlichen Lebens. Und persönliches Leben ist dort, wo Freiheit ist und aus der Gesinnung erwachsende Sittlichkeit, und nicht nur Naturtrieb und äußerer Zwang; wo erfindende, frei schaffende, dichtende Phantasie ist, und nicht nur angelernte Geschicklichkeit; wo eine alles verknüpfende Weltanschauung ist, und nicht nur ein Haufen von Einzelkenntnissen. H. St. Chamberlain nennt den Chinesen den „Maschine gewordenen Menschen". Es mag in China noch eine verhältnismäßig größere Zahl von Menschen geben, auf die das zutrifft, als bei uns. Aber wir können Chamberlain nicht zustimmen, wenn er sagt: „Ebensowenig, wie es nach drei Jahrhunderten gelungen ist, den Neger zum Wissen oder den amerikanischen Indianer zur Zivilisation zu erziehen, ebensowenig wird es jemals gelingen, dem Chinesen Kultur aufzupfropfen." Konfuzius, Menzius und Laotse, die Führer für das geistige Leben Chinas, waren Persönlichkeiten. Es scheint, China ist in früheren Zeiten schon näher daran gewesen, als heutzutage, in seiner Gesamtheit das in diesen Männern verkörperte Ideal zu verwirklichen. Wie weit entfernt sind denn aber wir noch, unser in Jesus Christus Mensch gewordenes Kulturideal in uns zu verwirklichen?! Dürfen wir es nicht so ansehen, daß die Funken von Kultur, von höherem, von persönlichem Leben, die unter viel Niedermenschlichem auch im Chinesen glimmen, und die eben durch jene seine Geistesheroen wenn nicht entzündet so doch jedenfalls glühend erhalten worden sind, durch die Berührung mit dem von der persönlichsten der Persönlichkeiten, von Jesus, ausgehenden Leben, durch die Berührung mit christlicher Kultur zur Flamme entfacht werden sollen?

Ehe wir hoffen können, irgendwie auf den Chinesen innerlich einzuwirken, müssen wir erst das Mißtrauen beseitigen, mit dem der Chinese dem Ausländer entgegentritt. Daß dies Mißtrauen besteht, darüber soll sich niemand durch die äußerlich oft so entgegenkommende und verbindliche Form täuschen lassen. Dies Mißtrauen hat darin seinen Grund, daß der Chinese uns von vornherein als „Barbaren" ansieht. Auch heute noch. Der Chinese ist seit Jahrtausenden überzeugt, daß es auf der Erde nichts Vollkommeneres geben könnte als den Konfuzianismus. Das erste Kapitel führte dies schon aus. Wie er gelegentlich in diesem Glauben sich bestärkt sieht, zeigt folgende wahre Geschichte: Ein paar Kulis beobachteten einen wütend fluchenden und tobenden Europäer. Da hörte ein anderer Europäer, wie der eine Kuli zu dem anderen ein Zitat aus den Analekten des Konfuzius sagte: „Der barbarische Charakter ist doch noch nicht ausgetrieben." — Bekanntlich nennt der Chinese den Ausländer „fremder Teufel", den Europäer im besonderen auch gern „roter Teufel". Das ist nicht immer so ganz bös gemeint. So ist es passiert, daß ein Ausländer in einem Dorfe ganz freundlich mit: „Eure Exzellenz, fremder Teufel" angeredet worden ist. Die guten Leutchen wußten es nicht besser. Aber es zeigt doch, was für eine Meinung sie von uns „Meermenschen" haben. Wenn wir bedenken, daß die Chinesen die erste Bekanntschaft mit handeltreibenden Europäern in Jahrhunderten machten, in denen noch Seehandel und Seeraub nicht immer ganz deutlich zu unterscheiden waren, und daß es nicht immer die besten Vertreter ihrer Völker waren, nach denen die Chinesen sich ihr erstes Urteil über die Ausländer bildeten —, wenn wir weiter bedenken, daß die europäische und amerikanische Diplomatie nicht immer glimpflich mit China umgegangen ist, und daß China in seiner militärischen Ohnmacht jedem Druck nachgeben mußte, so ist das Mißtrauen wohl zu verstehen.

In Tsingtau soll der Chinese lernen, daß wir besser sind, als unser Ruf. Zu unserer Verwaltung hat er Vertrauen. Er lebt bis jetzt nach allem, was wir sehen und wissen, gern im deutschen Schutzgebiet. Er soll auch hier, wenn er als Diener und Knecht arbeitet, streng gehalten werden, wie er es von seinem chinesischen Herrn gewöhnt ist. Er soll nicht denken, daß er hier weniger bescheiden und höflich zu sein braucht, als jenseits der Grenze. Aber dankbar ist er für die größere Ruhe, mit der er hier seinem Erwerb nachgehen kann, und dafür, daß es bei gerichtlichen Entscheidungen keine Bestechungen und Erpressungen gibt. In Tsimo, also außerhalb des Schutzgebietes — es war wohl 1901 —, empörte sich wegen einer angeblich ungerechten Steuer das Volk gegen den dortigen Kreismandarin. Da trug der Mandarin sich mit der Absicht, das Gouvernement in Tsingtau um militärischen Schutz zu bitten; das Volk drohte, es wolle nach Tsingtau gehen und deutsch werden. Beides ist bezeichnend: das eine dafür, daß die Nähe des deutschen Militärs als ein Schutz für die Ordnung und Ruhe in der Provinz angesehen wird, das andere — und das ist uns wichtiger —, daß die Chinesen Vertrauen zu uns haben.

Einer der Prüfsteine für Kultur ist es, ob ein Mensch eine Sache um ihrer selbst willen tun kann, ohne dabei an einen äußeren Vorteil zu denken, den er davon hat. Dem Chinesen ist es im allgemeinen ganz undenkbar, daß einer das tun könnte. Er vermutet bei allem, was einer tut, daß der dabei etwas für sich herausschlagen will. Wenn er in die von Tsingtau aus eingerichteten Polikliniken oder in ein Missionshospital geht, macht er jetzt die Erfahrung, daß ihm dort ohne Ansehen der Person und unentgeltlich geholfen wird. Hier erfüllen unsere Ärzte in Kiautschou eine Kulturaufgabe. Gerade für China bietet sich dieser ärztlichen Mission jetzt ein weites und günstiges Feld. Ärztliche Mission, — im engeren Sinne sind damit die an Missionshospitälern tätigen europäischen oder amerikanischen Ärzte und ihre Arbeit verstanden. Leider muß berichtet werden, daß wir Deutschen hierin weit hinter allen Völkern zurückbleiben. Von den etwa 700 in der evangelischen Mission in allen Erdteilen tätigen Ärzten beteiligt sich die evangelische Christenheit deutscher Zunge nicht einmal mit drei vom Hundert! Die katholische Mission ist hierin besser daran. Sie hat unter ihren Ordensleuten auch immer eine Anzahl Mediziner zur Verfügung. Auch kann sie ohne Rücksicht auf die Nationalität ihre Leute dorthin kommandieren, wo sie sie braucht. Ist es in Deutschland so wenig bekannt, daß es Missionsärzte gibt? Oder stellt man sich unter einem Missionsarzt etwas Falsches vor? Die deutschen evangelischen Missionen verlangen von ihren Missionsärzten nicht etwa, daß sie auf die Kranken irgendwie im Sinne einer Bekehrung einwirken sollen. Sie verlangen nichts, als daß der Arzt in ihrem Hospital, genau wie zu Hause, jedem Patienten einfach seine ärztliche Hilfe angedeihen läßt. Für Einrichtung und Unterhalt des Hospitals kommt die Missionsgesellschaft auf. Soweit ihre Mittel es irgend gestatten, kommt sie den Wünschen des Arztes, betreffend Anschaffungen usw., nach. Selbstverständlich sorgt sie auch ganz für die Reise und für den Unterhalt des Arztes und seiner Familie. Es gibt Marineärzte, denen die Arbeit unter den Chinesen so lieb geworden ist, daß sie ungern an den Ablauf ihres Kommandos denken. Sollten sich nicht auch Zivilärzte finden, die Verständnis für die Ziele der Mission haben und die sich mit dem Gedanken vertraut machen, womöglich lebenslänglich, und wenn nicht dies, so doch für eine Reihe von Jahren sich einer Missionsgesellschaft, evangelische Ärzte einer evangelischen, katholische einer katholischen, zur Verfügung zu stellen? Für die evangelischen Missionen ist hier im „Verein für ärztliche Mission" in Stuttgart eine Zentralstelle geschaffen. Dieser Verein beabsichtigt, in Tübingen ein „Institut für ärztliche Mission" zu eröffnen. Wer mit seiner eigenen Person oder mit Geld für ärztliche Mission eintritt, fördert zugleich ein kulturelles und ein vaterländisches Werk.

Diese selbstlose Arbeit unserer Ärzte hat auch schon ihre Früchte getragen. In Tsinanfu hatte ein Marinearzt den chinesischen Gouverneur von einem Augenleiden geheilt. Das wurde die Veranlassung, daß der Gouverneur eine Poliklinik errichtete und sich dazu als Leiter vom Gouvernement in Tsingtau einen besonders als Augenarzt tüchtigen Arzt erbat. In der Stadt Kiautschou verwaltet die katholische Mission ein mit chinesischem Gelde unterhaltenes Hospital. In Kaumi erbaute eine reiche Chinesin zum Dank für ihre Heilung aus eigenen Mitteln ein Hospital. Die äußere Verwaltung hat der Evangelisch-protestantische Missionsverein. Auch für das Hospital, das die Berliner Mission in Tsimo gründet, haben die Chinesen willig beigesteuert. Solange noch die deutschen Besatzungen in Kaumi und Kiautschou lagen, liehen die dort stationierten Marineärzte den Hospitälern regelmäßig ihre Hilfe. Jetzt müssen die einigermaßen europäisch geschulten chinesischen Ärzte den Dienst an den Hospitälern allein versehen.

In der ärztlichen Mission tritt den Chinesen die werktätige Nächstenliebe am eindrucksvollsten entgegen.

Auch auf dem Gebiete der Rechtspflege macht sich der erziehende Einfluß des Schutzgebietes schon bemerkbar. Das deutsche Chinesengefängnis in Litsun wird immer mehr ein Vorbild für die schauerlichen chinesischen Gefängnisse der Provinz. Auch die alte Rechtspflege, die allermeist geradezu eine Vereinigung von Willkür und Grausamkeit war, wird durch den ständigen Vergleich mit der Handhabung von Recht und Gewalt, wie die Chinesen sie in Tsingtau sehen, beeinflußt. Nicht als ob in Tsingtau zuerst den Chinesen ein solches Licht aufgegangen wäre. In ganz China macht sich seit langem schon allenthalben ein neuer Geist auch in der Rechtspflege bemerkbar. Aber Tsingtau ist zweifellos für den Norden das am weitesten und hellsten strahlende Leuchtfeuer einer neuen Zeit für China.

Was China not tut, wie das tägliche Brot, sind Männer, aber nicht nur kluge und energische, — daran hat es keinen Mangel —, sondern vor allem solche, denen es ernst um die Sache zu tun ist, die sie treiben, und nicht allein um den Gewinn, der für sie dabei herausspringt. Der Mann, der Chinas Beamtenschaft reformieren könnte, der wäre sein Retter. Es ist dem Reisenden natürlich nicht möglich, sich ein eigenes Urteil über den Zustand der chinesischen Beamtenschaft zu bilden. Aber zu oft und nachdrücklich versichern alte Kenner der Verhältnisse, daß diese Kaste mit wenigen Ausnahmen geradezu von Bestechungen lebt, und daß Gerechtigkeit bei ihr ein so gut wie unbekannter Begriff ist; da können die wenigen Stimmen nicht so sehr ins Gewicht fallen, die uns belehren wollen, das sei gar nicht so schlimm, und das Volk habe sich unter seinen Beamten bisher ganz wohl befunden. Es ist doch wohl so, daß die schönen, von Gerechtigkeit und anderen Tugenden redenden Wandsprüche mit dem Leben derer, die darunter sitzen, im schreiendsten Widerspruch stehen. Gewiß sind auch bei uns die Vorschriften und die zur Schau getragenen Meinungen besser als die Handlungen der Menschen. Aber es macht doch einen Unterschied aus, wie groß die Kluft zwischen Theorie und Praxis ist, und vor allem, wie lebhaft der Abstand vom Ideal schmerzlich empfunden wird oder nicht. Ein Land kann nun auch nicht nur durch gesunde und tüchtige Gesetze genesen oder durch sie verjüngt werden. Wann hätte es in einem Lande je an ausgezeichneten Gesetzen gefehlt? Sondern genesen und sich verjüngen kann ein Land einzig und allein durch gesunde und tüchtige Menschen, die sich des Volkes annehmen. Vor Jahrtausenden war es ein einziger Mann, von dessen sittlicher Tüchtigkeit China bis zum heutigen Tage zehrt: Konfuzius. Von Schantung, seinem Geburtslande, trugen die von ihm beeinflußten Menschen seinen volksrettenden Geist in die anderen Provinzen. So kann auch heute nur so, daß sich kleine Kultur- und damit Reformzentren bilden, eine Besserung erwartet werden. Einzelne Menschen, einzelne Beamte müssen mit dem Geist wahrer Kultur, mit dem Geiste der Rechtschaffenheit, der Ehrlichkeit, der Gewissenhaftigkeit, der Begeisterung für die gute Sache der Volkswohlfahrt erfüllt werden. Dazu will auch Kiautschou, das Schutzgebiet, durch Wort und Beispiel den Chinesen helfen, durch das, was sie dort sehen, und durch das, was sie dort in den Schulen lernen und im Verkehr mit ihren europäischen Lehrern erfahren.

Chinesische Lehrerin mit ihren Kindern

Wäre es denn dann nicht das Richtige, wenn wir gleich chinesische Kinder auch in unsere deutschen Schulen in Tsingtau aufnähmen? Diese Frage ist in Tsingtau in der Tat ernst erwogen worden. Sie ist mit einem entschiedenen Nein beantwortet worden. Mit Recht. Um der deutschen Kinder willen geht das nicht, selbst wenn die chinesischen Kinder alle so gut vorgebildet und so vortrefflich erzogen wären, wie die beiden Söhne eines angesehenen Chinesen, um deretwillen die Frage zum erstenmal ernstlich verhandelt wurde. Und gerade auch um der chinesischen Kinder willen geht das nicht. In China kann nur der seinem Volke wirklich ein Führer sein, der vor allem eine gründliche chinesische Bildung besitzt, seine Klassiker kennt und einen guten chinesischen Stil schreibt. Diese Bildung kann einer aber nur in einer chinesischen Schule erhalten. Wir würden auf die Art, wenn wir die Chinesen einfach in eine deutsche Schule setzten, nur lauter halbe Menschen erziehen, die nicht mehr Chinesen sind und doch keine Europäer werden können. Und solch halbe Menschen, auch nicht nur in China, laufen doch wahrhaftig schon genug zu ihrem eigenen und anderer Leute Mißvergnügen in der Welt herum. Es kommt nicht darauf an, daß die Chinesen lernen, englische oder deutsche Bücher zu schreiben, das besorgen wir ja selbst, auch nicht, daß sie sich für Internationalismus begeistern, dafür sind wir ja selbst kaum reif genug, sondern wir wollen nur auch dies Volk mit den naturwissenschaftlichen und geschichtlichen Tatsachen in der Welt bekannt machen. Und wir wollen es bekannt machen mit dem höchsten Menschenideal, und das ist, richtig verstanden, für alle Menschen ohne Ausnahme Jesus. Auch alle sichtbaren Kirchen und Religionsgemeinschaften sind nichts und können nichts sein als Wege, um die Menschen dahin zu bringen, dies Ideal zu erkennen, zu verstehen und zu verwirklichen. Was aber dabei herauskommt, wenn die verschiedenen Menschen und Völker mit diesem Ideal in Berührung gebracht werden, und in welcher Weise sich dann dort persönliches Leben eigenartig entwickelt, das entzieht sich jeder Berechnung. Auch für die Chinesen sind wir und unsre Kultur nicht etwa Modelle, nach denen jene nun einfach umgegossen werden könnten. Die Chinesen können von uns nur Anregungen erhalten; auch in Tsingtau können wir ihnen nur unser Bestes, unser Herz, unsere Liebe, unsere höhere Weltanschauung vorleben und zu erläutern versuchen. Was daraus wird — das werden einmal unsere Enkel erleben.

Das wäre der größte Vorteil, den China von Tsingtau haben kann, daß durch die enge Berührung mit dem, was in Wahrheit europäische Kultur ist, dort chinesische Männer und Frauen erwachsen würden, die mit klarem Blick, reinem Willen, begeistertem Herzen und fester Hand mutig und besonnen ihr Volk auf neue Wege führten. Ob nicht vielleicht schon solche Menschen am Werke sind? Wer kann es wissen. Die Zukunft wird es zeigen.

Tsingtau als Flottenstützpunkt und Garnison

Tsingtau sollte unser *Flottenstützpunkt* in Ostasien sein. Wir wollten dort einen Hafen haben, der uns ganz zur Verfügung sein sollte, in dem wir nicht erst andere wegen allem um Erlaubnis zu fragen brauchten. Wir wollten einen Platz haben, wo wir Vorräte zur Schiffsausrüstung lagern konnten, wo die Schiffe unseres Kreuzergeschwaders jederzeit ungestört kohlen und reparieren, wo die Besatzungen der Schiffe sich heimisch fühlen konnten. Wir wollten gerade so wie andere in Ostasien wirtschaftlich interessierten Mächte nicht ganz wehrlos sein, wenn es einmal zu kriegerischen Verwicklungen kommen sollte.

Der Leser wird selbst urteilen, daß uns diese Wünsche in Tsingtau so ziemlich alle erfüllt worden sind. Er besinnt sich auf die Kohlenvorräte, die er dort am Lande gesehen hat, auf die Gouvernementswerft, auf das Schwimmdock. Er hat Kasernen gesehen und ist Marineinfanteristen, Matrosenartilleristen und Marinefeldartilleristen auf der Straße begegnet. Er sah die Schiffe unsres Kreuzergeschwaders an den Molen liegen.

Das *Kreuzergeschwader* der ostasiatischen Station besteht zurzeit aus dem Großen Kreuzer „Fürst Bismarck“, den kleinen Kreuzern

„Leipzig", „Niobe" und „Arcona", den Kanonenbooten „Iltis", „Tiger", „Luchs", „Jaguar", den Flußkanonenbooten „Tsingtau", „Vaterland", „Vorwärts" und den Torpedobooten „S 90" und „Taku". Alle diese Schiffe sind auf verschiedene „Stationen" verteilt und es ist dabei ihr Reiseplan so eingerichtet, daß sie mit einer gewissen Regelmäßigkeit an allen Plätzen der Küste und des Jangtse die Flagge zeigen. Von den Flußkanonenbooten ist „Tsingtau" bei Kanton auf dem Westfluß und seinen Nebenflüssen, „Vaterland" und „Vorwärts" sind

S. M. S. „Fürst Bismarck" im Schwimmdock in Tsingtau

auf dem Jangtse stationiert. Diese Flußkanonenboote haben ihr Auge besonders auch auf die Flußpiraten gerichtet, deren räuberischen Überfällen alljährlich manche Dschunke zum Opfer fällt, sei's daß sie geplündert und versenkt wird, sei's daß sie durch „schweres Lösegeld" ihre Freiheit sich erkaufen muß. Wichtige Dienste leisten diese sehr flach gehenden Boote durch ihre Erkundungsfahrten auf Nebenflüssen und Kanälen tief ins Land hinein, von denen sie zahlreiche geographische Einzelheiten und wichtige Berichte über wirtschaftliche Zustände mit zurückbringen. Im Jahre 1907 hat sich das „Vaterland" — das bekanntlich aus Mitteln des Deutschen Flottenvereins erbaut ist — dadurch einen Namen gemacht, daß es unter seinem energischen und für seine Aufgabe besonders begeisterten Kommandanten als erstes deutsches Schiff das Wagnis durchgeführt hat, die berühmten äußerst gefährlichen Stromschnellen des oberen Jangtse zu überwinden und in Chinas größter und reichster Provinz, in Setschuan, die deutsche Flagge zu zeigen. Bisher befuhren nur engliche und französische Kanonenboote diesen Teil des Stromes. Japan, Hinterindien, Niederländisch-Indien und die Philippinen werden von den Schiffen des Kreuzergeschwaders ebenfalls von Zeit zu Zeit aufgesucht.

Jedes Jahr wenigstens einmal, mit Ausnahme der Flußkanonenboote, kommt jedes Schiff des Geschwaders für längere oder kürzere Zeit nach Tsingtau. Hier docken und reparieren sie. Von großem Wert ist diese Zeit in Tsingtau auch für die Besatzungen. In anderen Häfen fühlen sich die Leute immer fremd, so oft sie schließlich auch hinkommen. Die wenigsten können Englisch, und die paar Brocken Pidschen, die jeder lernt, helfen ihm auch nicht sehr weit. Dazu kommt im fremden Hafen das Zusammenliegen mit Schiffen anderer Nationalitäten. Eine Zeitlang ist das ganz interessant, aber neben den des Landes viel kundigeren englischen und amerikanischen Matrosen und Heizern fühlen sich viele von unseren Leuten doch nicht wohl. In Tsingtau dagegen gehen sie an Land wie in Wilhelmshaven und Kiel. Hier haben sie ihr Seemannshaus, knüpfen Bekanntschaften an, benutzen die Spiel- und Turnplätze an Land und nehmen an mancher geselligen und unterhaltenden Veranstaltung, an Theater und Konzert mit teil.

Tsingtau ist die Erholungsstation namentlich für die im Süden stationierten Schiffe. Früher gingen die Schiffe, um den Besatzungen eine Erholung zu schaffen, fast jedes Jahr mehrere Wochen nach Japan. Jetzt geben die Schiffe in Tsingtau ihre Kranken an das Lazarett ab. Die durch Dysenterie geschwächten Leute werden ein paar Wochen hinauf in den Lauschan ins Genesungsheim geschickt und kehren

Militärischer Ausflug in die Prinz-Heinrich-Berge

neu gekräftigt an Bord ihrer Schiffe zurück. Schon mancher hat es Tsingtau zu verdanken, daß er gesund die Heimat wiedergesehen hat. Besonders dankbar werden militärische Spaziergänge begrüßt. Dann geht es ohne Gewehr, aber mit allem, was zum Abkochen nötig ist, wie auf unserem Bilde, in die Prinz-Heinrich-Berge oder nach dem romantischen Taoistenkloster Tai tsching kung oder sonst einem schönen Punkte der Umgebung. Gelegentlich werden wohl auch einmal die Kantinenersparnisse dazu verwendet, mit der Eisenbahn gemeinsam nach der Stadt Kiautschou zu fahren, damit sich keiner zu Hause vorwerfen zu lassen braucht: Du warst in Kiautschou — und bist nicht in Kiautschou gewesen?

Auch der Ausbildung der Mannschaften kommt Tsingtau zugute. Schießübungen, Landungsmanöver u. dgl. können jetzt hier viel planmäßiger betrieben werden als früher, wo erst von Fall zu Fall China um seine Erlaubnis gebeten werden mußte.

Natürlich ist Tsingtau auch befestigt. Ratzel weist in seiner „Politischen Geographie" darauf hin, wie England den Grundsatz: „Zeit gewonnen, Macht gewonnen" auch so anwendet, daß es seine Kolonien militärisch wenigstens so lange ausreichend befestigt, bis die Kolonisten den Besitz durch ihre Arbeit gesichert haben. Denn, so darf man sagen, der Schweiß jahrzehntelanger schaffender Arbeit ist noch ein festerer Kitt, als sogar vergossenes Blut es ist. So mußten wir auch in Tsingtau für Sicherheit nach außen und nach innen sorgen. Jedermann weiß, daß Tsingtau kein Port Arthur ist, noch es je werden soll. Wohl aber — und das ist nicht mehr als unsere einfache Pflicht — müssen wir es gegen einen Überfall, gegen einen Handstreich von Land oder von See her schützen. Und das ist um so leichter, als die Tsingtau umgebenden Berge, sowie die Lage des Hafens in einer durch eine schmale Einfahrt von der See getrennten Bucht schon einen natürlichen Schutz bieten. Wichtig ist auch, daß wir in der Lage sein müssen, unsere Neutralität wirklich wahren zu können. Im russisch-japanischen Kriege z. B. hatte sich ein russisches Torpedoboot in den neutralen chinesischen Hafen von Tschifu geflüchtet. Dort lag als „Stationär" ein chinesischer Kreuzer. Trotzdem kam ein japanischer Kreuzer in den Hafen, überwältigte mit leichter Mühe die russische Besatzung des Torpedobootes, nahm dieses in Schlepp, und ohne sich im mindesten um „Neutralität" zu kümmern, ging es mit seiner Beute davon. Der chinesische Kreuzer sah zu, ohne etwas zu unternehmen. Neutral sein, ohne die Kraft zu haben, diese Neutralität auch zu verteidigen, heißt ein Spielball in der Hand der kriegführenden Parteien sein. Während des russisch-japanischen Krieges hat Tsingtau die Pflicht und das Recht bewaffneter Neutralität schon ausüben müssen. Als das russische Linienschiff „Zessarewitsch" und eine Anzahl russische Torpedoboote 1904 nach dem Ausfall aus Port Arthur im Hafen von Tsingtau gegen ihre japanischen Verfolger Schutz suchten und nach der vorgeschriebenen Zeit von 24 Stunden nicht wieder auslaufen wollten, wurden sie „desarmiert", d. h. es wurden ihnen vom deutschen Gouvernement wichtige Maschinenteile und Geschützverschlüsse, sowie die Munition abgenommen und sie so bewegungs- und verteidigungsunfähig gemacht. Die Besatzung galt während der ganzen Dauer des Krieges als kriegsgefangen unter deutschem Schutze.

Auch nach Land zu muß Tsingtau gegen einen Überfall gesichert sein. Gerade wenn es ungeschützt oder ungenügend geschützt wäre,

Scha tzy kou

würde es eine dauernde Gefahr für den Frieden in der Provinz werden. Es böte sich ja geradezu selbst jeder Räuberbande als leichte Beute an. Und in Zeiten größerer Unruhen, wie im Jahre 1900, sind diese Räuber nicht nur ein paar verwegene Rinaldinis, sondern große nach Hunderten und Tausenden zählende, wohlorganisierte und oft ganz gut bewaffnete Scharen. Welchen wohllautenden Namen und welche ideale

Parole sie auf ihre Banner schreiben mögen, immer würden sich ihre begehrlichen Blicke sehr bald vor allem auf Tsingtau und seine Warenlager, Läden und schönen Häuser richten. Unsere Geschütze und Gewehre in Tsingtau sind nichts anderes als der Stacheldraht um den Garten. Es sind Türen genug da, und jeder, der mit arbeiten will, ist willkommen. Wer außerhalb der Türen hereinwill, wird nicht mit heiler Haut davonkommen.

Wie nötig für den ungestörten Fortgang der zivilisatorischen Arbeit ein gewisser militärischer Schutz ist, zeigt die Geschichte des Bahnbaus. Die chinesische Regierung war bislang noch nicht immer imstande, die unruhigen Elemente unter ihren Untertanen selbst im Zaume zu halten. Wie wäre der Bahnbau 1900 verzögert worden, welcher viel größere Schade wäre angerichtet worden, hätte nicht das Dazwischenfahren deutschen Militärs allen Unruhstiftern einen heilsamen Schrecken eingejagt. Die Nähe der Tsingtauer Garnison hat den ganzen Osten Schantungs in dieser kritischen Zeit in leidlicher Ruhe erhalten. Die ruhige, ordentliche chinesische Bevölkerung begrüßt es selbst dankbar, daß sie so in Ruhe ihrem Erwerbe nachgehen kann. Unsere Garnison in Tsingtau ist nicht dem Namen, aber der Tat nach eine Polizeitruppe. Freilich haben wir auch den geringsten bösen Schein zu meiden, als ob es uns nicht ernst damit sei, uns auf das Schutzgebiet zu beschränken. In der chinesischen Presse begegnet man immer wieder solchen verleumderischen Gerüchten, daß die militärischen Maßnahmen in Tsingtau irgend welchen aggressiven Charakter hätten. Der Zweck dieser Ausstreuungen ist deutlich genug. Gerät Deutschland wegen Kiautschou in Schwierigkeiten, und leidet sein Handel darunter, so sind natürlich die Japaner und Engländer die tertii gaudentes. Auch kurzsichtige chinesische Chauvinisten blasen in dasselbe Horn. „China für die Chinesen!" ist ihr Feldgeschrei. So heißt das Feldgeschrei im Munde der Gebildeten. „Hinaus mit den Fremden!" Dazu wird es sofort im Munde der Menge. Wollen wir dem ersten Wort seine Berechtigung abstreiten? Aber jeder ernsthafte chinesische Patriot muß die Torheit erkennen, dies Ziel auf dem Wege zu erreichen, den das zweite Wort weist. Bis jetzt ist es Deutschland gelungen, die Chinesen davon zu überzeugen, daß ihm jeder Gedanke an Eroberung fernliegt, daß es nur an friedlichen Austausch der gegenseitigen Güter denkt. Bis 1906 hatten wir noch in den Städten Kiautschou und Kaumi Abteilungen der Besatzungsbrigade liegen. Als Bahnschutz waren sie geblieben. Als sie überflüssig geworden waren, wurden sie zurückgezogen. Es sollte auch nicht von fern der Verdacht aufkommen, daß wir es machten wie die Russen in der Mandschurei. Die ließen auch an der Bahn ihre Militärstationen noch bestehen in der nur allzu deutlichen Absicht, so ihre Hand für immer auf das Land zu legen, bis die Japaner sie hinauswarfen.

Jeder, der sehen will, muß sehen: mit den paar Kompagnien, die in Tsingtau stehen, unternimmt niemand einen Eroberungszug. Es stehen in Kiautschou etwa 1200 Mann Marine-Infanterie vom III. Seebataillon, 130 Mann Marinefeldartillerie, 750 Mann Matrosenartillerie, sowie eine berittene Kompagnie des III. Seebataillons, in Summa 2100 Mann. Die englische Besatzung von Hongkong-Kaulun ist fast noch einmal so stark.

Im Garten von Scha tzy kou

Die ganze Besatzung des Schutzgebietes liegt in Tsingtau. Nur eine Abteilung von 20 Mann liegt in Scha tzy kou im äußersten Nordostzipfel des Schutzgebietes. Für Freunde der Natur ist dies ein begehrtes Kommando. An der prächtigen, im Hintergrund durch die hohe Mauer des Lauschan abgeschlossenen Meeresbucht liegt das kleine Lager. Dank der Sorgfalt aller dort in diesen Jahren Kommandierten ist um das Lager ein großer Garten entstanden, dessen Schmuckanlagen nicht minder liebevoll gepflegt werden, wie seine ausgedehnten Gemüsebeete, seine Obstbäume und Weinstöcke.

Zu ernsten Unternehmungen hat die Tsingtauer Garnison nur in den ersten Jahren einigemal ausrücken müssen.

Schon 1898 bereiteten sich im Norden Chinas die später so verhängnisvoll losbrechenden Unruhen vor. Ende 1898 bat die Kaiserliche Gesandtschaft in Peking, nach Peking und Tientsin zum Schutze der dort lebenden Deutschen je eine Abteilung von 1 Offizier, 3 Unteroffizieren und 30 Mann zu entsenden. Schon im Juni des folgenden Jahres kehrten die Abteilungen nach Tsingtau zurück.

Im März 1899 waren die katholischen Missionen im Süden Schantungs von der aufgehetzten Bevölkerung und den das Land durchziehenden Boxerscharen besonders bedroht. Die chinesischen Behörden, die in dieser Zeit vom Kaiserhofe aus in ihrer Fremdenfeindschaft bestärkt wurden, taten nichts zum Schutze der Missionare. Die Absendung einer Kompagnie des Bataillons nach Jitschou genügte aber, um die chinesischen Behörden zu etwas energischerem Vorgehen gegen die Räuber zu veranlassen. Ein paar Wochen später galt die Aufgabe der Abteilung als erledigt. Von den Unruhen, die den Eisenbahnbau störten, ist schon berichtet worden. Im Juni und Juli 1899 mußten 2 Kompagnien, 4 Feldgeschütze, 2 Maschinengewehre und 15 Reiter die Ruhe in der Gegend von Kaumi wiederherstellen. Nach ein paar Scharmützeln bei Ti tung und Lin ko tschuang gelang dies auch. Bis auf eine Reiterpatrouille, die noch einen Monat in der Stadt Kiautschou blieb, rückte auch diese Abteilung schon im Juli wieder in Tsingtau ein.

Berittene Kompagnie

Es kam das schlimme Jahr 1900. Sogar die Baubureaus der Eisenbahn in der Nähe von Kaumi wurden geplündert, die Ingenieure mußten flüchten, der Aufstand näherte sich immer mehr den Grenzen des Schutzgebietes. Darum wurden 120 Seesoldaten, 2 Geschütze, 2 Maschinengewehre und 20 Reiter der Chinesentruppe nach der Stadt Kiautschou gelegt. Da aber der damalige Gouverneur von Schantung, der tatkräftige Yuan schi kai sich für die Sicherheit der Bahn und ihrer Angestellten verbürgte, wurden schon nach vier Wochen die Truppen bis auf einen Beobachtungsposten in Kiautschou wieder zurückgezogen.

Es kamen die Wirren des Jahres 1900 und mit ihnen die ernsten Ereignisse im Norden.

Am 28. Mai bat der Gesandte Freiherr von Ketteler in Peking um militärischen Schutz. Am 29. ging eine Abteilung von 5 Unteroffizieren und 45 Mann unter Führung des Oberleutnants Graf von Soden mit S. M. S. „Kaiserin Augusta" nach Taku und von da nach Peking. Diesem kleinen Häuflein war es beschieden, sich und damit den deutschen Namen mit unverwelklichem Lorbeer zu schmücken. Vom 12. Juni bis zum 14. August waren die Schreckenstage von Peking. 64 Tage lang haben die Braven unter ihrem heldenhaften Führer zusammen mit den ebenfalls nur geringen Gesandtschaftswachen der Österreicher, Engländer, Russen, Franzosen, Italiener, Amerikaner und Japaner das Leben von 600 Menschen, dem Personal der elf Gesandtschaften in Peking, gegen eine mehr als hundertfache Übermacht verteidigt. Dabei schossen die Chinesen nicht etwa mit Pfeil und Bogen, sondern mit Kruppschen Geschützen und mit Gewehren neuesten Modells. Daß gerade die deutsche Gesandtschaft so lange hat verteidigt werden können, erscheint wie ein Wunder, wenn man bedenkt, daß die Chinesen ihre ausgezeichnet geschützten Artilleriestellungen bis auf 100 m, die Infanteriestellungen bis auf 20 m an die deutsche Stellung herangeschoben hatten. Graf von Soden erhielt den Orden pour le mérite und zahlreiche ausländische Orden, sämtliche Mannschaften erhielten das Militärehrenzeichen 1. Klasse, einer das Militär-Verdienstkreuz, alle die kaiserlich russische goldene Kriegsverdienst-Medaille, 2 das kaiserlich russische St. Georgskreuz, außerdem wurden sämtliche Mannschaften auf Befehl S. M. des Kaisers bei ihrer Entlassung zu Unteroffizieren der Reserve ernannt. Zwölf sind gefallen. Am 18. September kehrte die Pekinger Abteilung nach Tsingtau zurück.

Auch an den übrigen militärischen Ereignissen dieser Wochen hatte das Tsingtauer Bataillon hervorragenden Anteil.

Auf Ansuchen des Chefs des Kreuzergeschwaders wurden am 8. Juni zunächst 25 Mann nach Tientsin zum Schutze der dortigen Fremdenniederlassung geschickt, denen aber schon am 19. Juni 2 Kompagnien zu je 120 Mann unter dem Befehl des Bataillonskommandeurs Major Christ selbst folgten. Es waren die Tage, in denen die Landungskorps der Schiffe „Hansa", „Hertha" und „Gefion" die Takuforts erstürmen halfen und in den Kämpfen um Tientsin ihren Mann gestanden haben, in denen — 17. Juni — S. M. S. „Iltis", würdig seines Namens, bei der Beschießung der Takuforts sich seine einzigartige Bug-

Bugverzierung S. M. S. „Iltis"
(pour le mérite)

verzierung verdiente. In all den Gefechten, die dem Entsatz von Tientsin, dem Entsatz des nach seinem verunglückten Vormarsch nach Peking in Hsiku eingeschlossenen Seymourschen Korps, sowie der Befreiung der in Peking Eingeschlossenen galten, fochten und bluteten auch die Mannschaften des III. Seebataillons. Der Sturm allein auf das Ostarsenal bei Tientsien am 23. Juni kostete der Kompagnie Gené 10 Tote und 25 Verwundete. In all diesen Gefechten standen auch die deutschen Truppen wie die aller Verbündeten unter dem Oberbefehl des nachmals durch seine Verteidigung von Port Arthur zu so trauriger Berühmtheit gelangten russischen Generals Stössel. Schon Anfang Juli mußten die Kompagnien wieder nach Tsingtau zurückkehren, da die Unruhen in der Provinz Schantung jeden Augenblick ein ernstes militärisches Eingreifen nötig machen konnten. Das schlichte und doch so vielsagende Lob, das Gouverneur Jäschke den Heimgekehrten spendete, war voll verdient: „Ihr habt in den schweren 14 Tagen so oft im Feuer gestanden, wie manche Truppen im Kriege 1870/71 nicht, und seid dabei vorwärtsgegangen wie auf dem Exerzierplatze."

Nachdem der Brand des Aufstandes im Norden unterdrückt war, ließ er bald auch in Schantung nach. Nur einmal mußte hier noch energisch vorgegangen werden: als Räuberscharen die Eisenbahnmagazine geplündert hatten, wurden am 15. Oktober 1900 die beiden befestigten Dörfer Kelan und Schawo in der Nähe von Kaumi mit stürmender Hand genommen.

Als dann die unter dem Oberbefehl des Feldmarschalls Graf Waldersee durchgeführte militärische Aktion der vereinigten Mächte die Ruhe in Nordchina wiederhergestellt hatte, blieb doch ein Teil auch des deutschen Expeditionskorps noch zum Schutze der Bahn in verschiedenen Plätzen. Diese Abteilungen bildeten die ostasiatische Besatzungsbrigade. In Schantung wurden nach Kaumi, Kiautschou und Syfang Besatzungen gelegt. Mancher denkt an die Jahre dort in den Lagern, an seine verschiedenen Ponys, an

Das ehemalige deutsche Lager in Kiautschou

die weiten Patrouillenritte und an den originellen Verkehr mit den Chinesen als an die interessanteste Zeit seines Lebens zurück. Im Jahre 1906 ist diese Besatzungsbrigade bis auf die in Peking noch verbleibende Gesandtschaftswache von zwei Kompagnien und eine in Tientsin stehende Reserve von ebenfalls zwei Kompagnien wieder zurückgezogen worden, da der Beweis erbracht schien, daß die chinesische Regierung jetzt die Sicherung der Bahn allein übernehmen konnte. Deutschland benutzte diese Zurückziehung der Truppen in keiner Weise zu einem politischen Geschäft. Der Kaiser wollte damit nur auf das handgreiflichste zum Ausdruck bringen, daß wir wieder Vertrauen zu den Chinesen und ihrer Regierung hätten.

In diesen sechs Jahren haben doch ein paar tausend Deutsche Gelegenheit gehabt, einmal herauszukommen und sich Deutschland von außen anzusehen. Das ist nicht gering anzuschlagen. Es gibt jetzt kaum eine Gegend in Deutschland, aus der nicht einer „draußen“ gewesen ist, und kaum ein Regiment, von dem nicht wenigstens ein Offizier in China war. Und das ist auch etwas, was unsere Garnison in Tsingtau neben ihrer militärischen Notwendigkeit wertvoll macht. Jedes Jahr gehen 1000 Mann nach Tsingtau und bleiben dort zwei Jahre. Die Reise und der Aufenthalt draußen ist für die Leute ein Anschauungsunterricht, der etwas teuer ist, der aber, wenn er richtig geleitet und ausgenutzt wird, viel zu bedeuten hat. Gerade auch für gebildete junge Leute ist hier ein Weg, etwas von der Welt zu sehen. Alle Truppenteile in Kiautschou stellen auch Einjährig-Freiwillige ein.

Das ehemalige deutsche Lager in Kanni

Wer beim Seebataillon oder bei der Marine-Feldbatterie in Kiautschou eintreten will, hat seine Meldung an das Kommando des III. Stamm-Seebataillons in Wilhelmshaven, wer bei der Matrosenartillerieabteilung in Kiautschou eintreten will, an das Kommando der Stammabteilung der Matrosenartillerie Kiautschou in Cuxhaven zu richten. Hin- und Rückreise machen die Einjährigen kostenfrei mit dem Ablösungstransport. Für ihre Bekleidung, Verpflegung und Unterkunft haben sie wie in der Heimat selbst zu sorgen. Die Kosten werden für ein Jahr bis auf 4000 M. geschätzt, je nachdem, ob den Einjährigen das Wohnen im Kasernement und die Teilnahme an der Mannschaftsmenage gestattet wird oder nicht. Wird dies gestattet, so verringern sich natürlich die Kosten. Weist nach Ablauf seines Jahres jemand nach, daß er sofort eine Stelle in Ostasien antreten kann, so wird er gleich in Tsingtau entlassen. Ebenso wenn er auf eigene Kosten heimfahren will und die Mittel dazu nachweist. Im übrigen werden die Einjährigen mit dem nächsten nach Ablauf ihrer Dienstzeit abgehenden Ablösungstransport heimbefördert. Die hiernach etwa über die gesetzliche aktive Dienstpflicht hinaus im Schutzgebiete verbrachte Dienstzeit von acht Wochen und mehr zählt für eine Übung in der Reserve.

Was die Leute auf der Reise erleben, mag ein späteres Kapitel zeigen, was sie draußen sehen, steht auf den bisherigen Blättern zu lesen. Wer geweckt ist und sehen und fragen gelernt hat, kehrt mit einer Fülle frischer, lebendiger Bilder und wertvoller Anregungen heim. Und selbst der geistig trägere Mann möchte später die Erinnerung an seine Zeit in Tsingtau nicht missen, und wenn man wieder einmal mit ihm zusammenkommt, ist des Erzählens hin und her kein Ende, so viel hat auch er erlebt. Und wahrlich, es drängt sich in die zwei Jahre auch genug zusammen. Vom ersten Tage an, wo der Dampfer in Bremerhaven oder Hamburg die Leinen loswirft, die Musik ihr „Muß

„Holdrio, nun geht's zur Heimat!"
Transportdampfer mit Ablösungsmannschaften verläßt Tsingtau

i denn, muß i denn" spielt und es hinausgeht, 11000 Seemeilen weit, nach Ostasien. Dann die ersten erstaunten Blicke in die seltsame bezopfte Welt da draußen, bis die erst so fremden Laute und Namen dem Ohre vertraut werden, bis die Gedanken die mosaikartig vereinzelt neuen Eindrücke mehr und mehr durch die richtigen Linien verbinden, und so ein immer deutlicheres geschlosseneres Bild gewonnen wird. Der Dienst läßt Zeit genug, und entsprechende Belehrung durch die Vorgesetzten will noch besonders dazu anleiten und es fördern, daß jeder außer seinen dienstlichen Obliegenheiten auch noch möglichst viel von dem lernt, was es da draußen Besonderes zu lernen gibt: vom fremden Land und worin es anders ist als die Heimat, vom fremden Volk und seinen Sitten, von Handel und Wandel, von den Deutschen und den Engländern, von den Amerikanern und den Japanern in Ostasien, von Wetten und Wagen auf dem großen Markte der Welt, von kühnem Kaufmannsgeist und von der tüchtigen Arbeit aller zu Hause, die dahinter stehen muß. Bis zum letzten Tag draußen, wenn dann wieder der Dampfer an der Mole liegt, wenn der 100 m lange Heimatswimpel vom Maste weht, wenn die Freunde an Land und die zurückbleibenden Kameraden den letzten Gruß winken, das letzte Hurra rufen, und aus tausend Kehlen das alte liebe Heimatslied erschallt: „Holdrio, nun geht's zur Heimat, — holdrio, zur schönen Heimat, — holdrio, nun geht's zur Heimat, — holdrio, nun geht's nach Haus!"

Die Reise nach Tsingtau

Jedes Jahr machen fast 2000 Deutsche die Reise nach Tsingtau: nämlich die Offiziere, Unteroffiziere und Mannschaften der Garnison Tsingtau und des Kreuzergeschwaders, die ihre Kameraden draußen ablösen. Da das Kommando zweijährig ist, so wird jedes Jahr die Hälfte abgelöst. Der Seebataillonstransport geht meist im Januar in Wilhelmshaven mit 1000 Mann ab. Die Ablösung für das Kreuzergeschwader mit 1000 Mann an Bord tritt mit dem besonders für diese Transporte gebauten Dampfer „Borussia" der H.-A.-Linie oder mit einem Dampfer des Lloyd, die Ausreise in Hamburg oder Bremerhaven meist in den ersten Tagen des Mai an. Auf dieser Reise wird nur Port Said, Suez, Colombo, Singapor und Hongkong angelaufen. Verläuft alles ohne unvorhergesehenen Aufenthalt, so liegt der Dampfer nach 42 oder 43 Tagen an der Mole in Tsingtau.

In einem Tage geht's durch die graugrüne Nordsee, die oft so glatt ist wie ein Schloßteich, und oft wieder so schlimm und wild — die Nordsee, die Mordsee. Dann durch den Kanal, wie durch eine belebte Straße. An der Strandungsstelle des „Großen Kurfürst" (1878) bei Folkestone geht es vorüber, unfern der Stelle, von der Fontanes Gedicht erzählt: „Das sind die Bänke von Goodwin Sand, — ein Kirchhof ist's, halb Meer, halb Land." Vorträge, die gehalten werden, sorgen dafür, daß die Leute auf alles Wissenswerte während der Reise aufmerksam gemacht werden. Es sind das manchmal Stunden eines Anschauungsunterrichtes, die allen, die sie mitmachen, dauernd im Gedächtnis bleiben. Ist's Nacht und sichtiges Wetter, so sehen wir fast in ununterbrochener Reihe die Hafenbeleuchtung der englischen Küstenstädte herübergrüßen. Jeden Augenblick taucht vor uns von neuem das grüne und rote Licht der Positionslaternen begegnender Dampfer auf. Ein Zeichen des die Völker einenden Weltverkehrs ist es, daß die Schiffe aller seefahrenden Völker der Erde nachts an Steuerbord ein grünes und an Backbord ein rotes Licht fahren. Wie gefährlich geradeswegs auch manchmal die Schiffe im Kanal aufeinander zuzukommen scheinen, nach der Seemannsregel: „Grün an Grün, Rot an Rot, geht alles klar, hat keine Not“ kommen alle sicher aneinander vorbei. Am niedrigen alten und hohen neuen ins Wasser hineingebauten Leuchtturm von Eddystone geht es vorbei. Nachts blitzt vielleicht noch das mächtige Feuer von Ouessant von der französischen Küste herüber. Schon zeigen die andersartigen Bewegungen des Schiffes an, daß wir in der langen Dünung des Atlantischen schwimmen. In der Biskaya wissen die meisten, die schon länger zur See fahren, von irgendeinem ernsten Tag in ihrem Leben zu erzählen, als sie bei schlechtem Wetter hier durch mußten. Dann begleiten uns zwei Tage lang die Bergzüge der spanischen und portugiesischen Küste. An der Einfahrt von Lissabon vorüber; — der weiße Leuchtturm von Kap Vinzent auf grünem Hang über der hohen roten Felsenküste; — auf beiden Seiten tritt das Land immer mehr heran; — rechts in der Ferne die Einfahrt von Tanger; — links Kap Tarifa; — dann ein 400 m hoch steil aus dem Wasser aufsteigender Felskegel: Gibraltar, „der Schlüssel des Mittelmeers“. Von hier an kommen wir an einem englischen Wachtposten nach dem andern auf dem Wege nach Ostasien vorüber. Sechs Tage lang wiegt uns nun das blaue Mittelmeer. Wer nicht, wie wir augenblicklich, unter der Reichsdienstflagge mit dem großen Ablösungstransport, sondern mit einem Dampfer des Lloyd oder der Hamburg-Amerika-Linie fährt, hat vorher schon Antwerpen und Southampton, vielleicht auch Lissabon zu sehen bekommen; der kann jetzt auch noch schnell dem Campo Santo in Genua einen Besuch abstatten, kann von Bord aus den malerischen Anblick Neapels und seines schimmernden Golfes genießen und in der Straße von Messina sich an Skylla und Charybdis und die Irrfahrten des Odysseus und an den liebesmutigen Schillerschen „Taucher“ erinnern lassen. Unsere „Borussia“ läßt all diese Sehenswürdigkeiten links liegen und fährt vorüber an dem englischen öden Malta und seinem felsenfest verschanzten La Valetta geradeswegs nach Port Said. Hier umgibt uns schon die Welt des Orients mit seinen fremdartigen Menschenrassen. Wer einen empfindlichen Geruchssinn und wer ein ausgesprochenes Reinlichkeitsbedürfnis hat, für den hat der Orient schon in Neapel angefangen. Man sieht es den Straßen und Plätzen in Port

Said an, daß hier jeder nur möglichst rasch möglichst viel Geld zu verdienen versucht, um dann möglichst bald und gründlich den grauen Staub der häßlichen Stadt für immer von seinen Schuhen zu schütteln. Vielleicht kommen dadurch in Port Said ein paar Stunden längeren Aufenthalts heraus, daß wir die nächste Post dort abwarten müssen, und wir gewinnen so Zeit, mit der Bahn von Port Said aus einen zweitägigen Abstecher nach Kairo und den Pyramiden zu machen und erst in Suez wieder an Bord zu kommen. Auch nur ein paar

Am Suezkanal

Stunden sich in den Anblick der Pyramiden versenkt zu haben, — am besten ganz frühmorgens oder bei Sonnenuntergang, — und durch das sinnverwirrende bunte Getümmel der Straßen Kairos gewandert oder gefahren zu sein, lohnt reichlich Geld, Zeit und Mühe. Den Suezkanal, seine kahlen sandigen Ufer, seinen Verkehr und das Denkmal seines kühnen, energischen Erbauers, des Franzosen Ferdinand Lesseps, in Muße zu bewundern und uns in die Menge von geschichtlichen, wirtschaftlichen und politischen Gedanken, die der Kanal wachruft, zu vertiefen, können wir uns ja für die Rückreise aufsparen.

Hoffentlich treffen wir es im Roten Meer nicht allzu heiß. Wenn wir den Wind von achtern haben und ebenso schnell laufen wie der Wind, ihn „ausdampfen“, so kann die Luft in den Kammern, oder wie sie auf den Dampfern genannt werden, in den Kabinen gelegentlich einmal auch nachts noch 30° C haben, zumal wenn die Kabine in der Nähe der Maschine liegt. Ist die Luft trocken, so lassen sich auch diese Grade leicht ertragen. Übel wird es erst, wenn die Luft feucht ist, und infolgedessen die vom Körper als Schweiß ausgeschiedene Feuchtigkeit nicht mehr verdunstet. Einmal aber werden die schlaffen Geister doch reger, — wenn es heißt: „an Backbord querab der Sinai". Aus dem Gewirr kahler Felszacken ist er auch mit der Karte nicht ganz leicht auszumachen. Aber man findet ihn doch. Wie eine Hand mit drei zum Schwur erhobenen Fingern, so sieht man in der Ferne den dreizackigen Berg. Man mag über die Geschichtlichkeit der Sinaierzählung denken, wie man will — das Volk der Juden und sein „Gesetz" hat doch, wie ein Fels in der Flut der Geschichte, allen Stürmen der Zeit bis zum heutigen Tage Trotz geboten.

Vorüber am englischen Perim, mitten in dem schmalen südlichen Ausgang des Roten Meeres, und am englischen Sokotra, das wie ein Schilderhaus vor dem Golf von Aden steht, geht es, ohne das englische Aden zu berühren, ostwärts in den Indischen Ozean hinein. Wohl dem, der dann seine Kammer auf der Seite hat, von woher der Monsun weht. Damit auch die andern etwas davon abkriegen, leiten Luftsäcke die frische Luft in alle Räume des Schiffs, oder elektrische Ventilatoren schaffen kühlenden Zug. In den Speisesälen ist wohl auch eine „Punkah" angebracht, eine mitten über den Tischen an einer wagrechten Stange befestigte, $^3/_4$ m breite dichte Gardine, die mit der schwebend aufgehängten, hin und her bewegten Stange wie ein Riesenfächer hin und her weht — ganz nach klassischem Vorbild, nur daß der „Grieche", der uns „Kühlung schafft" aus Finkenwerder oder Danzig stammt. Fliegende Fische, Wale, Haifische geben zu mancherlei Belehrung und zu mancherlei Geschichten Anlaß. Sonnenuntergänge, wie sie nur in den subtropischen Gegenden sind, von einer unvergleichlichen Pracht der wechselnden Farben, ziehen das Auge auch des stumpfesten Menschen nach oben. Lange noch sitzt alles nach dem heißen Tage bis in die Nacht hinein an Oberdeck, staunt hinunter in das zauberhaft schöne Meerleuchten oder sucht das berühmte „südliche Kreuz", alle darüber einig, daß unser „Orion", aber sogar unser „Wagen" und unsere „Kassiopeja" dennoch ungleich prächtigere Sternbilder sind. Und aus all der schimmernden Herrlichkeit der lauen Tropennacht fliegen die Gedanken heimwärts.

Zwölf Tage sind wir schon seit Suez in See. Jetzt winken von Land die Palmen Ceylons. Wir ankern hinter dem berühmten break-water, der

Hafenmole, von Colombo, an der die aus der freien See hereinflutenden Wellen sich brechen und beständig in viel Meter hohen Wassergarben in die Höhe spritzen. Es ist jedem zu raten, seine Einkäufe in der Stadt an Ebenholzelefanten, Elfenbeinschnitzereien, indischen Schals, Tierfellen, Ceylon-Tee und Vanille bis zur Rückfahrt zu verschieben oder nur rasch von den Händlern, die sofort massenweise mit ihren Waren an Bord kommen, ein paar Kleinigkeiten zu kaufen, und dafür lieber mit dem nächsten Zuge nach Kandy zu fahren. Kandy ist die alte Hauptstadt

Viktoria-Park in Colombo

Ceylons, sein Buddhatempel mit einem allerdings schon durch seine Größe als unecht gekennzeichneten Zahn Buddhas als Reliquie das Hauptheiligtum des ganzen südlichen Buddhismus. Eine alte Sage verlegt das Paradies auf die Insel Ceylon, und der „Adamspik" im Innern der Insel und die „Adamsbrücke", Felsen, die wie Brückenpfeiler in der schmalen Meerenge stehen, die die Insel vom vorderindischen Festlande trennt, erhalten diese Sage in lebendiger Erinnerung. Da oben in den Bergen Ceylons könnte man an die Wahrheit der Legende glauben lernen. Schon der Gegensatz zwischen der drückenden Hitze, die allermeist über Colombo liegt, und der erquickenden Kühle droben schafft ein Gefühl äußersten Wohlbehagens. Dazu hier für den, der zum erstenmal über Europas Grenzen hinauskommt, der erste Tropenwald in all seiner Üppigkeit und in allen seinen seltsamen Formen, mit seinen schlanken Palmen, seinem haushohen Bambus, seinen Schlinggewächsen und fremden Obstbäumen. Peradeniya ist der wohllautende Name des botanischen Gartens in der nächsten Nähe von Kandy. Wem es nicht vergönnt ist, den noch schöneren botanischen Garten — botanischen Park müßte man eigentlich sagen — in Buitenzorg bei Batavia zu sehen, der nimmt hier aus Peradeniya eine der eindrucksvollsten Erinnerungen seines Lebens mit. Aber auch, wer nur draußen, ein paar Kilometer von Colombo entfernt, in Mount Lavinia am Strand gestanden und gelauscht hat, wie sich dort das Rauschen der Palmen mit dem Brausen der Brandung mischt, vergißt diese Stunden nicht so leicht. Für diese Tage unter der Sonne des Wunderlandes Indien sind Haeckels „Indische Reisebriefe" der beste Begleiter.

Drei bis vier Tage dauert's bis hinüber nach der Küste von Hinterindien. Während der Postdampfer noch in Penang einen kurzen Aufenthalt macht, geht der Transportdampfer ohne Aufenthalt durch die Straße von Malákka gleich nach Singapor. Die „Löwenstadt" heißt sie. Und auch hier liegt der englische Löwe an der Weltstraße und fordert von allem, was bei ihm vorüberkommt, seinen Tribut. Freilich mag er sich hüten, daß ihn nicht gerade in Singapor der chinesische Drache einmal bezwingt. Es ist heute in Singapor sehr viel Geld und sehr viel Geschäft in den Händen von Chinesen. Davon wissen auch die deutschen Firmen in Singapor zu erzählen. Einen Tag haben wir hier Zeit. Es wird gekohlt. Wir sputen uns also schon deshalb, daß wir sogleich von Bord kommen. In einem der kleinen ponybespannten Wagen oder in der billigeren Rickscha fahren wir durch die von Menschen aller Völker und aller Hautfarben belebten Straßen, gehen rasch einmal durch das reichhaltige Museum, fahren hinaus in den auch hier prachtvollen botanischen Garten, verbringen die kühlen Abendstunden vielleicht in dem reich und bequem ausgestatteten, erst vor ein paar Jahren eingerichteten neuen Deutschen Klub und kehren, während Leuchtkäfer durch die warme Nacht funkeln und die großen Grillen in den Sträuchern und auf den Bäumen konzertiren, wieder an Bord zurück. Der eine und andere zieht es auch wohl vor, statt an Bord in der dumpfen Kammer, in der wegen des Kohlens den ganzen Tag das Seitenfenster hat dicht bleiben müssen, die Nacht gleich an Land zuzubringen, in einem der weitläufig gebauten Hotels und unterm Moskitonetz in dem breiten Bett im hohen Zimmer, durch dessen nur halbhohe Tür Tag und Nacht jedem Luftzug der Weg frei ist.

Singapor ist der südlichste Punkt der Reise. Da es gerade $^1/_2$ Grad Nord liegt, passieren wir auf der Reise nach Tsingtau den Äquator

Singapor

nicht, und wer nicht auch in Niederländisch-Indien gewesen ist, kehrt aus Ostasien ohne die berühmte — manche sagen auch: die berüchtigte — Linientaufe heim.

Wieder fünf Tage mit nordnordwestlichem Kurs — wie lange mag man wohl vor 80 Jahren bei ungünstigem Winde zu dieser Strecke gebraucht haben —, und wir liegen in einem der schönsten Häfen der Welt, in Hongkong. Bekanntlich heißt eigentlich nur die Insel so, und die Stadt heißt Viktoria, aber kein Mensch nennt sie so, jeder spricht nur von Hongkong. „Einzig schön" — auf Hongkong paßt das wirklich. Einzig ist es, wie sich auf schmalem Küstensaum die volkreiche Stadt hinstreckt; wie die Wege sich steil den Berg, den Peak, hinaufziehen und die über den ganzen Berg verstreuten Villen untereinander verbinden; wie eine kühne Drahtseilbahn in schwindelnder Steigung bis auf den Kamm der Berginsel klettert; wie jeder Regentropfen aufgefangen, sorglich aufbewahrt und vorsichtig weitergeleitet wird; wie auf kahlen sonnverbrannten Felsenhängen durch unsägliche

Mühe und zähe Ausdauer ein üppiger schattiger Baumwuchs geschaffen und die öde Insel zum großen Teil in einen Garten umgewandelt worden ist. Und schön oft über alle Beschreibung ist bei klarem Wetter der Blick vom Peak herab auf Stadt und Hafen; wenn von der Höhe aus die Hunderte von Schiffen, die großen Dampfer des Nordd. Lloyd und der englischen P. & O.-Linie, die viel Stockwerk hohen amerikanischen Passagierdampfer, Kanton-Dampfer, Kaulun-Fähren, die schlanken steam launches, Segelschunken und winzigen Sampans, wie in eine Glasscheibe eingelassen erscheinen; wenn die vielgeschlungenen Buchten der Südküste blau oder grün oder viollett schimmernd tief unter uns liegen; wenn man in einer schönen Herbstnacht sich im chair, in dem von hurtigen Kulis getragenen leichten Tragstuhl, unter den durch Bogenlampen magisch erleuchteten hohen Bäumen hin, die einsamen Wege hinauf zu dem gastlichen Hause einer befreundeten Familie tragen läßt; oder wenn vom Hafen aus gesehen des Abends die Tausende von Lichtern in der Stadt und in den Villen am Berg aufblitzen. Auf dem Hafen, an der Pier, auf den Straßen, in den Offices den Tag über das bunteste, betriebsamste Leben. Des Abends: die Chinesen in seidenem Staat oder im einfachen leinenen Hauskleid vor ihren Türen oder in den Straßen promenierend; viel niederes Volk in seiner Art sich erholend nach der Hatz des Tages; die Europäer im bequemen eigenen Haus oder im Klub oder zum Spiel auf grünem Rasen, zum Reiten und Tennis, zum Kricket und Fußball, draußen in „happy valley". Happy valley, Tal des Glückes: unten im Tal der weite Renn- und Spielplatz mit seinem lebensfrohen Treiben; auf halber Höhe die stillen Friedhöfe, nebeneinander der evangelische, der katholische und der mohammedanische, alle, zumal der evangelische, mit parkähnlichen Anlagen, — und steht auch mancher deutsche Name auf den Grabsteinen dort; und über allem, über den Lebenden und den Toten, die Berge —. Happy valley, sei immer den Leuten da draußen eine Mahnung, daß nur der seines Lebens Harmonie und damit seines Lebens Glück findet, dem der Gedanke an die gegenwärtige Stunde, der Gedanke an die Vergänglichkeit und der an die Ewigkeit gleich vertraut geworden ist. Über dem Hafen drüben, auf dem chinesischen Festlande, liegt Kaulun, wo auch die großen Dampfer ihre Anlegeplätze haben und die Dock- und Werftanlagen sind. 1000 qkm groß ist das Stück, noch einmal so groß wie Kiautschou, das sich hier die Engländer gesichert haben. Als Endpunkt der großen Eisenbahn Hankau-Canton-Kaulun darf ihm noch eine große Zukunft prophezeit werden. Schlimm in Hongkong ist die Regenzeit. Dann ist die

Hongkong

Stadt unten mit einer Treibhausatmosphäre erfüllt, und der Peak und seine Villen stecken wochenlang in dichten warmen Nebeln. Und schlimm sind auch die Taifune, die fast alljährlich Hongkong heimsuchen und von Zeit zu Zeit einmal, wie im Jahre 1907, Hunderte von Menschenleben kosten und für viele Tausende von Dollars Schaden anrichten. In den Läden Hongkongs finden wir die Kunsterzeugnisse des nahen Canton. Canton ist der Hauptsitz der chinesischen Gold- und vor allem Silberschmiedekunst und der chinesischen Holz- und Elfenbeinschnitzerei. Auch Japans vielbewunderte Kunst bietet hier ihre schönen Stücke zum Kauf an — seine stimmungsvollen Aquarelle und prachtvollen, in Samtstoff gewebten Bilder (cut velvet), seine reizvollen, meisterhaft gestickten Wandschirme (screens), seine wundervoll naturalistischen Bronzen und farbenprächtigen Cloisonnés. Und inmitten all so vieler Pracht der großen reichen Stadt so viel Elend, und inmitten des Elends wieder so viel christliche helfende Liebe! Die katholische Mission nimmt sich hier namentlich der zahlreichen Mischlingsbevölkerung an. Von deutschen evangelischen Missionen arbeiten unter der chinesischen Bevölkerung Hongkongs die Barmer und die Rheinische Mission. Für die Ärmsten der Armen, für blinde Chinesenkinder, sorgt hier die „Hildesheimer Blindenmission". Das „Berliner Findelhaus" auf luftiger Höhe über der Stadt zieht an die fünfzig ausgesetzte oder von ganz armen Eltern ihm zugeführte chinesische Mädchen auf. Sein Leiter ist zugleich Pfarrer der evangelischen Deutschen in Hongkong und Kaulun, und viele Landsleute, besonders auch Offiziere und Mannschaften der Kriegsschiffe, denken dankbar an die gastliche, herzliche Aufnahme, die sie dort gefunden.

Wenn wir den Hafen von Hongkong verlassen, können wir an den Hongkong benachbarten kahlen Inseln sehen, was Hongkong noch vor 60 Jahren gewesen ist, und bewundern jetzt erst recht das, was es heute ist. Nach weiteren drei Tagen sind wir vor der Jangtsemündung und der Einfahrt nach Schanghai, dem New York des Ostens, angelangt.

Daß gleich hier auf Wusung-Reede auf den Küstendampfer übergestiegen wird, wie eingangs gesagt, kommt nur in Ausnahmefällen vor. In der Regel fahren die Reisenden von Bord ihres großen Dampfers aus in einem Dampfboot erst nach Schanghai hinauf und besteigen dort den Dampfer, der sie nach Tsingtau bringen soll. Von Schanghai haben wir in diesen Kapiteln schon öfter gehört. Es ist dort das außer Tsingtau bestorganisierte deutsche Gemeinwesen Ostasiens. Wer vom Leben der Deutschen in Schanghai sich ein Bild machen möchte, braucht nur in ein paar Nummern des in Schanghai erscheinenden „Ostasiatischen Lloyd“ hineinzusehen. Wem es die Zeit nicht erlaubt, sich ausführlich in Schanghai umzusehen, mag sich je nach Geschmack wählen, was er sehen will. Er kann am Bund und auf der Bubling Well Road zuschauen, wie das internationale Schanghai arbeitet und wie es sich erholt. Oder er kann sich an der Hand eines chinesischen Führers — das ist aber nur bildlich gemeint — in das Gewirr der engen Straßen der ummauerten Chinesenstadt von Schanghai wagen. Er kann auch zwischen eleganten Villen hindurch auf schöner Straße sich nach Sikawei fahren lassen. Hier haben die Jesuiten seit vielen Jahren eine Sternwarte und eine Wetterstation, und durch die telegraphisch ihnen von allen Wetterstationen der Küste übermittelten täglichen Berichte und ihre eigenen Messungen und Berechnungen leisten sie der Schiffahrt in Ostasien wichtige Dienste und haben namentlich durch ihre Taifunwarnungen schon viel Unglück verhütet. Es wäre schön, wenn die meteorologische Station in Tsingtau zu einem ebensolchen Institut ausgebaut werden könnte und, wie auch die Hamburger Seewarte, wissenschaftlich und praktisch tätig wäre. Sollte sich nicht jemand finden, der die Mittel für die Einrichtung einer Tsingtauer Seewarte zur Verfügung stellte? Auch die Waisenhäuser für chinesische Knaben und Mädchen, die die katholische Mission in Sikawei unterhält, sind eines Besuches wert. Ist es Sonntags, so kann der Reisende in Schanghai als Evangelischer in der deutschen Kirche eine deutsche evangelische Predigt hören, oder als Katholik in der französischen St.-Josephs-Kirche oder der englischen Herz-Jesu-Kirche einem Gottesdienste seines Bekenntnisses beiwohnen.

Von Schanghai nach Tsingtau sind wir schon im 1. Kapitel gereist.

Reisende aus Deutschland werden allermeist von Bremen oder Hamburg bzw. Genua oder Neapel aus mit einem Reichspostdampfer des Norddeutschen Lloyd fahren. Den Verkehr von Schanghai nach Tsingtau unterhält, wie wir sahen, die Hamburg-Amerika-Linie. Der Lloyd gibt durchgehende Fahrkarten bis Tsingtau aus. Diese kosten, einschließlich Verpflegung, einfache Fahrt, I. Klasse 1385 M, II. Klasse 950 M, Hin- und Rückfahrt, I. Klasse 2090 M, II. Klasse 1455 M. Wird die Reise erst von den italienischen Häfen aus angetreten, so kostet die Seereise etwa 100 M weniger. In der III. Klasse kostet die einfache Fahrt bis Schanghai 535 M, die Hin- und Rückfahrt 800 M. Von Schanghai bis Tsingtau gibt es keine dritte Klasse. Es kostet die einfache Fahrt II. Klasse 20 $, die Hin- und Rückfahrt 30 $, also etwa 40 bzw. 60 M. Die Hin- und Rückfahrkarten sind 2 Jahre gültig. Die Reise kann überall beliebig unterbrochen werden, vorausgesetzt, daß die einfache Fahrt in 12 Monaten, die Hin- und Rückfahrt in 2 Jahren zurückgelegt wird. Die Fahrt von Bremen-Hamburg bis Schanghai dauert meist 45 Tage, von Genua oder Neapel 14 oder 15 Tage weniger. Wer mit einer Reise nach Ostasien auch einen Besuch Japans verbinden will, nimmt durchgehende Fahrkarte bis Japan. Dann muß die Fahrt nach Tsingtau als Abstecher von Schanghai aus angesetzt werden.

Der Lloyd gibt auch Fahrkarten für eine Reise um die Welt aus mit zweijähriger Gültigkeit. Die kürzeste Weltreise via Japan und China kostet einschließlich eines Abstechers von Schanghai nach Tsingtau und zurück 2660 M.

Bekanntlich sind auch einige der nach Ostasien fahrenden Frachtdampfer der H.-A.-Linie für eine Anzahl Passagiere eingerichtet. Die größeren Dampfer, wie „Rhenania", haben nur I. und III. Klasse, die kleineren, wie „Scandia" nur Kajüte ohne I. und III. Klasse. Es kostet mit diesen Dampfern die einfache Fahrt I. Klasse bis Tsingtau 1130 M, Kajüte 936 M, III. Klasse 440 M; die Hin- und Rückfahrt I. Klasse 1750 M, Kajüte 1522 M, von Neapel aus etwa 80 M weniger. Die Reise mit diesen Hapag-Dampfern dauert ein paar Tage länger als mit denen des Lloyd.

Der kürzeste Weg nach Tsingtau ist der zu Lande über Sibirien. Nachdem alles nach dem Kriege wieder ins alte Gleis gelenkt worden ist, geht jetzt auch die Post wieder diesen Weg. Der beste Zug ist der alle Mittwoch in Moskau abfahrende transsibirische Luxuszug. Die etwas weniger vornehmen, aber ebenso raschen Züge fahren am Donnerstag und Sonntag in Moskau ab.

Von Berlin geht es in zwei Tagen über Bromberg, Alexandrowo und Warschau nach Moskau (1932 km). Von hier über Omsk und Irkutsk nach Charbin. Hier zweigt die mandschurische Bahn nach Süden ab und fährt über Mukdens blutgetränkte Felder nach Dalny, nördlich von Port Arthur. In 13 Tagen werden die 8619 km von Moskau bis Dalny zurückgelegt. Von Dalny fährt ein Dampfer in 9 Stunden bis Tschifu und von da in weiteren 22 Stunden bis Tsingtau. Die Reise von Berlin bis Dalny kostet I. Klasse etwa 700 M,

II. Klasse 460 M. In den beiden einfacheren Zügen 480 bzw. 300 M. Von Dalny bis Tsingtau über Tschifu etwa 66 bzw. 46 M.

Voraussichtlich kann man schon 1911 von Mukden aus über Tientsin und Tsinanfu ganz bis Tsingtau mit der Eisenbahn fahren. Über Amerika dauert die Reise nach Tsingtau heute etwa 36 Tage.

Es gibt in Deutschland eine ganze Anzahl Leute, die jährlich 3000 M für Reisen ausgeben. Die sollen einmal das Reisegeld von zwei Jahren und einen Urlaub von 4 Monaten nehmen und sich nach dem fernen Osten und nach Tsingtau aufmachen. Dann sollen sie mir Tsingtau grüßen!

Schlußbetrachtung

Das ist Kiautschou. Wenigstens so, wie der Verfasser es gesehen hat. Zehn Jahre ist da draußen gearbeitet worden. Wenn man jetzt die Denkschriften der ersten Jahre durchblättert, ist man überrascht, wie sich Tsingtau fast genau so entwickelt hat, wie es dort schon angedeutet war, wie richtig bis jetzt das, was kommen mußte, vorher gesehen worden ist, und wie energisch die Verwaltung alles rechtzeitig vorbereitet hat, damit das Kommende gebahnte Wege finden sollte.

Es ist der Vorwurf erhoben worden, daß vieles in Tsingtau zu großartig und kostspielig angelegt sei, so die Kanalisation und der Schlachthof. Sehr wahrscheinlich wäre aber eine weniger solide Arbeit auf die Dauer teurer gewesen als diese. Auch das Straßennetz, sagen manche, sei zu groß angelegt, zu sehr auf Zuwachs berechnet. Man kann darüber verschiedener Meinung sein, ob man immer nur so bauen will, daß es gerade für die gegenwärtigen Verhältnisse ausreicht, oder ob es zweckmäßiger und billiger sei, auf weiter hinaus vorzusorgen.

Auch begegnet man immer wieder der ängstlichen Frage: Werden wir in Kiautschou noch lange die Früchte unsrer Arbeit ernten?

Man hat auf Japan hingewiesen, das sich eines schönen Tages in das fertige Nest setzen könnte. Als die Russen sich am Gelben Meer in Port Arthur festsetzten, als sie Miene machten, ihre Hand ganz auf die Mandschurei zu legen, da war das für Japan einfach eine Lebensfrage. Wir engen die Japaner nicht ein. In Korea stören wir sie nicht im mindesten. In der Mandschurei stehen wir ihnen nicht vor einer einzigen offnen oder verschlossenen Tür. In Tsingtau haben sie für ihren Handel ebenso freien Weg wie jede andere Nation.

England sieht selbstverständlich nicht zu seiner besondern Freude einen Konkurrenten erstarken. Auch der wohlmeinendste Kaufmann sieht es nur mit einem gewissen Unbehagen, wenn ein anderer drüben über der Straße einen ähnlichen Laden aufmacht, wie er selbst hat. Das ist menschlich. Aber zwischen dem Punkte, daß England uns aufrichtig zu unseren Erfolgen beglückwünscht, und dem, daß es etwa mit Gewalt uns das Gewonnene entreißt, ist doch ein weites Feld. Hier ist das Feld des wirtschaftlichen Kampfes. Zum Glück bricht sich die einzig richtige Ansicht gerade in letzter Zeit wieder mehr Bahn. Es ist ein Engländer, der schreibt: „Für die Entwicklung der wirtschaftlichen Kräfte und Bestrebungen beider Nationen ist hinreichender Raum auf der Erde, ohne daß sie gegenseitig ihre Erfolge tragisch zu nehmen brauchen. Es hatten die Handelsdampfer Deutschlands 1906 3 100 000 Tonnen. Im Laufe der letzten sechs Jahre hat England allein 4 Millionen zu seinem Tonnengehalt hinzugefügt, so daß es in diesen sechs Jahren um ebensoviel zugenommen hat, wie dieser gefährliche Konkurrent überhaupt besitzt, und sogar 900 000 mehr." Was der Unterstaatssekretär von Mühlberg, als er in Berlin die englischen Journalisten im Mai 1907 willkommen hieß, den Engländern sagte: „Sie haben Ihre Kräfte und Arbeit dafür eingesetzt, die Produktionsquellen des Landes zu erschließen und es der Kultur und Zivilisation näher zu bringen", ebendasselbe, Produktionsquellen erschließen usw., tun wir in Schantung. Und das Feld in China ist groß genug für gemeinsame Arbeit. Gerade hier kann gezeigt werden, daß es sehr wohl möglich und das Ersprießlichste für alle Beteiligten ist, daß Deutschland und England, wie es auf der erwähnten Journalistenzusammenkunft der Redakteur der „Westminster Gazette" als Aufgabe hinstellte, „in Frieden und Eintracht zusammenhalten im Interesse der Kultur und des Menschenglückes".

Tsingtau unterscheidet sich von jedem anderen der dem fremden Handel geöffneten Häfen Chinas nur durch seine sehr viel besseren

15*

Gouv.-Kapelle (in der Mitte) — Neue Gouv.-Schule (im Hintergrund) — Alte Gouv.-Werkstatt (am Weg n. d. Auguste Vict.-Bucht)

Blick auf Tsingtau (nach Osten)

Direktionen d. Bergbau- u. Eisenbahngesellschaft — Arkona-Insel — Gouvernementsgebäude Rückansicht — Kap Jaeschke

Blick auf Tsingtau (nach Süden)

Einrichtungen. Was aus den Hafenabgaben wird, die die Schiffe hier wie dort zu zahlen haben, kann ihnen ja gleichgültig sein. Ob Amerikaner oder Russen, ob Engländer oder Japaner — ihnen allen steht Tsingtau so offen, wie Schanghai oder Amoy.

Was sagen denn die Chinesen selbst zu Tsingtau? Wir hörten es schon und lassen es uns auch aus chinesischen Zeitungen vorlesen: China für die Chinesen. Nun, wenn schon die Neger sagen: Afrika für die Afrikaner, mit wieviel mehr innerem Recht und mit wieviel mehr Aussicht auf Erfolg können die Chinesen die Monroe doctrine ins Chinesische übersetzen. Der Chinese hat heute sicher viel mehr Nationalbewußtsein als vor 20 Jahren. Zumal die Siege der Japaner im russisch-japanischen Kriege haben das Selbstgefühl der Gelben gegenüber den Weißen ganz gewaltig gehoben. Sie reden jetzt ebenso ernst von einer „weißen Gefahr", wie wir von einer „gelben". Und die Chinesen, die darum alle Weißen aus ihrem Lande hinauswünschen, machen natürlich mit den Deutschen in Schantung keine Ausnahme. Doch decken sich auch hier Theorie und Praxis nicht. Theoretisch ist den Chinesen, was kaum anders zu erwarten ist, Tsingtau ebenso ein Dorn im Auge wie Weihaiwei, Port Arthur und auch Hongkong. In der Praxis sind sie aber mit den Vorteilen, die ihnen Tsingtau gebracht hat und noch bringt, sehr zufrieden. Daß sie hierzu Grund haben, hat das neunte Kapitel zu zeigen versucht. Freilich hat China die Absicht, sich möglichst bald von den Westländern wieder unabhängig zu machen. Darum möchte es bald alles selbst herzustellen lernen, was die Weißen ihnen jetzt bringen. Wie energisch jetzt wenigstens dies letztere Ziel verfolgt wird, zeigt ein kaiserlicher Erlaß, der große Belohnungen für solche Chinesen in Aussicht stellt, die mit chinesischem Kapital größere industrielle Unternehmungen ins Leben rufen. Mag nun bei diesen Anstrengungen der oben angedeutete politische Gedanke auch nicht fehlen, — die Freude am neubelebten Handel, an den neuen Wegen zu Gewinn und Reichtum, an dem Glanz des neuen Wissens und Könnens wirkt hier sicher ebenso stark mit. Und so ergreifen zweifellos die meisten Chinesen bei ihrem ausgeprägten Geschäftssinn ohne alle weiteren politischen Hintergedanken einfach die in Tsingtau gegebene Gelegenheit, von der neuen Gestaltung der Dinge möglichst zu profitieren. Ist aber die Bewegung auf der Bahn der neuzeitlichen Zivilisation einmal in Gang — und wenn nicht alle Zeichen trügen, ist sie's —, so wird sie nicht so bald wieder zum Stillstand kommen. Und alles in Schantung neu Entstehende wird sich ganz von selbst an das in Tsingtau bereits Bestehende anschließen. Das gilt vor allem von der Industrie und von dem weiteren Ausbau des Eisenbahnnetzes. Hat dies beides überhaupt in Nordchina noch eine Zukunft — und dies ist mit großer Wahrscheinlichkeit anzunehmen —, so hat damit auch Schantung noch eine vielversprechende Zukunft. Aber da selbst die kaiserlichsten Versprechen nicht im Handumdrehen aus Unwissenden Kenner und aus unerfahrenen Leuten erfahrene machen, so wird auch in Schantung noch manches Jahr der Ausländer der Lehrer Chinas bleiben. Daß wir dabei ganz uneigennützig unsere Dienste den Chinesen anbieten, erwartet niemand weniger als die Chinesen selbst. Aber ihr Vorteil und der unsere geht völlig Hand in Hand, und das wird auch eine ganze Zeit lang noch so bleiben. Es ist ein ganz ehrliches offenes Spiel, das wir da zusammen spielen.

Sache des deutschen Kaufmanns ist es, zu verhüten, daß andere uns dort das Spiel aus der Hand nehmen. Vor allem der kapitalkräftige weitschauende Großkaufmann muß in Kiautschou die Sache machen. Vielleicht ist auch auf industriellem Gebiete dort ein Syndikat immer der erfolgreichste Unternehmer.

Jedenfalls ist Kiautschou kein Feld für deutsche Handwerker. Auch der kleine Kaufmann hat keine Aussicht auf Erfolg. Mehrere Bankrotte in Tsingtau hatten darin ihren Grund, daß Leute mit ganz unzureichenden Geldmitteln dort Geschäfte machen wollten. Und gar für Abenteurer irgendwelcher Art ist ganz Ostasien und auch Kiautschou ganz und gar kein Boden. Alle bloßen Glücksjäger enden hier meist sehr schnell damit, daß sie auf Kosten ihrer Landsleute in Tsingtau oder Schanghai oder Yokohama nach Hause geschickt werden.

Oft wird Tsingtau als ein zukünftiges „Hongkong" bezeichnet. Wir tun Tsingtau einen größeren Dienst, wenn wir diesen Vergleich beiseite lassen. Wird nämlich dieser Vergleich so verstanden, daß man Tsingtau in absehbarer Zeit dieselbe Größe prophezeit, wie Hongkong, so paßt er nicht. Hongkong-Kaulun liegt für alle Schiffe, die nach Ostasien, auch nach Japan, gehen oder von dort kommen, am Wege. Der reiche Süden Chinas ist sein Hinterland. Es ist der Seehafen für die uralte gewerbfleißige große Handelsstadt Kanton. Es hat zu einer Zeit seinen Handel an sich gezogen, als noch kein anderer Platz ihm Konkurrenz machte, und der Handel hält sich an altgewohnte Wege. Auch

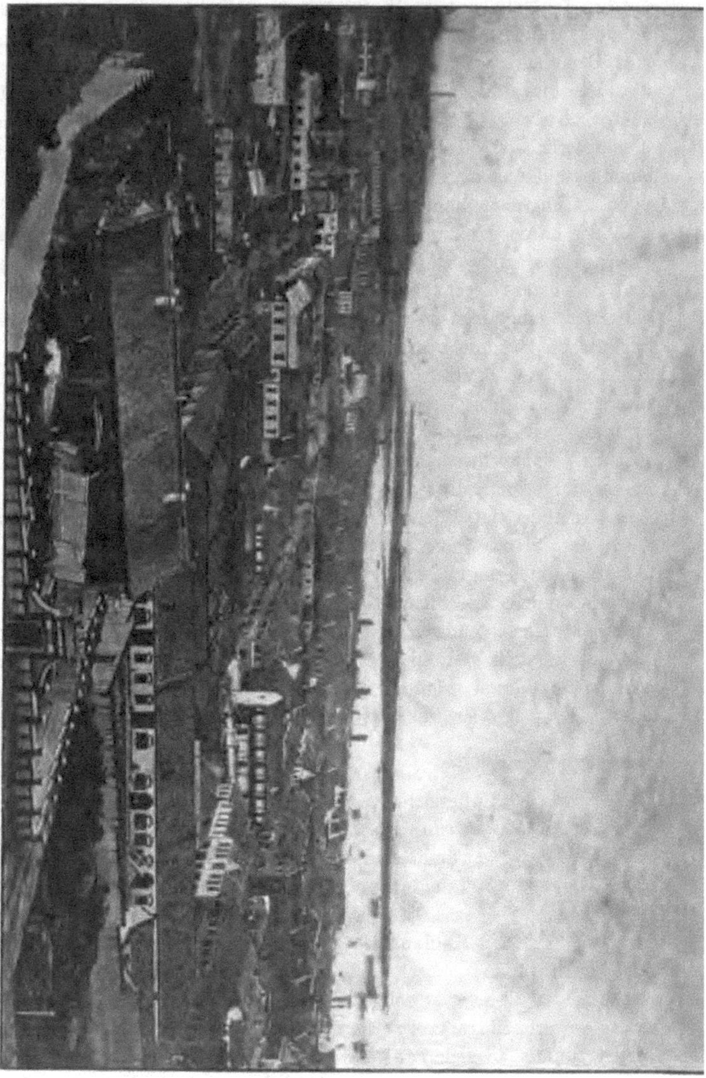

Schlachthof (im Hintergrund) — Elektrizitätswerk (im Hintergrund) — Chines.-Klubhaus (im Bau) — Kleiner Hafen

Blick auf Tapautau

Kleiner Hafen mit Dschunken Tapautaubrücke Ziegelei v. Diederichsen, Jebsen u. Co.

Blick auf Tapautau

Perlgebirge Bahnhof Polizeiamt (mit Turm) Höhenlager (am Strand)

Blick auf Tsingtau (nach Westen)

mit Schanghai ist Tsingtau nicht zu vergleichen. Als Hafenstadt für den Handel des fruchtbaren Jangtsetales, und durch die gewaltige Wasserstraße des Jangtse und seiner Nebenflüsse, sowie durch die Adern der weitverzweigten Kanäle für die Waren auf viele hundert Meilen in der Runde zu Wasser erreichbar, hat es allein dadurch schon einen nicht aufzuwiegenden Vorteil vor Tsingtau voraus, das in seinem Schantung keinen einzigen brauchbaren Wasserweg hat.

Wollen wir Tsingtau mit Honkong und Schanghai vergleichen, so kann es mit Nutzen nur in dem Sinne geschehen, daß wir uns erinnern, daß Hongkong eine öde Felseninsel war, — daß 1852, also just nach zehn Jahren von Hongkongs Bestehen, der englische Kolonialminister selbst schrieb: „wenn man bedenke, daß Hongkong so viel koste, so müsse man wünschen, es wäre gar nicht genommen worden" — daß noch 1854 die englischen „Times" die Erwerbung der Insel als einen schweren Mißgriff und Hongkong als „die schmutzigste und widerlichste Kolonie des britischen Reiches" bezeichnete, — und daß die englische Kolonie erst 1855 in ihren Verwaltungskosten vom Mutterlande unabhängig wurde. Und Schanghai war 1846 ein sumpfiger, zu Spottpreisen verkaufter Platz. Aber klares Erkennen, tatkräftiges Ergreifen der günstigen Chancen und tapferes Durchhalten hat bei beiden zu schönen wirtschaftlichen Siegen geführt. Die Erfahrung, die wir bis jetzt in Tsingtau gemacht haben, sowie alles, was wir von Nordchina wissen, berechtigt zu der Hoffnung: im Laufe der Zeit wird Tsingtau für den Norden dasselbe werden, was Hongkong für das südliche und was Schanghai für das mittlere China ist. Und wie dort wird es auch hier sein, daß die, die den Anfang dazu mit ihrem Gelde und ihrer Arbeit bezahlt haben, auch nicht ohne Lohn ausgehen werden. Es wird darauf ankommen, den errungenen Erfolg weiter auszubeuten, und zwar so, daß, wie gesagt, die Chinesen sich sehr stark hieran beteiligen.

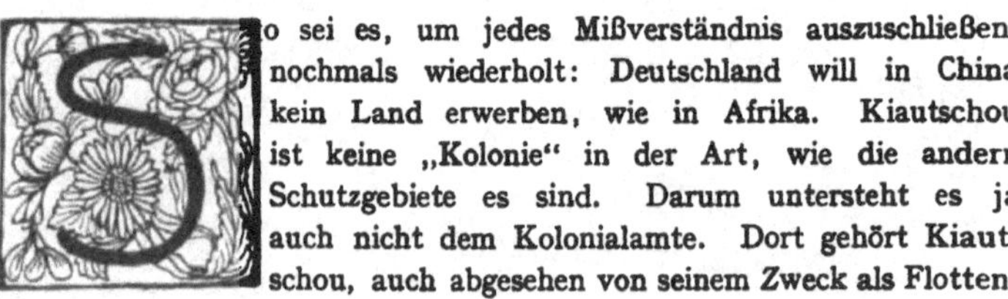

So sei es, um jedes Mißverständnis auszuschließen, nochmals wiederholt: Deutschland will in China kein Land erwerben, wie in Afrika. Kiautschou ist keine „Kolonie" in der Art, wie die andern Schutzgebiete es sind. Darum untersteht es ja auch nicht dem Kolonialamte. Dort gehört Kiautschou, auch abgesehen von seinem Zweck als Flottenstützpunkt, in der Tat auch nicht hin. Da in allen andern Kolonien die Voraussetzungen von denen für das ostasiatische Schutzgebiet geltenden grundverschieden sind, würde das Kolonialamt Kiautschou als ein fremdartiges Stück in seiner sonstigen Verwaltung empfinden. Deutschland will nichts weiter als sich kaufmännisch und industriell an der wirtschaftlichen Aufschließung Nordchinas und insbesondere Schantungs beteiligen. Dazu soll ihm Tsingtau-Kiautschou als Ausgangspunkt dienen. Die englischen Kaufleute verlangten damals mit Hongkong „a deep port and a free port", — und „ein tiefer Hafen und Handelsfreiheit", das ist das Programm von Kiautschou. Seine Bedeutung als Flottenstützpunkt ist jetzt hinter der als Handelsstützpunkt zurückgetreten. Der Handelsplatz Tsingtau wird in wenigen Jahren auch so weit sein, die Kosten seiner Verwaltung allein zu tragen.

„Grüßt die Heimat!" „Auf Wiedersehen!"
Abfahrt des Transportdampfers von Tsingtau

Es führt im Leben ein Weg von schweren Erfahrungen über Geduld und Festigkeit zur Hoffnung. Kiautschou hat im Anfang schmerzliche Opfer an Menschenleben gekostet — die Steine auf dem Friedhof in Tsingtau bewahren ihr Gedächtnis. Ein Abenteuer und eine verfehlte Politik zu sein, mußte es sich vorwerfen lassen. Aber unerschrocken und unbeirrt ist weitergearbeitet worden. Das Ziel: Tsingtau Kriegshafen und Handelshafen, stand von Anfang an deutlich vor Augen. Geduldig und fest sind die, die bei der Entwicklung von

Kiautschou die Führer waren, auf dies Ziel losgegangen. Einen Teil der Hoffnungen, die an die Erwerbung von Kiautschou sich knüpften, hat dies erste Jahrzehnt schon erfüllt. Bleiben wir in Kiautschou auf dem Wege der Geduld und der Festigkeit, so wird unser Hoffen auch in der Zukunft nicht zuschanden werden.

So trage auch Kiautschou das Seine zu der großen Aufgabe bei, die Völker vorwärts zu bringen und sie zu einen. Und willkommen in Tsingtau jeder, der unter dem Schutze der deutschen Flagge moderne Zivilisation und christliche Kultur ausbreiten und vertiefen hilft!

Register

Zeitfracht Medien GmbH
Ferdinand-Jühlke-Straße 7
99095 Erfurt, Deutschland
produktsicherheit@kolibri360.de